Ch. LANCELIN

# L'AU-DELÀ

# ET SES PROBLÈMES

LIBRAIRIE DU MAGNÉTISME

# L'AU-DELA ET SES PROBLÈMES

## THÈME MAGIQUE ET CLAVICULES

# DU MÊME AUTEUR :

## ROMAN

*Le Curé*, 1 vol. in-12.
*La Femme d'un autre*, 1 vol. in-12.
*Marion*, 1 vol. in-12.

## OCCULTISME

*La Trilogie de Shatan* :
    I. Histoire mythique de Shatan, 1 vol. in-8.
    II. Le Ternaire magique de Shatan (Envoûtement — Incubat — Vampirisme), 1 vol. in-8.
    III — La Faillite de Shatan, 1 vol. in-8 (sous presse).

*Études et Documents d'Occultisme* :
    I. — La Sorcellerie des Campagnes, 1 vol. in-8.
    II. — La Voyance, 1 vol. in-8 (sous presse).

## THÉATRE

*L'affaire du Pont-de-Flandre*, drame en 5 actes.
*L'Anniversaire*, comédie en 1 acte.
*Les Aventures de Télémaque*, opérette en 1 acte.
*La Boîte aux Lettres*, opérette en 1 acte.
*Les Cambrioleurs*, drame en 5 actes et 7 tableaux.
*Conte Blanc*, pantomime en 1 acte.
*Les deux Molaires*, comédie en 1 acte.
*Double Épreuve*, comédie en 1 acte.
*La Fin du Rêve*, comédie en 1 acte.
*La Floraison des Cyprès*, comédie en 1 acte, en vers.
*Jeunes Époux*, vaudeville en 1 acte.
*La Mère*, pièce en 3 actes.
*Les Métamorphoses de Vénus*, fantaisie mythologique en 12 tableaux.
*Mille dix*, opérette en 1 acte.
*Naturalisme*, folie-vaudeville en 1 acte.
*La Nymphe*, idylle mythologique, en 1 acte, en vers.
*Le Père Bidard*, opérette en 1 acte.
*La petite Cigale*, opérette en 1 acte.
*Le Pigeon*, comédie en 3 actes.
*Plus de Surmenage*, pantomime-farce en 1 acte.
*Les Pommes de Suzon*, opérette en 1 acte.
*La Revanche de Galathée*, opéra-comique en 1 acte.
*La Vie pour l'Amour*, opéra-comique en 3 actes.

# L'AU-DELA
## ET SES PROBLÈMES

### Thème Magique et Clavicules

PAR

### Charles LANCELIN

Avec une Préface de MICHEL DE MONTAIGNE

*et 10 Figures dans le Texte*

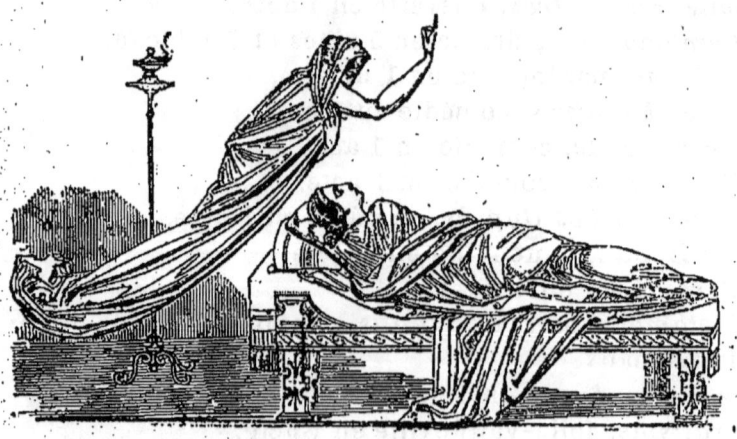

PARIS
LIBRAIRIE DU MAGNÉTISME
23, rue Saint-Merri, 23
—
1907

## *A mes deux Fils*

**Le D<sup>r</sup> R. Lancelin**  
Médecin de la Marine

**Le D<sup>r</sup> H. Geysen**  
Médecin de l'Armée

de qui je suis heureux de réunir les noms en cette dédicace, comme je les unis eux-mêmes en mon affection.

Je dédie ces pages, dont les tendances leur paraitront peut-être bien audacieuses, les possibilités fort étranges, et dans lesquelles, parmi les lecteurs, le plus grand nombre ne trouvera guère qu'une outrance de paradoxe — beaucoup, une simple fantaisie d'Art plus ou moins curieuse ou brillante — d'autres, en nombre restreint, l'application prématurée d'une Force encore peu connue, — et quelques-uns enfin — bien rares — devineront l'exposition, la mise en œuvre d'un dynamisme supérieur et divin (il n'est même pas ici question de ce qu'un des personnages du récit appelle « le serpent des grandes forces cachées ») qui régénérera le règne hominal, quand l'homme — individuel et collectif — en saura comprendre l'essence et se l'assimiler.

C. L.

# PRÉFACE

C'EST FOLIE DE RAPPORTER LE VRAI ET LE FAULS
AU IUGEMENT DE NOTRE SUFFISANCE.

Ce n'est pas à l'adventure sans raison que nous attribuons à simplesse et ignorance la facilité de croire et de se laisser persuader : car il me semble avoir apprins aultrefois que la creance estoit comme une impression qui se faisoit en nostre âme ; et à mesure qu'elle se trouvait plus molle et de moindre résistance, il estoit plus aysé à y empreindre quelque chose. Voylà pourquoy les enfants, le vulgaire, les femmes et les malades sont plus subiets à estre menez par les aureilles. Mais aussi, de l'aultre part, c'est une sotte présomption d'aller desdaignant et condemnant pour fauls, ce qui ne nous semble pas vraysemblable : qui est un vice ordinaire de ceulx qui pensent avoir quelque suffisance, outre la commune. I'en faisois ainsi aultrefois ; et si i' oyoy parler un, des esprits qui reviennent, ou du prognostique des choses futures, des enchantements, des sorcelleries, ou faire quelque aultre conte où ie ne ne pense pas mordre,

*Somnia, terrores magicos, miracula, sagos,*
*Nocturnos lemures, portentaque Thessala,*

il me venoit compassion du pauvre peuple abusé de ces folies. Et à présent ie treuve que i' estoy pour le moins autant à plaindre moy mesme : non que l'expérience m'aye depuis rien faict veoir au-dessus de mes premières creances, et si n'a pas tenu à ma curiosité ; mais la raison m'a instruict que, de condemner ainsi résoluement une chose pour faulse et impossible, c'est se donner l'advantage d'avoir dans la teste les bornes et limites de la volonté de Dieu et de la puissance de nostre nature ; et qu'il n'y a point de plus notable folie au monde, que de les ramener à la mesure de nostre capacité et suffisance. Si nous appelons monstres ou miracles ce où nostre raison ne peut aller, combien s'en presente il continuellement à nostre veue ? Considerons au travers de quels nuages, et comment à tastons on nous meine à la cognoissance de la pluspart des choses qui nous sont entre mains : certes, nous trouverons que c'est plustôt accoustumance que science qui nous en oste l'estrangeté :

> *Iam nemo, fessus saturus que videndi*
> *Suspicere in cœli dignatur lucida templa :*

et que ces choses là, si elles nous estoient presentées de nouveau, nous les trouverions autant ou plus incroyables que aulcunes aultres.

> *Si nunc primum mortalibus adsint*
> *Ex improviso, ceu sint obiecta repente*
> *Nil magis his rebus poterat mirabile dici,*
> *Aut minus ante quod auderent fore credere gentes.*

Celui qui n'avait jamais veu de riviere, à la premiere qu'il rencontra, il pensa que ce feut l'Ocean ; et les choses qui sont à nostre cognoissance les plus grandes, nous les iugeons par les extremes que nature face en ce genre.

> *Scilicet et fluvius qui non est maximus, ei est*
> *Qui non ante aliquem maiorem vidit ; et ingens*
> *Arbor, homoque videtur ; et omnia de genere omni*
> *Maxima quæ vidit quisque, hæc ingentia fingit.*

Il faut iuger des choses avecques plus de reverence de cette infinie puissance de nature et plus de recognoissance de nostre ignorance et foiblesse. Combien y a il de choses peu vraysemblables, tesmoignees par gents dignes de foy, desquelles si nous ne pouvons estre persuadez, au moins les fault-il laisser en suspens? car de les condemner impossibles, c'est se faire fort, par une temeraire presumption, de sçavoir iusques où va la possibilité. Si l'on entendait bien la difference qu'il y a entre l'impossible et l'inusité, et entre ce qui est contre l'ordre de nature et contre la commune opinion des hommes, en ne croyant pas temerairement, ny aussi ne descroyant pas facilement, on observerait la reigle de **RIEN TROP**, commandée par Chilon.

Quand on treuve dans Froissard que le comte de Foix sceut, en Bearn, la defaicte du roy Iean de Castille a Iuberoth, le lendemain qu'elle feut advenue, et les moyens qu'il en allegue, on s'en peut mocquer; et de ce mesme que nos annales disent, que le pape Honorius, le propre iour que le roy Philippe Auguste mourut à Mante, feit faire ses funerailles publicques, et les manda faire par toute l'Italie : car l'auctorité de ces tesmoings n'a pas à l'aventure assez de reng pour nous tenir en bride. Mais quoy! Si Plutarque, oultre plusieurs exemples qu'il allegue de l'antiquité, dict sçavoir de certaine science que, du temps de Domitian, la nouvelle de la bataille perdue par Antonius en Allemaigne, à plusieurs iournees de là feut publiee à Rome, et semee par tout le monde le mesme iour qu'elle avoit esté perdue; et si Cæsar tient qu'il est souvent advenu que la renommee a devancé l'accident, dirons nous pas que ces simples gents là se sont laissez piper aprez le vulgaire, pour n'estre pas clairvoyants comme nous? Est-il rien plus délicat, plus net et plus vif que le iugement de Pline, quand il luy plaist de le mettre en ieu? rien plus esloingné de vanité? ie laisse à part l'excellence de son sçavoir, duquel ie fois moins de compte : en quelle partie de ces deux là le surpassons nous? toutesfois, il n'est si petit escholier qui ne le convainque de mensonge, et qui ne luy vueille faire la leçon sur le progrez des ouvrages de nature....

C'est une hardiesse dangereuse et de consequence,

oultre l'absurde temerité qu'elle traisne quant et soy, de mespriser ce que nous ne concevons pas ; car après que selon vostre bel entendement, vous avez estably les limites de la verité et de la mensonge, et qu'il se treuve que vous avez necessairement à croire des choses où il y a encores plus d'estrangeté qu'en ce que vous niez, vous vous estes desia obligé de les abbandonner....

**Que ne nous souvient-il combien nous sentons de contradiction en nostre iugement mesme ! combien de choses nous servoient hier d'articles de foy, qui nous sont fables auiourd'hui ! La gloire et la curiosité sont les fleaux de nostre ame : cette cy nous conduict à mettre le nez partout ; et celle la nous deffant de rien laisser irrésolu et indécis.**

MICHEL DE MONTAIGNE.

# PREMIÈRE PARTIE

## AU-DELA

(THÈME MAGIQUE)

---

There are more things in heaven and earth, Horatio,
Than are drampt of in your philosophy !
>> SHAKESPEARE, *Hamlet*, I, 5.

Je ne dis pas : *C'est possible...*
Je dis : *Cela est !*
>> WILLIAM CROOKES.

# AU-DELA

## THÈME MAGIQUE

### I

Cette après-midi de novembre, les invités se pressaient, nombreux, à la réception de Mme du Halloy, dont c'était, suivant une mode anglaise importée en France, le *five o'clock* hebdomadaire. Ce que l'on est convenu de nommer le Tout-Paris se donnait rendez-vous dans ce salon dont l'amabilité de la maîtresse faisait un des endroits les plus appréciés du faubourg Saint-Germain : magistrats, médecins, officiers, banquiers, artistes, auteurs, s'y rencontraient, s'y coudoyaient, au milieu des toilettes chatoyantes des femmes dans un pêle-mêle charmant d'entretiens sérieux ou de papotages légers qu'entre temps interrompait l'audition d'une œuvre nouvelle, musique exécutée par le compositeur, ou vers détaillés par le poète.

En cet instant, les conversations particulières bruissaient de toutes parts. Assise près d'un groupe de personnes amies, la maîtresse de la maison causait avec quelques dames qui venaient d'entrer et de prendre place, lorsque deux jeunes filles s'approchèrent, l'aînée tenant une tasse d'une main, une théière fumante de l'autre, la plus jeune présentant, à la suite de sa sœur, un sucrier et une assiette garnie de gâteaux.

— Une tasse de thé ? demanda Mme du Halloy à son

interlocutrice du moment, qui ne faisait pas attention à l'offre des jeunes personnes.

— Merci, répondit l'autre, un gâteau seulement.

— Seulement ?

— Seulement, fit avec un sourire la dame en se servant. Merci bien, mademoiselle.

Puis, reprenant sa conversation avec Mme du Halloy :

— Une **ravissante** réunion, aujourd'hui. Et nombreuse !

— J'attends encore quelques personnes... le docteur Svaa Sparanda, un médecin Hindou...

— Je ne connais pas.

— C'est en effet la première fois que j'ai le plaisir de le recevoir ; j'ai fait sa connaissance chez la marquise de Bellac : un homme charmant, en même temps que, paraît-il, un savant de premier ordre, malgré sa jeunesse. Il est depuis peu de temps à Paris où il est venu, m'a-t-on dit, pour se perfectionner dans certaines études des plus abstraites. Aujourd'hui, d'ailleurs, il n'est pas la seule personne étrangère que je pense avoir à cette réunion : j'attends aussi une dame russe, Mme Freya Ryckiewna, une jeune veuve qui promène sa solitude à travers l'Europe... Je dois dire, pour être précise, que je ne la connais pas.

Comme son interlocutrice esquissait un geste de surprise, car il lui semblait inouï **que, dans** ce salon mondain d'accès si difficile, une inconnue pût être ainsi reçue de prime abord, Mme du Halloy eut un sourire et donna quelques explications :

— Figurez-vous qu'il y a un mois, je reçois une lettre de ma cousine de Viessoix...

— ...Dont le mari est, je crois, attaché d'ambassade à Saint-Pétersbourg ?

— Justement. Ma cousine me parlait de Mme Ryckiewna, une de ses amies de là-bas, qui se proposait alors de venir passer l'hiver à Paris. Bref, j'avais complètement oublié, lorsque, jeudi dernier, cette dame est venue me voir, m'apportant un mot d'introduction de ma cousine. Une étrangère ainsi accréditée près de moi et ne connaissant personne à Paris ! je ne pouvais faire autrement que de lui ouvrir ma maison, et je l'ai priée de venir à mes mardis... Du reste, un peu froide !

— Dame ! une Russe !

— Je ne dirai pas que ma sympathie est immédiatement allée vers elle, mais enfin, j'ai fait, en la recevant, bon accueil à la lettre de change que ma cousine de Viessoix à tirée sur notre commune amitié.

— Alors, fit l'autre en esquissant un sourire, aujourd'hui votre salon est un trait d'union entre l'équateur et le pôle ?

— Oh ! à part le docteur Svaa Sparanda et Mme Ryckiewna, je n'ai que mon cercle habituel. Il n'est même pas au complet, car je ne vois pas Mme de Kermor qui m'avait cependant bien promis....

Ce nom jeté dans la conversation sembla éveiller des idées particulières chez l'interlocutrice de Mme du Halloy, car elle demanda vivement :

— Et la fille de Mme de Kermor ? toujours folle de son mari ?

— Toujours, répondit la maîtresse de la maison avec un petit rire. Du reste, continua-t-elle, le plus charmant ménage que j'aie jamais vu.

— C'est vous qui avez fait le mariage, je crois ?

— Oui, il y a deux ans. Et voici deux ans que je ne cesse de m'en applaudir... deux ans que dure la lune de miel.

— C'est long !

— ...Pour les autres, peut-être. Pour les amoureux, non ! Cependant, Mme de Kermor m'avait bien promis de faire son possible pour amener sa fille et son gendre.

— Son retard prouve qu'elle a de la peine à les arracher à leur Thébaïde de rêve.

A ce moment, un domestique ouvrit la porte du salon, dans lequel il jeta deux noms, et Mme du Halloy se leva vivement, pour aller au-devant des nouveaux arrivants, auxquels elle serra la main, et qu'elle conduisit prendre place dans un cercle de personnes qui leur étaient plus particulièrement connues.

Pendant que les conversations s'échangeaient de droite et de gauche, un entretien d'une nature particulière avait lieu près de la cheminée à laquelle était adossé un homme d'âge mûr, à la physionomie grave, austère même, portant la rosette rouge à sa boutonnière, et qu'à son seul aspect on pouvait presque à coup sûr qualifier de magistrat ou de médecin.

Autour de ce personnage, un petit cercle composé presque uniquement d'hommes, les uns assis, les autres debout, écoutait sa parole avec déférence, posant entre temps une interrogation discrète, et recueillant avec attention ses explications que soulignait parfois un geste sobre et discret, — le geste du professeur en chaire.

A en juger par l'attention soutenue de l'auditoire, le sujet de cette causerie devait être des plus captivants, bien qu'elle eût lieu à voix presque basse, de façon à n'être perçue que des personnes réunies, on pourrait même dire isolées, en cet endroit.

Un silence venait de se faire et durait depuis quelques minutes quand un des interlocuteurs dit, comme pour renouer l'entretien :

— Alors, docteur, la magie ?

— Que voulez-vous ? fit avec un léger haussement d'épaules le personnage adossé à la cheminée, ça vous révolte... moi aussi ! Ça fait piétiner sur toutes les idées reçues, mais les faits sont là ! Ce n'est certes pas une opinion que je me chargerais de soutenir devant l'Académie des Sciences, mais entre nous, et sans que cela aille plus loin, je suis forcé de m'incliner et de dire : — Non ! la magie n'est pas un songe, un attrape-nigaud, ou une fantaisie de cerveau en mal d'équilibre... la magie existe.

— Scientifiquement parlant ?

— Oui, monsieur, au point de vue de la science pure.

— Franchement, dit un autre assistant, vous me surprenez. On a toujours été tellement habitué à reléguer les sciences occultes dans le vaste capharnaüm du charlatanisme !... Mais enfin, avez-vous des faits, pour étayer une telle affirmation ?

— Des faits ? Mais la science, aujourd'hui en fourmille, et ceux-là seuls, parmi les savants officiels, les nient qui ne veulent pas les voir. Et moi qui suis de bonne foi, moi qui étudie avec le désir loyal de trouver la vérité...

Le docteur s'arrêta subitement, craignant sans doute d'être emporté par sa parole au delà de sa volonté ; puis, comme prenant son parti, avec un léger haussement d'épaules, il continua :

— Des faits ! En ce moment, on ne marche encore que sur les plates-bandes de l'occultisme, mais, à voir le chemin parcouru depuis vingt ans, je crois qu'avant vingt nouvelles années, la médecine sera en plein dans le domaine antique et décrié de la magie !

— Mais enfin, docteur, sur quoi basez-vous une telle opinion ?

— Sur quoi ? Sur le passé, monsieur, un passé tout récent, qui nous mène grand train et malgré nous vers l'avenir. Voyez donc combien, il y a peu de temps encore, nous raillions le magnétisme animal !... Fourberie ! Charlatanisme ! n'est-ce pas ?... Eh bien ! ce magnétisme tant décrié, qui n'est en somme qu'une des branches de la vieille magie des sanctuaires de l'Égypte et de l'Inde, la science contemporaine, pour se l'approprier sans trop rougir de sa palinodie, lui a appliqué un faux nez en l'appelant hypnotisme, et, aujourd'hui, il n'est aucun hôpital de quelque importance qui n'ait son laboratoire d'hypnologie !... Et son succédané, la suggestion !... l'auto ou l'hétéro-suggestion, la sacro-sainte, l'intangible suggestion ! n'est-elle pas une épave de la magie, recueillie par la science du jour ?... — Et les phénomènes plus qu'étranges du spiritisme, que l'on peut expliquer d'une façon ou d'une autre, mais qu'à moins d'igno-

— 18 —

rance ou de mauvaise foi, l'on ne peut plus nier... n'est-ce pas aussi de la magie ?... Et la psychométrie !... Et la télépathie !... Vous demandez des faits ? Mais les faits abondent ! les faits vous crèvent les yeux !... Aveugle, qui ne les voit pas !... Fourbe, qui se refuse à les reconnaître !

Le docteur s'arrêta. Peu à peu, il avait haussé la voix, emporté par le feu de sa parole ; l'auditoire demeurait suspendu à ses lèvres, captivé par la conviction que le docteur apportait à soutenir sa thèse. Il y eut un silence. Chacun réfléchissait ; le docteur, les regards perdus dans le vague et les lèvres encore agitées comme par un reste de parole, semblait méditer. Enfin, un des assistants rompit le silence qui menaçait de se prolonger.

— Alors, c'est le renversement de tout ?

Le docteur sembla sortir de son rêve et reprit vivement la parole :

— ...De tout le petit orgueil de la petite science contemporaine, oui ! Avez-vous donc la prétention de connaître tous les mystères de la nature, toutes les forces de l'univers ?... Non ? Eh bien, alors ?

— Tenez, reprit-il après un moment employé à rassembler ses souvenirs, je me rappelle avoir connu, à l'époque où je professais à Ste-Anne, un jeune Hindou, venu à Paris pour y faire ses études de médecine ; ce jeune homme très intelligent, et qui doit maintenant exercer du côté de Pondichéry, nous racontait des faits tellement anormaux, tellement surnaturels, produits, disait-il, par tous les fakirs de son pays, que plusieurs fois j'ai cru devoir railler la richesse de son imagination. Mais, à toutes mes objections il opposait une réponse bien nette :

— « La science occidentale, disait-il, est allée très
« loin dans les études du laboratoire, parce qu'elle a
« des moyens qui nous ont toujours manqué ; mais
« par contre, nous, les Orientaux, héritiers directs de
« cette science gigantesque que nous ont léguée les
« vieux sanctuaires de l'Inde et de l'Egypte, et que

« vous appelez la science occulte parce qu'elle vous
« est presque absolument cachée, nous connaissons
« et nous manions des forces dont vous ne soupçon-
nez pas même l'existence ! » — Et, de fait, j'ai assisté
plusieurs fois, chez lui, à de troublantes expériences
que je croyais alors être des phénomènes de psychisme, et qu'il m'affirmait n'être que des manifestations rudimentaires d'une force ignorée. Car — et c'est
là ce qui me surprenait le plus — ce jeune homme
n'était venu en France que pour se préparer par la
science occidentale, à une sorte d'initiation dont il ne
parlait qu'à mots couverts, mais qui devait, disait-il,
lui ouvrir l'accès d'une haute science jalousement con-
servée dans quelques sanctuaires de l'Inde...

— Qu'est il devenu ? interrogea un curieux.

— Je l'avais perdu de vue, mais j'ai appris par hasard, il y a déjà un certain temps, qu'après avoir reçu
son diplôme de docteur il était reparti pour l'Inde. Il
s'appelait... attendez donc... un nom bizarre...

Le docteur fit un effort de mémoire pour rappeler à
lui ce nom confusément enfoui dans ses souvenirs. A
ce moment, la porte du salon s'ouvrit, et un domestique annonça à haute voix :

— M. le docteur Syaa Sparanda.

A ce nom, comme frappé d'un choc électrique, le savant qui parlait près de la cheminée, se redressa, au
comble de la surprise, en murmurant :

— Lui ? Ici ?...

Ses auditeurs, à qui n'avait pas échappé cette exclamation, suivirent la direction de ses regards vers l'entrée du salon.

Le domestique s'était effacé, et, pendant que la maîtresse de céans se dirigeait vivement vers la porte pour
accueillir son nouveau visiteur, celui-ci se présentait
sur le seuil, jetant un regard circulaire sur l'assem-
blée.

C'était un jeune homme d'élégante prestance, de manières aisées, de taille plutôt élevée, mais dont le teint

bistré, et le regard, d'un noir profond et presque métallique, décelaient à première vue l'origine orientale. Il pouvait avoir trente à trente-deux ans; son aspect, invinciblement, commandait la sympathie ; son œil, d'un éclat particulier quand ses longs cils ne le voilaient pas, avait un charme étrange qui attirait les regards, mais les forçait à s'abaisser presque aussitôt devant le sien ; on devinait en lui une force de domination toute particulière, mais tempérée par un grand air de bonté triste et rêveuse. Portant avec aisance des vêtements parisiens sortant de chez le bon faiseur, il s'avança en s'inclinant vers Mme du Halloy qui lui tendait la main, lui disant avec affabilité :

— Ah ! docteur, je désespérais de vous voir.

— Voilà qui est flatteur pour moi, Madame, répliqua le nouveau venu d'une voix musicale et légèrement chantante, mais sans aucun accent; voilà qui est flatteur pour moi, mais quel motif vous faisait désespérer ?

— Je sais que vous préférez votre cabinet d'étude à toute réunion mondaine.

— La vôtre fait exception.

Mme du Halloy eut un sourire.

— Toujours aimable !...

Puis, l'entraînant, elle poursuivit :

— Tenez ! pour que vous ne soyez pas trop dépaysé chez moi, permettez-moi de vous présenter à un homme de science que j'ai le plaisir de compter parmi mes amis.

Alors, l'amenant vers le personnage qui, toujours adossé à la cheminée, suivait d'un regard surpris le nouveau venu depuis son entrée dans le salon, elle fit les présentations.

— M. le D$^r$ Varnier, un de nos praticiens les plus distingués... M. le D$^r$ Svaa Sparanda, un savant Hindou...

Au nom du docteur Varnier, Svaa Sparanda s'était redressé, surpris, un peu interdit. Mais celui-ci lui tendait la main, et s'exclamait :

— Je connais monsieur, qui suivait ma clinique il y a plusieurs années.

Déjà Svaa Sparanda, remis de l'étonnement que lui causait cette rencontre imprévue, serrait dans les siennes la main du D$^r$ Varnier.

— Cher maître ! je ne m'attendais pas à l'honneur de vous rencontrer avant d'avoir eu le temps de me présenter chez vous.

— Tiens, vous vous connaissez ? s'écria Mme du Halloy au comble de la surprise. Il n'y a vraiment que les montagnes qui ne se rencontrent pas.

— Justement, fit le docteur ; et cette rencontre est d'autant plus étonnante qu'à l'instant je parlais de monsieur dont le nom échappait à mon souvenir.

Un domestique vint dire quelques mots à l'oreille de Mme du Halloy qui s'éloigna en circulant au milieu des groupes. Le D$^r$ Varnier en profita pour prendre le bras de Svaa Sparanda qu'il entraîna à l'écart pour causer plus intimement avec lui.

— Ah ! ça... comment se fait-il, mon cher confrère, lui dit-il, que je vous retrouve en plein Paris ? Vous avez donc abandonné l'Inde où vous exerciez, je crois...

Svaa Sparanda eut un léger hochement de tête, puis, non sans une pointe de tristesse :

— Après sept ans d'exercice, dit-il... oui... que voulez-vous, cher maître, des raisons...

— Sans doute, répliqua l'autre avec gaieté, les docteurs de la marine qui regardent les colonies comme leurs fiefs naturels quand ils prennent leur retraite, ont vu d'un mauvais œil l'intrusion, parmi eux, de l'élément indigène ?...

— Non, autre chose ! répondit avec effort Svaa Sparanda.

Il y eut un silence. Le jeune médecin Hindou semblait vouloir se renfermer dans la réserve. Mais il vit son vieux maître le considérer avec un étonnement mêlé de tant de bonté qu'il y eut chez lui comme un éclatement du cœur : il avait depuis des années conservé son secret, vivant isolé, seul avec lui-même ; à cette marque de sympathie que lui donnait son ancien professeur en qui il retrouvait un ami de jadis, il eut comme une suffocation, et son secret lui échappa par lambeaux de phrases : il poursuivit d'une voix basse et entrecoupée, comme se parlant à lui-même :

— Quoi ! j'ai eu le malheur d'aimer une enfant de race française... Les parents, sans considérer qu'en mes veines coule l'antique sang royal, n'ont voulu voir en moi que l'homme de couleur, l'Hindou, l'être inférieur et méprisé... Alors, afin d'oublier, j'ai voyagé pour parfaire mes études... j'ai visité les vieux sanctuaires de mon pays, puis, ulcéré, la mort dans l'âme, j'ai voulu quitter l'Inde où j'avais trop souffert, mettre des océans entre mon souvenir et moi... je suis revenu à Paris...

Il s'arrêta, comme à bout de forces ; tout ceci avait été dit d'un accent plein de morne désolation... Le D$^r$ Varnier comprit que ce lourd secret étouffait le jeune homme dont les confidences avaient été suscitées par le souvenir du lien affectueux qui avait uni jadis le maître et l'élève ; et, plein de commisération, il tendit la main à son jeune confrère, et lui dit d'un ton pénétrant :

— Pardonnez-moi : j'ignorais que ma question dût réveiller en vous de telles douleurs !

Svaa Sparanda saisit la main de son maître, et, avec une effusion qui faisait légèrement trembler sa voix :

— Oh ! dit-il, à vous, mon maître de jadis qui étiez en même temps mon ami, je puis bien dire... ce que je ne dirais pas à d'autres !

Il y eut un silence entre les deux interlocuteurs ; le D$^r$ Varnier le rompit en demandant, afin de donner un autre cours à une conversation qu'il sentait pénible pour son ancien disciple :

— Et... comptez-vous vous créer une clientèle à Paris ?

— A vrai dire, répliqua Svaa Sparanda, peu m'importe. Ma fortune me permet de délaisser le client pour la science.

Puis il ajouta, avec une pointe d'amertume :

— Et l'étude fait oublier.

Mais depuis quelques instants une interrogation était sur les lèvres du D$^r$ Varnier qui dit presque brusquement :

— Poursuivez-vous toujours vos recherches dans le même ordre d'idées ?

Svaa Sparanda le regarda d'abord avec surprise, puis, après un temps de réflexion, il répondit non sans une certaine gêne :

— Lequel ?

— Vous savez bien... ce que, à l'époque où vous m'avez rendu témoin de quelques-unes de ces expériences qui me surprenaient si fort, j'appelais « les forces non cataloguées » — et que vous, avec une réserve pleine de mystère, vous nommiez « les forces de l'au-delà » !

— Il faut bien étudier un peu tout, fit l'autre avec contrainte.

— Etes-vous arrivé à des résultats ?

— Oui... oui... j'ai presque conquis l'oubli.

Le tour de la conversation semblait pénible à Svaa Sparanda, qui rompit brusquement les chiens en demandant :

— Comment se fait-il, cher Maître, qu'au moment où je suis entré dans ce salon, vous fussiez, comme vous l'avez dit à Mme du Halloy, occupé à parler de moi ? Auriez-vous à ce point conservé mon souvenir ?... Et puis qui donc me connaît ici ?

L'intimité de leur conversation les avait tous deux tenus à l'écart.

— Vous voulez le savoir ? dit le docteur Varnier ; et, le ramenant avec lui vers le groupe au milieu duquel il s'était tenu avant de renouer connaissance avec le docteur Hindou, il dit à haute voix, s'adressant à ses interlocuteurs de tout à l'heure :

— Au fait, messieurs, permettez-moi de vous présenter le Dr Svaa Sparanda, de qui nous nous entretenions à l'instant.

Le jeune homme salua, mais son air interrogateur demandait une explication qu'un assistant crut pouvoir lui donner en disant :

— Monsieur, nous parlions magie avec le docteur.

Svaa eut un court moment d'hésitation, puis il répondit avec une pointe de sarcasme :

— Comment ! cher maître, vous perdez votre temps à étudier ces billevesées ?

Le Dr Varnier, qui venait de s'adosser de nouveau à la cheminée — décidément son endroit préféré — le regarda un peu surpris et dit :

— Mais... ne m'avez-vous pas affirmé vous-même jadis, qu'il y a derrière ce mot une science positive, réelle, colossale ?

— Peuh ! expliqua Svaa Sparanda, énigmatique, peuh ! vous savez... la jeunesse a l'enthousiasme facile.

— Mon cher confrère, vous reniez vos dieux ! Après les expériences auxquelles vous m'avez fait assister, il y a des années...

— Oh ! fit l'autre, toujours imperturbable, si c'est cela que vous appelez de la magie !

D'autres personnes s'étaient rapprochées et la conversation devenait générale.

— Ah ! çà, voyons, dit un assistant, la magie n'est donc pas une plaisanterie ?

— Elle existe, affirma le Dr Varnier. Puis, comme s'il eût craint de s'être trop avancé, il ajouta : Au moins dans la science orientale.

Mais Svaa Sparanda, se redressa, protestant :

— Permettez, cher maître : la science n'est ni orientale ni occidentale ; elle est la Science, et, pour elle la Vérité, qu'elle soit de l'est ou de l'ouest, est la Vérité.

— Alors, demanda un assistant : la magie existe aussi bien ici que là ?

Svaa se tourna vers la personne qui venait de parler, et répliqua, presque sarcastique :

— Je n'y contredis pas.

Sur les dernières phrases de cet entretien, Mme du Halloy s'était avancée, une tasse et une théière à la main : le sujet traité l'avait retenue, et elle était demeurée, écoutant la conversation ; elle releva la dernière réplique du docteur Hindou.

— Bon ! fit-elle, je ne comprends plus, docteur. N'avez-vous pas là-bas seulement, dans l'Inde, des fakirs produisant des phénomènes maintenant prouvés, mais pour nous inexplicables ?... qui, par exemple, restent des mois au tombeau et en sortent vivants, ou font, en quelques heures, germer une graine, développer et fructifier une plante ? Comment alors expliquez-vous cela ?

— Eh ! madame, vous avez bien d'autres phénomènes dans l'occidentalisme ! Seulement, vous ne savez pas les étudier ; vous passez, dédaigneux, en les traitant de chimères, et c'est tout ! Mais croyez-vous, par exemple que la croyance aux revenants, universellement répandue dans vos campagnes, ne repose que sur la sottise populaire ?

Mme du Halloy se souvint alors des objets qu'elle avait en mains.

— Une tasse de thé, docteur ?

Svaa Sparanda prit la tasse, et, pendant que Mme du Halloy versait la boisson parfumée, elle repartit :

— Tout ceci est bien curieux, et il est vraiment dommage que l'Eglise interdise de pareilles études !

— Madame, reprit le Dr Varnier l'Eglise n'a rien à voir avec la Science d'autant plus qu'elle s'est toujours trompée, quand elle a voulu aborder ces études, en confondant la magie divine avec l'immonde goétie, ou magie noire.

— Tiens ! demanda quelqu'un, deux magies ? En quoi diffèrent-elles ?

Le Dr Varnier expliqua :

— Dans leurs moyens, en rien. Dans leur but, en tout. Quant aux moyens, toutes deux ont recours aux mêmes forces, aux mêmes agents, mais quant au but poursuivi, l'une, la magie divine marche vers le bien et écarte ou détruit le mal ; l'autre, la goétie, au contraire, n'a en vue que le mal. Telle est du moins la différence qu'indiquent tous les traités d'occultisme, et, si j'ai fait erreur, ajouta-t-il en se tournant vers Svaa Sparanda qui écoutait, énigmatique, et en lui frappant sur l'épaule, le jeune maître que voici voudra bien la rectifier. Plus versé que moi en ces étranges matières, il a la parole.

Ainsi mis au pied du mur, le jeune Hindou se déroba par un sarcasme :

— Permettez-moi, dit-il, de vous exprimer ma surprise : comment pouvez-vous, élevé dans les idées courantes de la Faculté, prononcer le mot de magie sans le haussement d'épaules ou le dédaigneux sourire de rigueur ?

— Eh ! Eh ! riposta avec un rire narquois le D<sup>r</sup> Varnier, on ne le crie pas tout haut parce qu'il y a trop de confrères intéressés à vous faire ouvrir toutes grandes les portes de Charenton, mais on étudie tout de même... à huis clos... au moins la théorie...

— Vraiment ?

— Ce qui me permet de m'incliner devant le D<sup>r</sup> Svaa Sparanda, dont la compétence, en telle matière, dépasse de beaucoup la mienne.

— Vous avez, dit un auditeur, prononcé un mot qui m'a surpris : est-il possible que, de nos jours, chez nous, dans notre civilisation, des magiciens se livrent encore aux légendaires pratiques de la goétie ?

— D'abord, reprit le D<sup>r</sup> Varnier, aujourd'hui je crois que les magiciens ont abandonné la robe traditionnelle et le chapeau pointu ; ils opèrent en redingote et se donnent le nom de magistes. Quant au surplus, je passe la parole à mon jeune confrère, certainement beaucoup plus documenté que moi à cet égard.

Ainsi mis pour la troisième fois en cause, Svaa Sparanda crut inutile de se dérober plus longtemps, et répondit de sa voix douce et musicale :

— La magie noire, monsieur, est de tous les temps comme elle est de tous les lieux.

— Même à Paris ?... aujourd'hui ?

— N'en doutez pas.

— Mais la preuve ! la preuve !

— C'est bien facile ! Prenez un ordre d'idées au hasard... le vampirisme par exemple...

— Comment il existe des vampires qui nous coudoient dans la vie ?

— Il en est peut-être ici.

— C'est un peu fort ! s'écrièrent ensemble plusieurs incrédules.

Mais Svaa parlait avec une telle autorité que chacun se tut en voyant qu'il se préparait à continuer :

— Mais non !... Beaucoup de gens, de l'un ou de l'autre sexe, exercent sur leurs semblables une action terrible qui ressemble à de l'amour mais qui n'en est pas. C'est au contraire une passion monstrueuse à laquelle ceux qui en sont l'objet cherchent en vain à échapper. De telles personnes sont vampirisées, car un vampire est un affamé d'amour qui, ne possédant pas ce principe, le cherche et attire, en les fascinant, ceux qui le possèdent. Le vampire est égoïste, jamais satisfait que dans ses assouvissements qui laissent leur victime épuisée, sans qu'elle en soupçonne le motif. Brisez à l'instant, ayez des refus inexorables, et ne laissez même pas prendre vos mains : souvenez-vous que le vampire prolonge son existence aux dépens de la vôtre... Et un tel assaillant est plus commun qu'on ne le croit communément : c'est lui qui cause la froideur, l'irritabilité, la haine, la répugnance entre deux âmes chères jusqu'alors l'une à l'autre...

— Mais c'est effroyable, ce que vous dites là ! Et si cela existe réellement...

— Parbleu ! reprit avec autorité Svaa Sparanda.

Et il se résuma :

— En somme, le vampire est un être qui absorbe la vie d'autrui pour s'en repaître, et que sa victime, pour ne pas en mourir, est obligée de tuer. Voilà !

Il s'arrêta. Un silence plein de malaise planait sur le petit cercle où se développait cet entretien. Ce fut le Dr Varnier qui y mit fin en demandant :

— Mais à quoi peut-on reconnaître de tels êtres quand on les rencontre dans la vie ?

Svaa Sparanda allait répondre quand le domestique parut sur le seuil du salon et annonça :

— Mme Freya Ryckiewna.

Sans doute Mme du Halloy avait parlé à nombre de personnes de la jeune veuve Russe dont elle attendait la visite, car un mouvement général de curiosité fit tourner tous les regards vers l'entrée, pendant que Mme du Halloy allait au-devant de la nouvelle venue.

Svaa Sparanda, sans remarquer ce qui se passait, répondit :

— A quoi on les reconnaît ? à cela seulement : on en meurt si on ne les tue pas !

A ce moment il se rendit compte du mouvement presque général de curiosité qui agitait les assistants : il regarda à son tour la personne qui entrait.

C'était une jeune femme d'environ vingt-huit ans, blonde d'un blond étrange qui avait comme des reflets de feu : sa carnation d'une pâleur mate, légèrement rosée, lui donnait un teint d'une originalité réelle : ses yeux d'un bleu très clair, lançaient un regard dont la pénétration presque aiguë, avait quelque chose de dur ; ses mouvements, d'une souplesse féline et ondulante, donnaient à son ensemble un caractère qui n'allait point sans étrangeté. Grande, de taille harmonieuse et bien prise portant une toilette riche mais dont quelques détails laissaient deviner l'exotisme, elle donnait absolument l'impression d'une belle créature du nord, habituée à commander au point de voir toute volonté s'effacer devant la sienne.

Svaa Sparanda le regarda d'abord avec étonnement, puis avec une sorte de répulsion ; son œil noir lança un éclair qu'éteignit aussitôt le jeu de ses longs cils ; mais, saisissant le bras du Dr Varnier il lui dit à voix basse :

— Tenez ! cette femme qui vient...

Le docteur se retourna sous cette étreinte :

— Eh bien ?...

— Vous parliez de vampires, continua Svaa Sparanda sur le même ton : cette femme en est peut-être un !...

Son vieux maître le regarda de plus en plus surpris, mais sans répondre.

Cependant, Mme du Halloy s'était avancée vers la jeune Russe, et, après les premiers mots de bienvenue, s'était trouvée un peu embarrassée de présenter à d'autres dames une étrangère qu'elle connaissait à peine elle-même. Son indécision avait d'ailleurs été de peu de durée, et elle avait aussitôt songé à mettre en contact les deux exotiques qui se trouvaient chez elle. De leur conversation devait, pensait-elle, jaillir un charme plein d'imprévu. Aussi, prenant le bras de la jeune veuve, elle lui dit :

— Je crains chère madame, que vous ne soyez un peu isolée en ce salon où vous ne connaissez encore personne... Cependant, je vais vous mettre en rapport, si vous le permettez, avec un de nos amis, étranger comme vous, mais d'un pays bien loin du vôtre ; vous allez pouvoir, de la sorte, converser de façon imprévue...

Tout en parlant, elle l'avait amenée dans le cercle où se tenait Svaa Sparanda, et fit les présentations de rigueur :

— Mme Freya Ryckiewna, veuve du général Onslow-Ryckiewski, de Pétersbourg, depuis quelques jours seulement à Paris... M. le D$^r$ Svaa Sparanda, d'origine hindoue... Vous pourrez, madame et monsieur, échanger sur vos pays respectifs des impressions qui, de la sorte, ne manqueront de saveur ni pour vous ni pour vos auditeurs.

— La neige et le soleil ! fit à mi-voix le D$^r$ Varnier.

Pendant la présentation, Svaa Sparanda s'était incliné ; mais son œil scrutateur n'avait pas quitté le visage de l'étrangère. Celle-ci salua : comme elle se redressait, son regard rencontra celui du jeune homme ; il y eut en quelque sorte un choc rapide entre les deux rayons visuels qui se croisaient, et la Russe eut comme un instinctif mouvement de recul, tandis que l'Oriental demeurait impassible.

— Tiens ! demanda Mme du Halloy qui avait remarqué cette scène brève, vous connnaîtriez-vous donc aussi ?

— C'est la première fois que j'ai l'honneur de rencontrer madame, répondit Svaa Sparanda, avec son sourire énigmatique.

— Je n'ai jamais vu monsieur, dit à son tour la jeune veuve, mais la bizarrerie de cette présentation...

— Aussi, répliqua Mme du Halloy, l'ai-je faite intentionnellement : la Russie et l'Inde ! quelle opposition !

Avec son geste onduleux et souple, Mme Ryckiewna s'assit sur un siège que lui approcha Svaa, et, avec une aisance sûre d'elle-même, en même temps qu'avec ce léger accent du nord, si charmant dans la bouche d'une jolie femme, elle commença une conversation que les assistants s'apprêtèrent à suivre avec intérêt.

— Chaque pays, dit-elle, a son genre de charmes. La végétation des tropiques est sans doute admirable, mais la tristesse pénétrante d'un désert de pins et de bouleaux ensevelis sous la neige a bien aussi son cachet, croyez-moi.

C'est à Svaa qu'elle s'adressait, car son regard ne l'avait point quitté Aussi fût-ce Svaa qui répondit :

— Il est évident, que pour comprendre l'intime poésie d'une contrée, il faut l'habiter ; il faut surtout y être né. Sans doute, madame comprendrait mal la magnificence d'une jungle impénétrable autrement qu'à coups de hache — comme moi je ne saisirais pas la sauvage grandeur d'un steppe neigeux et sans limites.

— Cependant, monsieur, reprit Mme Rickiewna, cependant je sais apprécier, dans mes courses ici ou là, ce qu'il y a d'admirable dans chaque pays... En France, j'ai tout de suite aimé le Français, si plein d'un esprit raffiné, et la fleur, d'un coloris généralement si pur, et d'un parfum si discret.

Elle s'interrompit, et, détachant de son corsage une rose qu'elle tendit à Svaa Sparanda :

— Dites-moi je vous prie, continua-t-elle, l'Inde produit-elle des roses aussi exquises que celle-ci, achetée tantôt chez une fleuriste du boulevard ?

Svaa prit la rose que lui montrait l'étrangère, et, en faisant tourner vivement la tige entre ses doigts pour voir la fleur sous ses aspects multiples, il répliqua :

— Cette fleur est charmante ! Toutefois, je crois pouvoir assurer madame, que le climat de l'Inde produit des roses supérieures...

A ce moment, il fit une légère grimace dissimulée aussitôt sous un sourire, et changea vivement la rose de main, ajoutant :

— Supérieures... au moins à un point de vue : elles n'ont pas d'épines.

— Vous vous êtes piqué ? fit le Dr Varnier en riant.

En effet une éraflure rayait un doigt du jeune homme, assez profonde cependant pour se colorer presque aussitôt de rouge, tandis qu'on voyait une légère gouttelette de sang glisser le long de la fleur que Svaa déposa sur la cheminée pendant qu'il prenait son mouchoir pour s'essuyer le doigt.

Mme Ryckiewna, qui suivait cette scène de son regard aigu se leva aussitôt et saisit la rose. Au moment où l'Oriental s'aperçut de son geste, elle tenait déjà la fleur.

— Permettez, madame, fit-il vivement, la tige va vous tacher...

Il voulait la reprendre ; mais la jeune femme s'y opposait en plaisantant :

— Pas du tout, monsieur. D'ailleurs, n'est-ce pas le sang d'une divinité antique qui a coloré cette fleur ?

Svaa insistait, au moins pour essuyer la tige ; Mme Ryckiewna répliqua d'un ton quelque peu autoritaire, de ce ton que sait si bien prendre une jeune et jolie femme habituée à voir tout plier devant son caprice :

— Non, monsieur, je la garde ainsi : elle n'en a que plus de prix.

Le jeune homme demeura interdit. Chacun sentait en lui, sans s'en expliquer la cause, une volonté formelle de recouvrer la fleur, en même temps que la crainte de se trouver pris en défaut d'urbanité. Ce fut Mme du Halloy qui dénoua la situation, en disant d'un ton enjoué :

— Allons, monsieur, que redoutez-vous ?... que Circé ne fasse de votre sang un philtre d'amour ? je ne vous plaindrais pas.

La belle Russe eut un éclat de rire, et, épinglant la rose à son corsage, elle protesta :

— Oh ! je ne suis pas Circé.

Mais le regard profond de Svaa ne la quittait point, et ce regard, empreint de soupçon, eût dit à qui l'eût compris : « Non, pas Circé, mais peut-être Canidie ! »

Ce fut encore Mme du Halloy qui trouva un dérivatif, en disant à la jeune veuve :

— Puisque vous aimez les roses, chère madame permettez-moi de vous en montrer une collection superbe que mon jardinier m'a envoyée ce matin de la campagne... un assortiment d'espèces rares, peut-être unique au monde.

Et prenant le bras de l'étrangère, entraînant sur ses pas plusieurs personnes de l'assistance qu'elle savait être amateurs, elle passa dans un petit salon contigu à celui où se tenait la réunion.

Cependant, après l'éloignement de Mme Ryckiewna, Svaa Sparanda était demeuré sombre, le front plissé... Le D$^r$ Varnier crut voir en lui les signes d'une méditation pénible, et s'approchant de façon à n'être entendu que de lui :

— Vous ne connaissiez pas cette étrangère ? lui demanda-t-il.

— Pas le moins du monde,

— Alors, je ne comprends plus votre intention.
— Quand j'ai voulu reprendre la fleur ?
— Oui.

Svaa eut un moment d'hésitation, puis, prenant son parti :

— Eh bien ! fit-il... Tenez, à l'instant, vous parliez de magie noire... savez-vous quel est l'agent principal des maléfices ?

— Non ! répondit le D<sup>r</sup> Varnier légèrement interdit.
— C'est le sang humain. Comprenez-vous ?
— Vous redoutez ?... quoi ?
— Eh ! cher maître, si l'on connaissait toujours le danger de demain, il n'existerait jamais.

A cet instant plusieurs personnes faisaient leur entrée : une dame d'un certain âge que Mme du Halloy conduisait par le bras en causant de façon très animée en même temps que très amicale : derrière elle venait un jeune couple qu'à première vue on reconnaissait pour être deux nouveaux mariés. Une rumeur d'étonnement courut parmi les groupes et l'on se montra les nouveaux arrivants :

— Mme de Kermor, avec sa fille et son gendre !... Comment a-t-elle pu les décider à rentrer dans le monde ?

Et les papotages de se chuchoter, pendant que Mme du Halloy continuait avec ses visiteurs une conversation commencée hors du salon :

— Cette chère amie ! comme vous arrivez tard !
— Ne m'en parlez pas ! répondait Mme de Kermor, j'ai cru que je ne déciderais jamais ces enfants à venir.

Mme du Halloy se tourna vers les jeunes gens :

— La lune de miel dure toujours, donc ? c'est vilain d'être sauvage comme ça ! on arrive à négliger ses meilleures, ses vieilles amies ! Dites, Madeleine ?

— Ah ! madame, répondit la jeune femme, c'est si difficile de quitter le bonheur.

— Mais puisqu'il vous suit, répliqua Mme du Halloy

en lui montrant Georges de Ryès, son mari, qui se tenait près d'elle.

Celui-ci crut à son tour devoir s'excuser :

— Madame, ne nous en veuillez pas... songez que c'est ici notre première rentrée dans le monde depuis notre mariage, et que la rupture de notre isolement est faite en votre faveur.

— Ça, c'est gentil, dit Mme du Halloy en tendant la main au jeune homme.

— Aussi, ajouta malignement la mère de Madeleine, aussi se promettent-ils de ne rester que peu de temps.

— Allons donc ! je vais vous montrer que, si doux que soit le nid où l'oiseau trouve la chaleur tiède et la satisfaction intime, il ne lui faut pas pour cela dédaigner le clair soleil du dehors et le grand air de l'espace... Madeleine, voici toutes vos amies, rentrez dans le monde, mon enfant ! Et vous, M. de Ryès, sachez savourer l'orgueil de montrer à votre bras la jeune et jolie femme qui est la vôtre.

Tout en causant, le groupe s'était avancé peu à peu vers le milieu du salon et avait attiré l'attention de Svaa Sparanda qui, en proie à une émotion intense, ne quittait pas du regard la charmante Mme de Ryès. Madeleine donnait des poignées de main aux dames et présentait son mari M. de Ryès retrouvait des connaissances depuis longtemps négligées ; des exclamations s'échangeaient, et des conversations bruissaient, avec des fusées de rires joyeux autour des jeunes gens qui rentraient dans le monde après leur longue retraite d'amour... Svaa Sparanda restait muet, immobile mais son regard profond suivait fixement Madeleine dans toutes ses évolutions à travers les groupes... Enfin d'un mouvement nerveux, il saisit le bras du Dr Varnier qui le regarda surpris :

— Qu'avez-vous, mon cher confrère ?

Svaa, rappelé brutalement à la réalité, balbutia :

— Rien !

Puis, montrant Madeleine il demanda d'un ton qu'il voulait en vain rendre indifférent :

— Cette personne n'est-elle pas Mlle de Kermor ?

Le vieux docteur regarda Madeleine et répondit :

— Non... au moins plus maintenant : elle s'appelle Mme de Ryès... justement voici son mari, continua-t-il en désignant Georges.

Au premier mot de son ancien maître, Svaa Sparanda s'était redressé avec une sorte d'angoisse, puis il avait courbé la tête... Le Dr Varnier le regarda un instant ; un trait de lumière traversa son esprit : il crut comprendre.

— Au fait !... oui, vous avez pu les connaître là-bas, aux Indes... Cette famille a longtemps habité Chandernagor... n'est-ce pas là que vous exerciez ? Elle est rentrée en France, il y a deux ans et la jeune fille a presque aussitôt épousé M. de Ryès... Vous désirez quelques renseignements ? je suis particulièrement lié avec eux, et ce sont pour moi des amis plus que des clients... Ne les avez-vous pas connus là-bas ?

— Oui... oui... de nom seulement, répondit évasivement Svaa Sparanda qui avait repris son sang-froid. Mais j'étais surpris de les rencontrer à Paris.

— Voulez-vous que je vous présente ?

A cette offre faite sans aucune arrière-pensée, Svaa sentit renaître son trouble, en même temps que d'anciennes révoltes mal assoupies se faisaient jour en lui ; aussi répliqua-t-il d'une voix mal assurée :

— Merci !... Vous n'y pensez pas ? Tous ces créoles ont le plus parfait dédain pour ce qu'ils appellent les gens de couleur, et je ne voudrais pas m'exposer...

— Oh ! présenté par moi !... et avec votre titre !...

— N'importe ! je vous remercie, conclut tristement Svaa Sparanda. D'ailleurs il commence à se faire tard, et je vais me retirer.

— En ce cas, permettez que je vous accompagne. Nous avons à causer.

— Avec plaisir, cher maître !

— Oh ! plus de « cher Maître » entre nous, n'est-ce

pus ? Le temps est loin où vous suiviez ma clinique, et c'est moi qui veux devenir votre disciple.

Et comme Svaa Sparanda le regardait interrogateur, il continua :

— Oui, malgré vos réticences, je persiste à penser que vous en savez, en science cachée, beaucoup plus que moi.

— Peut-être vous faites-vous illusion ?...

— N'importe ! je vous accompagne.

Tous deux distribuaient des poignées de main à droite et à gauche, se dirigeant peu à peu vers la porte du salon.

Devant Mme du Halloy qui continuait avec Mme de Kermor une conversation animée à laquelle était revenue prendre part Madeleine, les deux docteurs s'inclinèrent.

— Comment ! vous partez déjà ? fit Mme du Halloy.

Et regardant particulièrement Svaa Sparanda, elle continua :

— Juste au moment où j'allais vous présenter à une famille d'anciens compatriotes... Mme de Kermor, et Mme de Ryès, sa fille, qui ont longtemps habité Chandernagor où vous exerciez, docteur...

Svaa Sparanda, avec une pâleur que dissimulait en partie son teint bistré s'inclina devant ces dames. Mme de Kermor, d'abord saisie à la vue du médecin Hindou, avait répondu froidement, sèchement même à son salut, mais la jeune Mme de Ryès n'avait pas été maîtresse de sa surprise.

— Eh ! s'écria-t-elle avec un étonnement joyeux. M. le D$^r$ Svaa Sparanda !... quelle rencontre !

Déjà elle lui tendait la main, et Svaa demeurait devant elle, perplexe, lorsque Mme de Kermor dit à sa fille d'un ton d'autorité qui n'admettait pas de réplique :

— Madeleine, je crois que votre mari désire vous parler.

La jeune femme interloquée salua Svaa Sparanda toujours immobile et alla rejoindre Georges. Mme du Halloy, à qui cette scène n'avait pas échappé, sans que toutefois elle en comprit le motif, rompit le silence et se tourna vers le Dr Varnier.

— Vous aussi, docteur, vous partez ?
— Oui, madame... un malade qui m'inquiète...
— Alors, fit-elle en leur tendant les mains, je me reprocherais de vous retenir.

Svaa Sparanda et le docteur Varnier s'inclinèrent puis se dirigèrent vers la porte. Le Dr Varnier prit le bras de son jeune confrère et lui dit à l'oreille :

— Vous savez quel est le malade ?

Et comme Svaa Sparanda le regardait, surpris :

— C'est moi ! la curiosité est une maladie... mon cher confrère, allons causer chez vous !

Ils venaient à peine de sortir, qu'une fusée de rires éclatait à l'autre extrémité du salon : Mouilletin cadet, le célèbre monologuiste, disait en petit comité une de ses dernières créations. Bientôt le diapason des rires s'éleva : tous les assistants se rapprochèrent du groupe où fusait cette gaîté, et l'on fit cercle autour de l'artiste qui alors, se levant à la sollicitation générale des assistants, commença :

« Les amoureux
« Vont deux par deux... »

A ce début, Mme du Halloy qui causait non loin de là avec Mmes de Kermor et Ryckiewna qu'elle venait de présenter l'une à l'autre, promena son regard sur l'assistance, puis, tout bas, à Mme de Kermor :

— Ah ! ça, fit-elle, voici qui intéresse vos jeunes gens... où donc sont ils ? se seraient-ils retirés ?

— Certainement non, répliqua la mère de Madeleine ; mais ils auraient cherché l'isolement à deux dans votre petit salon, qu'il n'y aurait là rien de surprenant.

— En ce cas, allons les prendre et les ramener. Il faut qu'ils entendent ça... ça les concerne !

Et les trois dames se dirigèrent vers le petit salon où en effet, elles trouvèrent les jeunes époux engagés dans une de ces profondes causeries à deux, qui ont tant de charmes pour les amoureux.

— Eh bien ! c'est gentil ! qu'est-ce que vous faites là ?

— Mais nous causions...

— Allons ! allons !... revenez dans le salon : M. Mouilletin cadet dit un monologue où il est question de vous... Venez !... Et, pour éviter une nouvelle fugue de votre part, je prends avec moi ma jeune amie Madeleine ; quant à M. de Ryès...

Mme du Halloy regarda autour d'elle en passant son bras sous celui de la jeune femme, et ne voyant que Mme Ryckiewna, elle continua, s'adressant à Georges :

— Je vous confie à madame, qui sera votre geôlier... Au fait, il convient du moins de présenter le prisonnier à son gardien... M. Georges de Ryès, dernier représentant d'une grande race... Mme Freya Ryckiewna, une amie... de Pétersbourg.

Georges et l'étrangère se saluèrent. Le jeune homme, un peu dépité, offrit silencieusement son bras à Mme Ryckiewna, et l'on revint vers le grand salon où continuaient les éclats de gaîté.

Freya et son cavalier suivaient à quelque distance les autres dames. Freya regardait à la dérobée Georges, toujours silencieux, et semblait ralentir le pas dans l'intention de demeurer en arrière. Comme le jeune homme continuait à garder le silence, ce fut elle qui, la première, engagea la conversation, du ton d'un parfait enjouement :

— Je suis enchantée monsieur, que Mme du Halloy ait bien voulu avoir recours à mes bons offices pour vous enchaîner chez elle.

— Puis-je apprendre, madame, riposta M. de Ryès en donnant à sa parole un accent un peu sec et qui n'était pas dénué d'intention sarcastique, puis-je apprendre le motif pour lequel vous me faites cet honneur ?

Ils étaient lentement arrivés aux derniers rangs du cercle qui se pressait autour du monologuiste. Il était impossible d'aller plus loin. Mme Ryckiewna montra tout ce monde à son cavalier, puis :

— Vous ne tenez pas autrement à la foule, je pense ?... En ce cas, allons nous asseoir là-bas...

Et elle l'entraîna dans un lieu écarté du salon, derrière une corbeille de plantes touffues qui semblaient faire de cet endroit comme un boudoir séparé du reste de la pièce et absolument propice aux intimités. Georges, un peu étonné, se laissait conduire, curieux de ce qui allait se passer. Ils s'assirent. Ce fut encore Mme Ryckiewna qui reprit la conversation.

— Je dois d'abord vous avertir... Étrangère et peu au courant des usages en France...

— Vous êtes de Pétersbourg ? a dit Mme du Halloy...

— Oui... débarquée il y a huit jours dans votre grand Paris où je ne connais personne...

— Ici, madame, les connaissances se font bien facilement.

— C'est selon !... lorsque l'on est avec son mari, oui !... mais...

— Vous êtes ?...

— ...Veuve, monsieur. Le général Ryckiewski est mort il y a quatre ans au cours d'une campagne en Asie centrale, et, depuis lors, je voyage.

— Pour oublier ?

— Pour me distraire... cela revient au même.

Il y eut alors un silence entre eux. A l'autre extrémité du salon, un ténor venait de se mettre au piano et s'accompagnait lui-même en détaillant une des dernières mélodies de Massenet. M. de Ryès regardait sa compagne non sans quelque étonnement. Il s'était laissé glisser sur la pente d'une conversation banale, et maintenant il examinait l'étrangère avec une certaine curiosité, scrutant son exotique beauté, souriant à l'accent particulier qui timbrait sa parole.

Elle reprit :

— On m'a toujours tellement vanté le grand monde Parisien et sa spirituelle et fine galanterie...

Ce mot fit froncer le sourcil de M. de Ryès; Mme Ryckiewna s'en aperçut et se reprit vivement :

— Excusez une étrangère si mon expression dépasse un peu ma pensée... — Toujours est-il que j'avais le vif désir de me rendre compte par moi-même... Dans ce but, je suis très heureuse que les circonstances m'aient mise en rapport avec un représentant de cette vieille race Française, si affinée, et qui donne depuis si longtemps le ton à l'Europe.

Cette franchise un peu brutale de la jeune Russe froissa Georges, qui répliqua aussitôt :

— Alors, j'ai l'honneur de vous être un sujet d'expérimentation ?

— Mon Dieu! fit l'autre sans se déconcerter, je vous avouerai qu'il y avait, pour moi, un motif particulier...

— Bah! lequel ?

— Voici : la conversation entre Mme du Halloy et Mme de Kermor tout à l'heure, en ma présence, m'a appris que... bien qu'après deux ans de mariage, vous êtes encore... comment dirai-je?... amoureux de Mme de Ryès... Or, une étrangère, surtout quand elle est veuve et jeune, est toujours, à tort ou à raison, réputée dangereuse... Au moins, est-ce votre avis ?

Le tour de la conversation commençait à intéresser Georges en piquant sa curiosité. D'abord, il s'était montré froid, réservé, simplement poli : il avait même eu, à certains mots, des révoltes; mais chaque fois qu'il avait essayé de regarder l'étrangère en face, il avait senti dans ses propres yeux plonger l'acuité gênante, dominatrice presque jusqu'à une fascination douloureuse, du regard de la jeune femme. Et, quand ensuite il avait détourné ses yeux, il avait senti ce regard qu'il eût voulu fuir, l'envelopper, l'enserrer, comme dans un réseau magnétique, et maintenant, malgré lui, il se laissait aller à subir, sans s'en rendre compte, cette influence captivante, qui le pénétrait, qui s'emparait de son être, progressivement, et qu'il croyait être simplement l'intérêt d'une conversation où sa partenaire apportait de l'esprit, terrain sur lequel il se refusait à demeurer en reste. Aussi reprit-il avec un léger sourire :

— Selon moi, madame, une femme n'est dangereuse pour un homme qu'autant que cet homme la redoute.

— Alors vous ne me craignez pas ? je retiens cet aveu qui me met à l'aise. Vous êtes protégé contre moi?... Vous avez un bouclier qui vous défend?

— On vous l'a dit, répondit très simplement Georges: j'aime ma femme !

Cette franchise naïve sembla d'abord dérouter Mme Ryckiewna qui répondit après quelques instants avec une sorte de badinage affecté :

— Eh bien! c'est bizarre... on m'avait affirmé que ce sentiment était mal porté dans la société Parisienne, et que les petites gens, seuls, se permettaient de l'arborer après plus de deux mois de mariage... la part du feu.

— Madame, on vous a trompée : en voici la preuve.

Et Georges, tirant son portefeuille, y prit dans une enveloppe une fleurette fanée.

— Que voulez-vous dire?

— Ceci est la première fleur que m'ait donnée ma femme, lorsqu'elle était ma fiancée.

Freya regarda le jeune homme, un peu décontenancée. La loyauté qui éclatait dans cette simple parole la paralysa pour un instant. Mais alors, des applaudissements retentirent à l'autre extrémité du salon; le ténor venait de terminer son morceau : un brouhaha courut à travers l'assistance, puis deux artistes commencèrent un duo. Les courts instants qui venaient de s'écouler avaient rendu tout son empire sur elle-même à l'étrangère qui reprit avec une pointe de persiflage, pendant que Georges, l'œil légèrement humide, s'absorbait dans la muette contemplation de la fleurette fanée :

— Mais cela est imprudent!.. Montrer ainsi ce souvenir intime auquel vous devez tant tenir!... car enfin, que feriez-vous, le jour où, mettant aux prises votre amour d'époux avec votre galanterie de race, une autre femme — moi, par exemple! — vous prierait, pour conserver un souvenir de cet entretien, de vouloir bien échanger une fleurette flétrie contre...

Elle chercha un moment, puis, détachant la rose de son corsage :

— ... Contre cette autre, par exemple, qui est dans tout son éclat ?

Georges leva les yeux sur elle: mais le regard aigu, métallique, de l'étrangère le pénétra aussitôt jusqu'au fond de lui-même, pendant que la beauté troublante de la jeune femme dégageait de capiteux effluves qui l'envahissaient peu à peu, obscurcissant sa raison, grisant son âme...

Troublé, il répliqua :

— Je... je m'en excuserais.

— Même si ma prière...

Il la regarda de nouveau, et, de nouveau, se sentit fouillé jusqu'aux derniers replis de son cœur par l'éclair sombre qui jaillissait des yeux de la Russe.

— Que voulez-vous dire? balbutia-t-il.

Mais elle avec une aisance d'autant plus sûre d'elle-même que s'affirmait davantage sa supériorité sur son partenaire:

— Ceci : je ne croyais pas que le code d'une politesse légendaire pût permettre à un homme de votre race de faire fi d'un caprice si anodin !

— Permettez...

— Oui, je sais ce que vous allez me dire: cette tige de muguet est connue... on peut s'étonner de sa disparition... Eh! qui vous la demande entière ?... La moindre parcelle...

Sans répondre Georges voulut remettre la fleurette dans son portefeuille: son mouvement — brusque et nerveux — cassa la plante dont un fragment tomba sur le parquet sans qu'il s'en aperçût. Freya ramassa vivement ce fragment, et le lui montrant :

— Tenez, fit-elle, elle est si desséchée qu'elle vient de se briser... Eh bien! partageons... Allons! c'est une fantaisie de femme et vous ne pouvez faire moins...

— Mon Dieu! fit Georges avec contrainte puisque

vous y tenez tant!... Mais je ne vois pas pour vous le moindre intérêt en ceci.

— Pardon! répliqua-t-elle en enfermant le brin de muguet dans un porte-cartes ; c'est un souvenir qui me permet un échange... Prenez cette rose... oh! en tout bien tout honneur !

— Allons, répondit le jeune homme, très mortifié au fond, mais prenant son parti en galant homme, allons! je vois que la femme est la même sous toutes les latitudes !... ce qu'elle veut...

— Le diable le veut, n'est-ce pas !... Mais pardon, il ne faut pas...

Vivement, elle brisa la tige en deux et en conserva une partie, plaisantant :

— N'avez-vous pas partagé en deux votre brin de muguet ?

— Mais cette tache... il y a du sang à ce fragment de tige que vous gardez... Vous vous êtes blessée.

— Moi? non... Et puis qu'importe ! Ne vous ai-je pas remis la meilleure moitié ? Quelle est donc la femme qui donne les roses et garde les épines ?

Et comme Georges la regardait, il se sentit encore pénétré par l'acuité de son regard et baissa les yeux. Elle poursuivit, légèrement railleuse :

— Eh bien ! n'est-ce pas un échange et refuseriez-vous d'arborer mes couleurs ?

Sous l'empire de l'étrange domination qui s'emparait de lui et qu'il subissait sans se l'expliquer, Georges passa lentement la rose à sa boutonnière.

A cet instant, de nouveaux bravos éclatèrent dans le salon: le duo était terminé. Il commençait à se faire tard, et plusieurs invités vinrent prendre congé de Mme du Halloy.

Madeleine de Ryès, depuis sa rentrée dans le salon regardait en vain autour d'elle où avait pu se réfugier son mari. Elle interrogea sa mère :

— Ne serait-il pas temps de nous retirer ?

— Oui, partons. Où est ton mari ?

Ces dames se levèrent, cherchant M. de Ryès que

Madeleine aperçut enfin derrière le massif de fleurs; elle s'avança vers lui :

— Georges, où donc étais-tu, tout ce temps ?

M. de Ryès s'était levé avec empressement, à la vue de sa jeune femme dont la présence sembla chasser le cauchemar qui l'obsédait. Il répondit, non sans quelque gêne :

— Mais... ici même... avec madame.

Et Freya ajouta d'un ton dégagé, en se levant à son tour:

— Mme du Halloy avait prié M. de Ryès de me tenir compagnie.

— Partons-nous ? interrogea Georges nerveux.

— C'est pour cela que je te cherchais.

M. et Mme de Ryès se retournèrent vers Freya, et il y eut un échange de saluts froidement cérémonieux: cependant l'étrangère conservait son air légèrement sarcastique, et son regard aigu, froid, suivait Georges qui s'éloignait avec Madeleine, allant retrouver Mme de Kermor.

Alors seulement, Madeleine remarqua la rose qui ornait la boutonnière de son mari.

— Tiens ! fit-elle un peu étonnée, tu es fleuri ?

Près de sa jeune femme, Georges avait repris tout son empire sur lui-même. Il regarda dédaigneusement sa boutonnière, y prit la fleur et répondit négligemment :

— Ceci ?... Peuh !

Et, faisant passer sa femme devant lui pour éviter toute explication, il jeta la rose sur le parquet et l'écrasa d'un coup de talon nerveux.

Le regard sombre de Freya, qui ne l'avait point quitté un instant, suivait toute cette scène. A la vue du geste de Georges, un vague sourire plissa ses lèvres, et elle murmura :

— La révolte qui se prend pour la victoire !

Cependant Georges et Madeleine avaient rejoint Mme de Kermor, et tous trois prenaient congé de

Mme du Halloy qui, après leur départ, voyant Freya toute seule s'approcha pour lui tenir compagnie.

— Eh bien ! chère Madame, que dites-vous de M. de Ryès ?... Brillant cavalier... causeur plein d'esprit...

— En effet, répondit l'étrangère d'un ton de voix indéfinissable, sa conversation m'a charmée... au point que...

Elle s'arrêta, puis ajouta pendant que Mme du Halloy serrait les mains de personnes qui partaient :

—... Je compte la reprendre... où nous l'avons laissée...

Et son œil jeta dans l'espace un éclair sombre presque aussitôt éteint sous un effort de sa volonté.

---

## II

Quelques jours plus tard, dans un petit salon, d'un exotisme étrange, Freya est étendue sur un divan bas, presque enfouie au milieu des coussins sur lesquels repose son corps aux formes sculpturales voilées d'une ample draperie. Autour d'elle, des meubles massifs dont quelques-uns affectent des formes bizarres, projettent une ombre où elle disparaît partiellement. A l'autre extrémité de la pièce, une fenêtre laisse passer un jour atténué, qu'estompent encore des rideaux lourdement drapés. De tous côtés, des sophas peu élevés, où gisent d'amples coussins. Le parquet disparaît sous une moquette épaisse qui ouate tout bruit. Dans un poêle semblable à ceux des antichambres de Russie, un feu rougeoie, ardent, jetant ses lueurs. Mais la partie caractéristique de cette pièce est un pan de mur complètement caché par une large draperie dont les plis flottent comme si elle était mobile et devant laquelle est un meuble à dessus de marbre noir tenant à la fois, par sa forme, de l'autel d'église et de la banale commode.

3.

Dans la pénombre qui la voile, Freya est-elle assoupie ? Dort-elle, languissamment enfouie dans ses coussins ? On le croirait, n'était la lueur phosphorescente qui, par moments, jaillit de ses yeux. Elle médite... à quoi ? sur quel sujet?... Par instants ses lèvres s'agitent comme si elle voulait parler, mais aucun son ne s'en échappe, et l'effort de sa pensée ne dépasse pas les limites de son cerveau...Soudain, elle s'est dressée, et la lumière plus vive de la fenêtre permet de détailler le costume quelque peu bizarre qui la vêt : son ample robe en satin bleu d'azur, à longs plis, descend jusqu'à terre où elle traîne légèrement. Les manches, très larges et flottantes, dégagent les bras nus d'une blancheur mate. Une sorte de tiare en étoffe semblable à celle de la robe, qui rappelle vaguement l'antique coiffure de l'Egypte au double fanon retombant, cerclée d'or et constellée de pierres bleues, laisse flotter en arrière l'ondoyante cascade de sa chevelure fauve...

Peu à peu, sous l'empire des pensées qui la hantent, des mots lui échappent, d'abord hachés, puis des phrases complètes, et enfin, un flot de paroles monte de son cœur à sa bouche, et elle parle sans contrainte, se sachant à l'abri de toute oreille indiscrète, mettant à nu tout le désordre des sentiments qui l'agitent.

— Quoi donc !... Serait-ce l'amour, si longtemps, si âprement poursuivi ? Moi, aimer ?... allons donc !... comme le général Ryckiewski tué dans le steppe !... comme l'enseigne des chevaliers-gardes Volnik, mort d'accident !... comme l'artiste Sylviano, mystérieusement disparu !... comme tant d'autres, qui ont touché l'arcane maudit, et dont l'arcane maudit a bu la vie!...

Elle s'arrêta, le front plissé par la méditation de ses souvenirs, puis, avec un rire haletant :

— Moi, aimer ?... Ah ! ah ! ah !... Graine d'amour, fleur de mort !... Eh ! qu'importe, après tout ? si ma destinée est de faire éclore le mal dans sa splendeur, je suis ma destinée, moi !... Que m'importent tel ou tel qui se sont trouvés sur ma voie ? La machine est-elle coupable parce qu'elle écrase la chair vive des imprudents ? Tant pis pour celui-ci: il se laissera dominer... comme les autres — il mourra... comme les autres, puisque la mort est nécessaire à la vie... Mais aimer, moi ?... moi !...

Elle eut un retour sur elle-même, et, dans un affaissement de tout son être, elle tomba sur un divan jetant à l'espace comme le cri de sa conscience :

— Malheureuse ! pourquoi le mal qui m'étreint n'a-t-il pas commencé par broyer mon cœur ?

Il y eut un silence, puis elle se redressa avec un air de défi superbe :

— Eh! qu'importe, après tout ?... ma route est là... je suis emportée par la fatalité sur une voie que nul n'a remontée... Que la fatalité me conduise à ma destinée !

Puis elle retomba dans un morne silence, roulant dans son cœur des flots de pensées. Enfin, comme prenant un parti, après une longue période d'indécision, elle frappa sur un gong.

Une chambrière vêtue du costume russe, parut, soulevant les draperies de la portière, qu'elle laissa retomber derrière elle, et dit d'un air craintif :

— Tu m'as appelée, barine ?

— Oui. Ferme les rideaux de la fenêtre, allume le réchaud et prépare les parfums... tout!

— Oh! barine, supplia la servante, tu vas encore faire le mal !

— Andrewna, tu n'es qu'une sotte ! s'écria durement Freya. Que t'importe ? Et qu'ai-je besoin de tes reproches ? Souviens-toi donc! je t'ai arrachée à la mort du knout à la condition que tu me servirais aveuglément... sers-moi, et épargne-moi ta morale !

Docilement, à la façon d'une esclave sous la menace du fouet, Andrewna ferma les rideaux de la fenêtre et alluma un réchaud qu'elle plaça sur le tapis devant la grande tenture: puis elle activa un cordon de tirage : la tenture s'écarta, laissant voir une immense glace de cristal noir où se reflétaient seules les lueurs de plus en plus vives qui s'échappaient du réchaud.

A tous ces préparatifs, Freya avait assisté négligemment appuyée contre un meuble, mais en suivant néanmoins d'un œil autoritaire l'accomplissement des moindres détails.

Elle demanda :

— Qu'as-tu fait de la fleurette fanée que je t'ai remise en rentrant de chez Mme du Halloy ?

— Sur la table de l'autel, barine, répondit Andrewna en indiquant le meuble à dessus de marbre.

— Bien. Et la tige de rose tachée de sang ?

— Dans le coffre de l'autel.

— C'est bon. Commençons.

— Oh ! barine ! s'écria la servante avec terreur.

— Veux-tu donc, dit Freya avec une implacable dureté, être rejetée au knout qui t'attend ?

— Barine ! Barine !... pitié !...

— Alors, obéis. Les ornements, vite !

Andrewna, courbée par la terreur, présenta à sa maîtresse un coffret ouvert, où celle-ci prit des bracelets, un collier, et une bague d'or ornés de pierres bleues, murmurant :

— Turquoises et béryls... c'est bon pour l'œuvre de domination de l'homme par la femme !

Puis, après s'être ornée de ces bijoux, elle demanda élevant la voix:

— Les parfums, maintenant !

Andrewna, toujours soumise, lui tendit une cassolette où Freya prit des pincées d'une poudre grisâtre qu'elle jeta sur les charbons du réchaud. Une vapeur odoriférante se dégagea, montant devant la glace noire où son reflet jetait des arabesques capricieuses.

Alors une scène absolument étrange se passa, et telle, que quiconque l'eût vue se fût demandé si l'endroit où elle s'accomplissait se trouvait bien à Paris, au commencement du XX$^e$ siècle, ou plutôt si elle ne se déroulait pas dans un temple souterrain de Thèbes Hécatompylos, plusieurs milliers d'ans avant notre ère.

Pendant qu'Andrewna, agenouillée, craintive, murmurait des sortes de réponses psalmodiées, Freya, debout près du réchaud où de temps à autre elle jetait de nouvelles pincées de parfums, gardant en tous ses mouvements une sorte de pose hiératique devant la glace noire, formulait des invocations que rythmait sa voix dans une apparence de mélopée vague...

— Chavajoth ! Chavajoth ! Chavajoth...
— Enfante le mal ! enfante ! psalmodiait Andrewna.
— Par Schelôm ! Par le grand nom des Semhamphoras, Chavajoth !
— Viens ceindre nos reins de ta puissance !... Enfante le mal ! Enfante !
— Bélial, prince des larmes, viens à moi !
— Sois l'appui de ma faiblesse !... Enfante le mal ! Enfante !
— Sachabiel, maître des douleurs, assiste-moi !
— Revêts-nous de ta force !... Enfante le mal ! Enfante !
— Adramelech, roi des ténèbres, enombre-moi !
— Sois notre force !... Enfante le mal ! Enfante !
— Samgabiel, source d'horreur, revêts-moi du sang de tes ailes !
— Monte en nous !... Enfante le mal ! Enfante !
— Par l'étoile qui tombe, par Chavajoth...
— Le Maître ! le Maître ! le Maître !
— Viens à moi, Lilith !... Amène Noëmah par la main gauche.
— Fais pleurer la douleur ! fais rugir la haine !
— Par les êtres du mal, par les forces d'en bas, révèle-toi, Moloch, et consume les créatures de pureté.
— Nous te donnerons nos enfants à dévorer.
— Chavajoth ! Chavajoth ! Chavajoth !
— Enfante le mal ! Enfante !

Il y eut un court temps d'arrêt dans l'invocation du mal ; les parfums alourdissaient l'atmosphère ; les vapeurs devenaient plus épaisses, et, éclairées bizarrement par le feu du réchaud, projetaient dans la glace noire des images fuyantes et fantastiques.

— La fleurette fanée ! s'écria soudain Freya.
Et, la prenant sur l'autel noir, avec une joie sauvage

et un cri de triomphe, elle la jeta dans le réchaud...
une flamme claire et dévorante s'éleva, illuminant
tout pour un instant, pendant que Freya, hors d'elle,
comme une pythonisse de l'antiquité, criait :

— Tiens, Moloch ! C'est le bonheur pur... C'est la
chaste ivresse et la joie du rêve... Dévore ! Dévore !

La flamme vive s'éteignit pendant qu'Andrewna, affolée, suppliait :

— Non ! barine ! non...

— Sotte !... Trois fois sotte ! Laisse-moi... Le parfum ! Le parfum !... Je sens l'Etre qui monte en moi...

A pleines poignées, elle jetait les parfums sur le brasier... La servante épouvantée s'enfuit, tandis que
Freya se tordait les bras, agitée par une série de spasmes convulsifs, suppliante :

— Ne tourmente pas ta servante, ô toi, l'Etre Innommable... mais daigne agréer les parfums qu'elle brûle
pour toi !...

Enfin, elle tomba à la renverse, dans une sorte
d'ivresse psychique causée par les parfums et l'excitation de tout son être...

Fût-ce alors un rêve comme ceux que donne le haschich de l'Orient ? Fût-ce une réalité fantômale causée
par le reflet, dans la glace noire, des vapeurs dont les
volutes s'enchevêtraient à l'infini ?

Il lui sembla qu'en ce miroir immense, une clarté se
faisait... et des formes s'accusaient... et une scène se
déroulait, qu'elle suivait d'un œil hagard...

A travers des stries de vapeur, une chambre s'estompait... assise près d'une table, Mme de Ryès considérait tristement son mari qui marchait de long en
large, sous l'empire d'une préoccupation.

— Oui... oui... le voilà ! murmura Freya d'une voix
presque indistincte, du fond de son ivresse... C'est lui !
c'est le bonheur ; détruis-le !... Amène cet homme à ta
servante, Chavajoth !...

Une plus grande netteté se fait dans le miroir sombre : Georges s'est arrêté brusquement ; il prend son chapeau et s'apprête à sortir. Madeleine s'est levée, lui saisit la main, veut le retenir, l'enlace... Georges hésite...

— Moloch! balbutie Freya dans une sorte de démence inconsciente, Moloch! c'est la splendeur du bien : ne laisse pas vivre cette ivresse!

Dans la scène fantastique et vaporeuse du miroir, les personnages se sont accusés encore plus nettement : après un court débat, Georges s'est arraché des bras de sa jeune femme ; il la repousse et sort brusquement, laissant Madeleine éplorée...

A cette vue, un cri de joie soulève la poitrine de Freya.

— Ah !

Ce cri violent l'a-t-il jetée hors de son rêve ? A-t-il eu quelque influence sur la glace noire qui en a vibré ? Subitement la vision s'est effacée... Freya se redresse et reprend ses incantations, jetant les parfums à poignées sur le brasier : mais l'instant d'exaltation psychique est passé...

Elle psalmodie :

— A toi, Chavajoth!... Enfante le mal! Enfante!...

Mais rien ne se produit plus. Alors, lassée, elle frappe sur le gong et Andrewna paraît, avec son air à la fois soumis et terrifié de chien battu.

—Tu m'appelles, barine ?

— Oui, range tout ceci.

Et à ses pieds les cercles d'or tombent, et la coiffure égyptienne, et la robe d'azur sous laquelle elle apparaît en simple costume d'intérieur.

Andrewna range tous ces objets rituels, éteint le réchaud, recouvre la glace noire de sa draperie, et ouvre la fenêtre par laquelle un courant d'air fait fuir les vapeurs et les parfums accumulés en ce lieu, où ne reste plus après quelques instants qu'un vague relent d'encens, d'ambre et de styrax : le salon de l'étrangère reprend peu à peu son apparence d'exotisme bizarre.

Pendant que la chambrière s'occupe de ces soins, sa maîtresse lui donne des instructions :

— Un homme va venir : tu l'introduiras sans explication, et tu nous laisseras... tu as compris ?

— Oui, barine.

— Quoi qu'il arrive, quoi que tu entendes, tu te garderas d'intervenir... maintenant, laisse-moi.

Après le départ de la servante, elle demeure plongée dans une profonde méditation, et balbutie, sous l'effort de sa pensée en ébullition :

— Fleurs de jeunesse, pleines de vie et d'avenir, flétrissez-vous !... Rêve d'amour, débordant d'ivresse, viens te briser les ailes !...

Elle s'arrête, demeure un instant immobile, songeuse, et enfin, avec un long sanglot, s'abat sur un divan :

— Ah ! quelle créature suis-je donc, pour ainsi marcher dans une atmosphère qui sue le mal et la destruction ?

Puis, se redressant, elle continue dans une sorte d'affaissement moral :

— Après tout, quoi ! Est-ce donc moi qui me suis créée ? La fatalité m'a faite ainsi, que toutes les fleurs se fanent à mon contact, et qu'il me suffit de frôler un amour chaste, pour aussitôt le faire rouler dans cette fange composée de boue et de sang qui est mon éternel chemin !... — Ah ! et puis que m'importe, après tout ? Je veux la vie de cet homme ! Je la veux parce qu'elle est nécessaire à ma vie ! Je la veux parce qu'elle répond aux aspirations de mon être !... Je la veux comme la plante veut le soleil, comme l'oiseau veut l'espace, et l'âme, le rêve ! Je la veux parce que, pour vivre, la chair brame après la chair, n'importe par quels moyens, n'importe par quelles voies !... Il est lié à une autre !... Eh ! qu'elle m'indiffère, cette autre !... Tant pis pour lui, s'il s'est trouvé sur ma route !... Moi d'abord ! Moi avant lui !... Moi avant tout !... Je suis la créature de Chavajoth, l'Etre du mal... Le mal est mon élément : qu'il soit mon auxiliaire !

Elle marchait à grands pas dans la pièce sous l'empire des sentiments mauvais qui l'agitaient, lorsque après plusieurs coups discrètement frappés, mais qu'elle n'avait pas entendus, elle vit la portière se soulever et Andrewna paraître.

— Qu'y a-t-il ?

— Barine, voici l'homme.

— Ah ! enfin !... vite, qu'il entre !

Andrewna s'effaça en sortant, et Freya marcha fébrilement vers l'entrée... soudain elle s'arrêta et demeura comme frappée de stupeur : sur le seuil venait d'apparaître Svaa Sparanda qui s'inclina.

— Madame... sans doute attendiez-vous une autre personne ?

— Je l'avoue, répondit Freya.

Elle avait promptement repris son assurance, et indiquait un siège à son visiteur.

— Cela ne m'empêchera pas de faire bon accueil à l'hôte imprévu...

— Au reste, reprit Svaa, restant debout, ma visite, si elle est indiscrète, ne sera pas de longue durée.

— N'importe, monsieur : veuillez prendre un siège : je vous écoute.

Elle s'assit. Svaa prit place à quelque distance.

— Aussi bien, dit-il, j'irai droit au but. Voici : — Nous sommes nés, madame, vous sous les glaces du pôle, moi sous le soleil des tropiques ; nous n'étions donc pas, en principe, destinés à nous connaître ; et, en fait, jusqu'à la dernière matinée de Mme du Halloy, où nous avons été réunis par ce mystérieux concours de circonstances que les ignorants appellent le hasard, jamais je n'avais eu l'honneur de vous rencontrer.

— Effectivement.

— Et cependant, nous nous sommes sur l'heure devinés... j'allais dire reconnus.

— Je ne vous comprends pas, monsieur, — répondit froidement Freya. Expliquez-vous.

— Mon explication sera simple, madame : — nous foulons tous deux les mêmes sentiers ; mais si, pour ma part, je me suis imposé la tâche de monter vers l'Absolu de tout, vous, au contraire vous êtes marquée par le pentagramme noir qui descend vers l'Abîme.

— Que voulez-vous dire ? interrogea Freya avec un étonnement admirablement simulé.

— Allons, madame, dit Svaa, à quoi bon nier l'évidence ? j'eusse pu hésiter, croire à une erreur de ma part ; mais votre obstination à garder cette tige de fleur où se trouvaient quelques gouttes de mon sang, m'a démontré la justesse de mon appréciation. Sinon, à quoi bon, de votre part, cet inexplicable désir ? — Vous le voyez, je vous parle en toute certitude.

Pendant qu'il s'exprimait, Freya avait à plusieurs reprises essayé de fixer sur son interlocuteur son regard aigu et pénétrant dont elle connaissait bien le pouvoir ; mais la flamme qui brillait dans l'œil noir du médecin hindou l'avait chaque fois forcée à se détourner : elle avait reconnu en lui une volonté plus forte que la sienne, et, se voyant devinée, elle sortit enfin de la réserve qu'elle avait observée jusqu'alors.

— Eh bien ! moi, monsieur, dit-elle, je vais vous répondre en toute franchise. Oui, nous étions inconnus jusqu'à ce jour l'un à l'autre. Oui, nous nous sommes devinés du premier coup d'œil. Oui, encore, j'ai compris en vous l'adversaire d'aujourd'hui, qui peut devenir l'ennemi de demain. Oui, enfin, en agissant de la sorte, j'ai assuré ma sécurité à venir.

— Eh ! qui donc la menace ?

— En ce moment, personne. Tout à l'heure, vous, peut-être !

— Non, si je ne suis pas attaqué ! non, si vous ne vous placez pas en travers de ma voie !... Et cela vous est bien facile ; car, permettez-moi de vous l'affirmer, je suis venu en Occident pour étudier, et non pour agir. Jugez-en vous-même : — Est-ce que l'étalage de la Haute Science dont j'ai acquis la connaissance dans les temples souterrains de l'Himalaya, est-ce que cet étalage, dis-je, fait devant la petite science occidentale, composée de tant de vanité, aurait jamais un autre résultat que de me faire ranger dans la catégorie des charlatans ? Donc, rassurez-vous : je suis une voie bien modeste, toute d'étude, et il est bien peu probable que nous nous rencontrions ailleurs que dans des salons mondains, comme ces jours derniers.

Il y eut un léger silence : Freya réfléchissait.

Elle répondit enfin :

— Ces rencontres possibles forment déjà autant de points de contact, en vue desquels j'ai cru devoir une prémunir.

— Considérez, madame, que si j'eusse voulu agir tout d'abord en ennemi, comme c'était mon droit strict...

— Oui, je sais !... Vous pratiquez la magie divine ; moi, je m'en tiens à la goétie... on fait ce qu'on peut !... mais, puisque par là même, nous sommes ennemis, vous admettez bien, que si votre droit strict, comme vous le dites, est de me briser, le mien est de prendre quelques précautions.

— A quoi bon, encore une fois ? Si j'eusse voulu agir contre vous et vous mettre dans l'impuissance de me nuire, croyez-vous donc que je n'aurais pu le faire de moi-même, sans quitter mon cabinet ? au contraire ! il m'a répugné d'agir ainsi envers une femme : je n'ai voulu voir en nous que deux êtres humains, également faibles de la même faiblesse, et — ajouta-t-il en se levant — j'ai l'honneur, madame de faire auprès de vous cette démarche dans toute la loyauté de mon être.

— ... Et dont le but est ? interrogea Freya un peu railleuse.

— ... De vous prier de me rendre cette tige de fleur que la destinée a mise entre vos mains, et que vous ne sauriez conserver, à moins d'avouer, par cela même, votre intention d'en mésuser.

Freya se leva à son tour.

— Monsieur, dit-elle gravement, je répondrai à votre

démarche, je l'ai dit, par une entière franchise ; mes dispositions d'esprit sont analogues aux vôtres, et je n'ai le dessein ni de vous nuire, ni de vous attaquer si vous ne vous placez pas en travers de ma voie. Or, comme rien ne me prouve que, ce que vous n'avez pas fait hier, vous ne le ferez pas demain, et que je n'aurai pas, un jour prochain peut-être, à me défendre contre vos attaques, vous trouverez bon que je garde ce sang qui est ma sauvegarde contre vous.

— Bah ! repartit Svaa légèrement, c'est une plaisanterie ! que comptez-vous en faire ?

Mais Freya s'était redressée : son œil fauve lançait un éclair et, se plaçant en face de son adversaire que, cette fois, elle regarda fixement.

— Svaa Sparanda, dit-elle d'une voix ferme, me prends-tu pour une novice en science noire, ou penses-tu endormir ma prudence ? je te le jure, par la force innommable, par la force mystérieuse de l'Au delà que nous manions l'un et l'autre dans un but différent, si le malheur — pour nous deux — veut que je te rencontre sur le sentier que foulent mes pas, ton sang me sera un charme pour lier ta vie à la mienne, de telle sorte que le mal qui m'arrivera par toi rejaillira au centuple sur toi !... j'ai juré par le grand serment, Svaa Sparanda... M'as-tu compris ?

— Pauvre femme ! répondit Svaa avec un accent de profonde pitié, quelle est votre erreur !... Encore une fois, je suis venu ici pour étudier, et non pour agir.

— En ce cas, dit Freya que ces paroles semblèrent calmer, je ne commettrai pas le maléfice du sang. Fie-toi à mon serment, comme je me fie à ta loyauté.

— C'est bien, Freya ! mais garde-toi de t'attaquer à moi ni à personne de ceux que j'aime, parce que, en ce cas...

Freya l'interrompit, un peu railleuse :

— En ce cas, j'aurai à lutter contre ta force, soit ! mais alors, le charme du sang me protégera, et si ton Verbe est puissant et ton Geste fort, rappelle-toi bien que tu en seras la première victime !

— Folie ! souviens-toi que le magiste ne doit reculer devant aucun danger, quel qu'il soit, d'où qu'il vienne — quand le Bien le lui ordonne !... Adieu, Freya Ryckiewna.

— Qu'il en soit ainsi, Svaa Sparanda, et que le destin nous éloigne l'un de l'autre !

Tous deux se saluèrent, échangeant un dernier regard où il y avait comme un froissement d'épées, et Svaa se retira.

Après son départ, Freya demeura quelque temps songeuse, puis le flot de ses pensées l'emporta, et elle murmura, agitée, marchant dans son salon :

— Oui, je t'ai deviné, Svaa !... Toi qui es l'auxiliaire du Bien, tu es plus puissant que moi, dont la destinée est liée au Mal ; mais mon adresse a égalisé les chances entre nous... j'ai ton sang... j'en userai, et si tu devais me tuer maintenant, tu sais bien que ta vie serait d'abord le prix de la mienne !

Elle se tut un moment, en proie à des réflexions intimes, puis, après un rire muet, elle poursuivit :

— Eh ! folle que je suis !... quelle pomme de discorde peut jamais tomber entre nous ?... Je ne connais personne à Paris... lui, récemment arrivé, est certainement dans le même cas !... mon but atteint et cet homme en mon pouvoir, je fuirai au loin... Alors, quoi ? va-t-il point le défendre ? mais il ignore jusqu'à son existence... Allons ! chimère, que tout cela !

Elle se retourna : Andrewna était sur le seuil de la pièce, qui lui dit :

— Barine, il est parti ?... j'ai eu peur... un moment, tu as élevé la voix !...

— Eh ! sotte, ne suis-je pas de taille à me défendre ?

— Oui, barine, je sais... tu connais des mystères que les autres ignorent, mais comme tu m'avais dit de ne pas vous déranger...

— Mais non, ce n'est pas lui que j'attendais... c'est un autre, qui va venir... Va, et ne le fais pas demeurer quand il se présentera.

Quand Andrewna fut sortie, Freya se dirigea vers un samovar qui chauffait doucement sur une table, dans un angle de la pièce. Elle l'ouvrit : une vapeur tiède et parfumée s'en échappa.

— Que tarde-t-il ?... le thé est prêt, mumura-t-elle.

Alors, se redressant de toute sa hauteur, elle étendit la main gauche au-dessus du samovar, tandis que la 'main droite, l'index et le médius seulement étendus, et légèrement séparés, décrivait dans l'espace, et d'un trait continu, une étoile la pointe en bas ; et Freya psalmodia une invocation :

— Chavajoth ! je t'ai consacré ce breuvage : souviens-toi d'en faire le corrupteur du bien ! Il versera la chaleur impure dans les veines, l'oubli dans les âmes, et tes fidèles exalteront ta puissance !.. Chavajoth!... Chavajoth!... Chavajoth, toi qui leur as appris à diriger vers toi le Serpent des grandes forces cachées!

Elle ferma le samovar et poursuivit avec une sorte de fièvre.

— Quoi?... ce retard!... qu'est-il arrivé?... un obstacle?... non!... alors, quoi?

A ce moment, un coup de timbre retentit dehors. Freya se précipita contre la portière du salon, écoutant, et son visage s'éclaircit, pendant qu'elle reculait de quelques pas.

Andrewna souleva la tenture, et Georges de Ryès parut sur le seuil, saluant.

— Madame...

Vivement, Freya s'avança vers lui, la main tendue :

— M. de Ryès, je crois ?... Veuillez vous asseoir, je vous attendais.

A ce mot, Georges la regarda :

— Vous m'attendiez ? interrogea-t-il avec surprise.

Mais Freya, très calme et souriante :

— Mon Dieu ! oui... un pressentiment !

Il s'assit en face d'elle, un peu intrigué et murmurant :

— C'est bizarre !

— Quoi donc ?

— Vous l'avouerai-je ? fit-il avec une certaine hésitation, en venant ici, j'obéissais comme à une force supérieure que je ne puis autrement définir, et qui me poussait inconsciemment vers vous...

Il s'arrêta. Elle eut son sourire énigmatique, pendant que son regard aigu pénétrait le jeune homme, l'enveloppant de toutes parts.

— Eh ! dit-elle, vous ignorez comment s'appelle cette force ? Est-ce donc à moi de vous en dire le nom ?

— Je ne vous comprends pas, fit-il avec gêne.

— Allons donc, monsieur ! — Et elle eut un nouveau sourire. — Ce nom est bien connu! cette force à laquelle, disiez-vous, vous obéissiez inconsciemment, c'est celle qui pousse la jeunesse vers la jeunesse et le rêve vers le rêve...

— Madame... balbutia Georges de plus en plus gêné.

Il voulut la regarder ; mais l'éclat métallique qui jaillissait de l'œil de Freya le contraignit à se détourner. Il y eut un moment de silence lourd. Enfin, elle eut un rire argentin, très doux, et poursuivit:

— Allons ! je dois vous paraître étrange, et vous pouvez vous demander dans quel salon vous êtes... Détrompez-vous! j'ai peut-être une liberté d'allures et de paroles que l'on comprend mal en France, et que je dois à mon origine ; mais la personnalité de Mme du Halloy chez qui j'eus le plaisir... le grand plaisir... de faire votre connaissance, vous est un sûr garant que je ne suis pas... d'un monde à côté.

— Permettez-moi de vous affirmer, madame, que je n'en ai jamais douté.

Il y eut un nouveau silence auquel Freya mit fin en se levant et en disant, pour reprendre la conversation de façon détournée :

— Monsieur, nous avons, en Russie, une coutume à laquelle nous ne manquons jamais lorsque nous recevons pour la première fois un visiteur : c'est de lui offrir le pain et le sel.

— Je sais, madame. Cette coutume est charmante.

— Aussi, reprit-elle avec enjouement en prenant une tasse qu'elle alla emplir au samovar et qu'elle lui présenta en même temps qu'une assiette de gâteaux secs, aussi m'y conformerai-je en vous priant d'accepter un gâteau. Quant au sel — et elle appuya sur les mots en lui offrant une salière — que vous recevez de ma main, un seul grain suffira pour dissoudre dans cette tasse de thé. Vous savez qu'en Russie, nous sommes très amateurs de thé.

Georges s'était levé ; il prit la tasse et y jeta un grain de sel avant de la porter à ses lèvres.

— Et très connaisseurs aussi, dit-il, car celui-ci possède un arôme d'une finesse...

— Oui, répondit-elle négligemment.

Et elle ajouta avec une intention qui échapppa à son visiteur:

— Il a des propriétés dont vous ne vous doutez pas.

Elle l'observa. Au moment où il avait absorbé le liquide parfumé, le jeune homme avait senti comme un vide subit se faire en son cerveau ; une vive chaleur intérieure l'avait en même temps étourdi ; il s'appuya à un meuble pour se remettre mais dès lors, il n'était plus *lui* ; une force le dominait à laquelle il était inconsciemment soumis; sa pensée s'agitait follement, comme dans un rêve, comme dans une de ces ivresses lucides d'éther ou d'opium, qui délient le souvenir et amortissent les sensations du présent. Il sentait, il agissait sous l'empire d'un songe, et une autre personnalité naissait et se développait en lui, pour laquelle son passé d'être physique et moral n'était plus qu'une réminiscence vague et fantômale.

Aussi, fût-ce sous l'influence de cet avatar inconscient qu'il poursuivit:

— Mon Dieu ! nous sommes ainsi faits, en France, que tout ce qui vient de l'étranger nous semble exquis.

Freya l'avait observé avec une attention intense : son regard ne l'avait point quitté une seconde : elle avait remarqué les unes après les autres toutes les mainfestations extérieures de la transformation intime qui venait de s'accomplir en Georges. La boisson qu'elle venait de lui faire prendre, mélangée sans doute d'un succédané subtil de haschisch — bien connu des thaumaturges de l'Orient — produisait ses effets attendus, escomptés, et Freya avait suivi pas à pas les progrès que faisait l'inconscient avatar de son interlocuteur. A cette phrase qu'il venait de dire sous l'impression d'une fièvre intense, elle eut un sourire de triomphe : Georges n'était plus Georges, mais une chose animée, raisonnante, intelligente, ne possédant plus qu'un souvenir oblitéré, presque mort, et qu'elle allait faire sienne !

Aussi lui répondit-elle vivement :
— Les hommes ou les choses ?
— Tout.
— Même les femmes ?
— Surtout les femmes !
Elle s'assit, légèrement moqueuse :
— Serait-ce de votre part une déclaration ?
— Peut-être, fit Georges dans son inconscience.

Et il poursuivit avec une volubilité fébrile qui précipitait ses paroles, de plus en plus éperdu, sans se rendre compte des pensées qu'il exprimait, emporté par un vertige cérébral loin, bien loin de la réalité, au delà de tout souvenir, au-dessus de toute conscience :

— Tenez, Madame, laissez-moi vous le dire, vous aviez raison en me révélant le nom de la force qui, malgré moi m'a poussé ici. Je suis venu, sans bien m'en rendre compte, sous l'influence d'une volonté supérieure à la mienne... Cela vous semblera peut-être bizarre...

Il s'arrêta, passa sa main sur son front, dans une sorte d'affolement et, pendant que le regard aigu de Freya le suivait impassible, pendant qu'un sourire de triomphe railleur plissait les lèvres de la jeune femme, il continua, dans une envolée de délire semi-lucide :

— Depuis que je suis près de vous, en ce salon, où

je respire une atmosphère enivrante, où des effluves capiteux me montent au cerveau, depuis surtout que votre main m'a présenté cette tasse où j'ai bu le désir et la passion, oui, je vous ai comprise — et je suis vôtre, par le corps et par l'âme, par tout mon être...

Dans son affolement surnaturel, il allait tomber aux pieds de Freya ; celle-ci l'arrêta, et froidement ressuscita en cet homme dont l'inconscience se livrait, un souvenir de ce passé qu'elle voulait achever de tuer en lui :

— S'il en est ainsi, je vous demanderai au moins une preuve de cette passion subite : — Qu'avez-vous fait de la fleur que je vous ai donnée hier ?

Chez Georges, cette question suscita une réminiscence vague... il se remémora, non sans effort, le don d'une rose qu'il avait foulée aux pieds... Pourquoi ?... Comment ?... Son cerveau, sous la pleine domination du breuvage qu'il avait absorbé et de l'exaltation que la Maudite venait de faire naître en lui, son cerveau faisait un vain effort pour se rappeler... quoi ?... il ne savait plus... Alors, s'abandonnant, dans ce vide qui était maintenant son passé, il courba la tête et balbutia :

— Hélas !

— Oui, reprit-elle avec autorité, vous l'avez détruite... écrasée sous votre talon... Ne niez pas... je vous ai vu !

Il se rappela alors... mais pourquoi, enfin, pourquoi avait-il anéanti cette fleur ?

— Comment pourrai-je me faire pardonner ? dit-il enfin d'une voix éteinte.

Freya étendit la main vers un bouquet qui se trouvait dans un vase à sa portée, et en détacha une rose qu'elle lui offrit :

— En acceptant celle-ci sous la même condition.

— Sous la même condition ? murmura Georges sans comprendre et faisant des efforts pour se souvenir.

— Oui. N'était-ce pas un échange, hier ?... Rappelez-vous, allons ! Que ce soit encore un échange aujourd'hui !... Le restant du brin de muguet... je le veux !

— Vous voulez ?...

Un éclair partiel de raison se fit en lui... Oui, dans un portefeuille, il avait un brin de muguet, tout fané, tout brisé... mais à quel propos ?... Il le prit, le considéra... A quoi donc pouvait se rattacher ce souvenir ? Sous l'œil de Freya qui suivait cette scène de son regard aigu, il étendit lentement la main...

Elle saisit le brin de fleurette fanée, et, se levant dans un geste d'orgueil superbe et de triomphe définitif, elle projeta l'objet sur le réchaud où quelques charbons achevaient de se consumer, s'écriant :

— Qu'ainsi meure jusqu'au souvenir même du souvenir !

Une flamme crépita, rapide, et la brindille de muguet disparut dans un léger nuage.

Une vague réminiscence se fit alors dans l'esprit du jeune homme. Il lui sembla qu'en lui, une fibre intime se brisait ; il eut comme une confuse compréhension de ce qui se passait, et murmura avec effort en se couvrant le front de ses deux mains :

— Vous m'avez séparé d'un souvenir qui n'eût jamais dû me quitter... Quoi donc ? Etes-vous magicienne à ce point ?

Freya retomba assise devant lui en riant d'un rire métallique et perlé.

— Ah ! Ah ! Ah ! Fantaisie ! Caprice !... Allez, il n'est au monde d'autre magie que celle de la femme qui *veut* ; il n'est d'autres sortilèges que les siens !

Sa volonté se projetait tout entière hors d'elle par son regard aigu et fascinateur ; le jeune homme se sentit complètement maîtrisé par une force indéfinissable qui l'enserrait de toutes parts, et, perdant jusqu'à la dernière notion du souvenir, emporté sur les ailes d'un rêve mauvais, sentant toute sa personnalité intime se fondre dans celle de sa dominatrice, il tomba à genoux devant elle, éperdu, affolé, sans désormais aucune conscience de son passé, de ce qu'il était lui-même, de l'amour fou pour Madeleine qui avait jusqu'alors été sa vie, sans non plus aucun souvenir de Madeleine elle-même, il râla :

— Surtout quand elle est belle, troublante et fascinatrice comme vous, n'est-ce pas ?

Et pendant qu'il restait prosterné devant cette idole de son cauchemar, dont les artifices de goétie venaient de tuer en lui jusqu'au dernier vestige de son *moi* personnel, elle, l'artisane du mal, l'ouvrière de la mort des âmes, se redressait lentement, écrasant de son regard froidement dominateur, la créature divine — maintenant loque humaine — qui gisait, pantelante, à ses pieds.

## III

— Docteur, dit, avec des sanglots dans la voix, Mme de Kermor en reconduisant le Dr Varnier à la porte du vestibule de son hôtel, je vous en supplie : vous êtes l'ami plus que le médecin de la famille, c'est à vous que j'ai recours, sauvez notre nom du scandale, et, de l'anéantissement, le bonheur de ma fille !

Le Dr Varnier salua sans répondre et sortit de l'hôtel.

Dehors, peu à peu, il rassembla ses idées... Quelle étrange histoire il venait d'apprendre, et quelle lourde mission il avait assumée !...

Depuis un mois, il savait bien, comme tout Paris que M. de Ryès était en voyage pour raisons d'intérêts, et quelque bizarre que lui parût la longue absence de ce jeune homme qu'il avait connu durant ces deux dernières années amoureux fou de Madeleine, après tout, le motif de cette absence était plausible. Et voilà qu'appelé en hâte par l'angoisse de Mme de Kermor pour soigner Mme de Ryès affectée jusqu'à l'épuisement par le chagrin de cet abandon, il venait d'apprendre le véritable sujet de la maladie qui rongeait la jeune femme : — Georges n'était pas momentanément absent pour sauvegarder des intérêts en péril, il avait fui, du jour au lendemain... et depuis un mois on n'avait reçu aucune nouvelle de lui ; on savait seulement que, le jour de sa disparition, il était allé faire une visite — à quel propos ? on l'ignorait — à Mme Ryckiewna... on savait que, ce jour même, la jeune veuve russe s'était absentée, avec un compagnon de voyage dont le signalement répondait parfaitement à celui de M. de Ryès, et c'était tout. Où étaient-ils allés ? on l'ignorait. Depuis Mme Ryckiewna était rentrée à son appartement de Paris, mais on ne savait où était Georges. Plusieurs fois, la famille du jeune homme avait voulu s'adresser à la police : la crainte d'un scandale latent que l'on devinait pouvoir éclater, l'avait retenue jusque-là.

Et le docteur méditait, marchant à pas lents :

— Lui !... si fou de son adorable jeune femme, l'avoir délaissée brutalement pour cette autre ? Non ! c'est impossible !... Et cependant, les faits sont là... Que penser ? A quelle influence a-t-il pu obéir ?... Un dérangement cérébral ? Mais à quel propos ? Et quel rôle cette étrangère peut-elle jouer dans sa vie ? Quelle autorité a-t-elle pu prendre sur lui, contre laquelle n'ait pu le défendre l'ardent amour qui l'unissait à Madeleine ?...

Le docteur se perdait dans ses réflexions. Soudain un souvenir se fit jour en son cerveau : il se rappela Svaa Sparanda parlant du vampirisme dans le salon de Mme du Halloy ; il vit revivre devant ses yeux la scène entre Svaa et l'étrangère à propos de la rose que celui-ci voulait reprendre ; il se souvint de sa parole énigmatique : « C'est avec le sang humain que se font les maléfices ! »

Est-ce que cette femme serait ?...

Il hésita devant la conclusion. Certes, il admettait que les merveilles cachées de la science moderne — l'hypnotisme, le psychisme, la télépathie et quelques autres ordres de faits que l'on commence aujourd'hui à étudier — fussent des débris de la magie telle qu'elle se pratiquait au fond des sanctuaires de l'antiquité : mais comment croire à la sujétion sans hypnose, à la mainmise subite et brutale d'une âme sur une autre âme ? Cela avait-il jamais été possible ? Et n'était-ce pas folie de sa part de chercher là une solution du problème ? Mais où la chercher ailleurs ?

Soudain, il pensa qu'une conversation avec Svaa Sparanda pourrait éclairer son propre jugement, et, toujours méditant la gravité des faits, il dirigea ses pas au fond du quartier latin, du côté de l'Observatoire, où son ancien disciple occupait un appartement.

A son entrée, un domestique l'introduisit dans un cabinet d'étude, vaste pièce aux murs garnis de rayons de livres, où, devant un énorme bureau couvert de papiers et de brochures, était assis le jeune médecin Hindou.

— Je vous dérange ? dit-il en lui serrant la main.

— Vous ne me dérangez jamais, vous le savez bien, répondit Svaa en fermant un manuscrit qu'il était en train de feuilleter.

— Tiens ! que lisez-vous donc là ?

— Un recueil de *mentrams* sanskrits.

— Et cette écriture est ?

— Du devanagari, notre écriture antique et sacrée.

— Ah !

Le D$^r$ Varnier se tut. Il cherchait une entrée en matière, d'autant plus difficile que le secret au courant duquel il avait été mis ne lui appartenait aucunement, et qu'il lui fallait s'exprimer avec prudence, sans proférer aucun nom, sinon en toute connaissance de cause.

Svaa l'avait fait asseoir en face de lui et attendait qu'il voulût bien indiquer l'objet de sa visite. Le

D*r* Varnier ouvrit enfin le feu par une interrogation directe :

— Ces *mentrams* dont vous parliez, ne sont-ce pas des formules employées par les thaumaturges de l'Inde ?

— Ce sont des fragments de prière, et toute prière en quelque langue qu'elle soit prononcée, est une formule magique, puisqu'elle contraint, si le cœur est pur, la force d'En-Haut à descendre sur terre.

— Y a-t-il une limite à la puissance des prières comprises de la sorte ?

— Autant me demander s'il y a une limite à la Force des forces, à l'Absolu divin.

— Alors, cette Force des forces, comme vous l'appelez, si j'en crois ce que vous m'avez dit à maintes reprises, non seulement autrefois, mais depuis votre retour à Paris, dont l'emploi intelligent constitue la magie, fait que cette science à part, quoique inconnue du savoir occidental, donne à celui qui la possède une puissance sans limites...

— Pardon ! je parle de la force divine que le premier croyant venu peut faire descendre dans son cœur.

— Voyons, mon cher ami, votre expression a trahi votre pensée ; et vos dénégations, après les expériences auxquelles vous m'avez, à plusieurs reprises, fait assister, sont trop intéressées pour être prises au sérieux.

— Alors, vous ne me croyez pas ?

— Non, quand vous m'affirmez qu'il n'existe aucune force de l'au-delà que l'homme puisse arriver à s'assujettir par un entraînement particulier, et par des procédés ignorés de la science officielle !... Non, mille fois non ! J'ai lu des ouvrages d'occultisme, moi aussi.

Le D*r* Varnier se leva, fit quelques pas, cherchant le moyen d'amener Svaa Sparanda à délimiter nettement les bornes de la puissance, en dehors du monde sensible, que peut acquérir un être humain dans certaines conditions. Il revint vers son interlocuteur qui le regardait pensif, et continua :

— D'ailleurs, notre science officielle ne se sent-elle pas troublée, aujourd'hui que l'hypnose, la suggestion, la télépathie, la psychométrie et tant d'autres séries de faits constatés mais encore inexplicables pour elle, l'ont jetée dans un domaine inconnu que vous m'avez toujours affirmé être celui de la magie ?

Svaa gardait le silence. Le docteur poursuivit :

— Allons ! rappelez-vous les expériences par lesquelles, alors que j'étais professeur et vous étudiant — mais un étudiant déjà en possession, par vos études orientales, d'une haute science que nous ignorons encore — rappelez-vous, dis-je, ces expériences si troublantes par lesquelles vous avez renversé mes théories physiques d'alors, en me prouvant que la vie n'est pas une propriété particulière et occasionnelle de la matière, mais qu'elle émane d'un réservoir commun, où l'homme peut, sous certaines conditions, la puiser au gré de sa volonté !... Et ce mirage, encore, car je ne puis l'appeler autrement, dont vous m'avez rendu témoin, il y a un mois, au sortir du salon de Mme du Halloy où je vous avais retrouvé ?

— Ce que vous appelez mirage est chose bien simple !

— Oui, en effet, c'est chose bien simple que de faire mouvoir un objet sans contact possible !

Svaa se leva et sourit.

— Admettons, dit-il, que je possède quelques connaissances insoupçonnées encore de la science occidentale.

— Eh ! fit le docteur en lui frappant sur l'épaule, c'est tout ce que je voulais vous faire dire.

— Pour arriver à ...?

— A ceci... hum !... hum !... J'ai une cliente que... je voudrais sauver...

— Mais, répliqua Svaa, mais votre compétence, cher maître...

— Allons, plus de « cher maître » entre nous, n'est-ce pas ? Le maître, en ceci, c'est vous, et j'ai besoin de vos lumières.

— Une consultation alors ? demanda Svaa un peu surpris et souriant.

— Oui... mais de nature particulière. Le mal dont il s'agit ne rentre dans aucun de nos manuels de nosographie... il est purement moral... et, dans l'espèce, celui qui en souffre le plus n'est pas celui qui en est directement frappé.

— Voyons ! c'est une énigme, dit Svaa. De quoi s'agit-il ?

— En deux mots, voici : — Est-il possible, par des moyens que j'ignore, mais que vous connaissez peut-être, de ramener à sa jeune femme désolée et minée par cet abandon, son mari qui jusqu'alors l'aimait à l'adoration et qui, subitement, du jour au lendemain, est tombé sous la domination mauvaise d'une autre femme, au point de n'avoir pas reparu chez lui ?

— Eh ! fit l'autre en riant, cette maladie est bien banale ; elle porte un nom dont vit le théâtre contemporain, et se traite, à doses diverses, par la morale, la philosophie, et même, dans les cas graves, par le commissaire de police.

— Attendez ! Ce que je vous raconte-là n'est pas l'aventure banale, mais s'en distingue au contraire en ceci, que, j'en suis convaincu, il y a subjugation.

— Hein ! que voulez-vous dire ?

— Je m'explique. Le mari — je dirais la victime, si, à côté de lui, il n'y avait pas cette pauvre créature qui en meurt — a aimé à l'adoration sa jeune femme jusqu'au jour où, sortant de chez lui pour faire une visite, il n'y est pas revenu. Est-il possible qu'au cours de cette visite, par un moyen peut-être surnaturel, on ait anéanti du même coup sa volonté et son amour ?

Svaa hochait la tête, pensif.

— Tenez, continua le docteur, il y a quelques années, je m'entretenais avec un prêtre, de toutes ces matières en dehors de l'humanité physique, et ce prêtre me disait, sans que toutefois j'y crusse beaucoup, que certaines confréries du mal, des satanisants, des lucifériens, je crois, disposent de moyens étranges et puissants pour détruire le bien partout où ils le rencontrent.

— Des lucifériens ? répondit Svaa en souriant avec quelque dédain... non, des fous plutôt ! S'il existait une puissante association de ce nom, nos centres initiatiques la connaîtraient — pour la réduire à l'impuissance...

Le docteur bondit.

— Enfin ! s'écria-t-il, voilà donc l'aveu d'un pouvoir supérieur que vous possédez. Eh bien ! je ne vous demande pas autre chose ; je suis intimement persuadé que les charmes de cette femme sont de source mauvaise ; vous pouvez les anéantir, si cela est : faites-le !

— Mais je ne puis pas, exclama Svaa en s'écartant du docteur. Vous m'attribuez une puissance...

— ... Que vous possédez, j'en suis persuadé. Vous m'avez souvent parlé de la grande force humaine qu'est la volonté... Eh bien ! veuillez !

Et, voyant le jeune Hindou demeurer pensif, immobile, il se rapprocha de lui, disant :

— Ne m'avez-vous pas appris jadis, que cette science cachée de l'Orient se résume en une philosophe dont la plus haute expression est la fraternité des hommes... Eh bien ! il y a là deux êtres humains à sauver du mal qui les étreint.

Il se tut, considérant Svaa, qui, perdu dans un abîme de réflexions, demeurait le front courbé. Il lui prit les mains, murmurant :

— Svaa, si vous avez ce pouvoir, résisterez-vous aux prières de votre vieux maître ?

L'Hindou releva la tête et, avec effort :

— Soit ! répondit-il, j'essaierai... pour vous...

— Enfin !

— Mais il ne faut pas croire que je puis marcher à tâtons dans ce monde terrible et mystérieux qu'est l'Au-delà... Je désire d'abord avoir un entretien avec cette jeune femme... Amenez-la moi !

Au point où en était la conversation, le D$^r$ Varnier

ne crut plus devoir cacher un nom qu'il lui faudrait prononcer par la suite ; aussi reprit-il aussitôt :

— Vous la connaissez. Vous l'avez rencontrée en même temps que moi, il y a quelques semaines chez Mme du Halloy.

— Moi ? fit Svaa étonné. Quel est son nom ?

— Mme de Ryès.

A ce nom, Svaa demeura d'abord comme frappé de stupeur. Enfin, après un long moment de silence, il fit quelques pas avec une agitation fébrile ; puis, s'arrêtant :

— Elle !... Non ! non !... Vous n'y pensez pas... je ne puis pas !... Non, je ne puis pas !

Et il marchait à travers la pièce, emporté par un affolement que le D$^r$ Varnier ne s'expliquait pas :

— Mais pourquoi ?

— Si vous saviez ! fit l'autre avec un sanglot dans la voix.

— Quoi donc, enfin ?

Alors, dans une explosion de douleur le jeune Hindou laissa échapper son secret :

— C'est elle que j'ai aimée là-bas !... C'est elle que j'aime ici !... Et vous voulez que... Ah ! non, cela est au-dessus de mes forces !

Il tomba accablé sur un siège. Le D$^r$ Varnier d'abord stupéfait de cet aveu comprit l'intensité de la douleur qui sanglotait devant lui, et, saisi d'une immense pitié, il s'assit près de Svaa dont il prit les mains dans les siennes :

— Oui, dit-il à voix basse, oui... la rendre à son mari... je comprends... je vous plains... mais, continua-t-il en élevant sa pensée vers la région sereine du sacrifice, puisque vous l'aimez... puisque vous l'aimez, Svaa, vous la sauverez

Svaa se redressa, éperdu.

— Mais c'est épouvantable, cette alternative... mon devoir... oui, il est là !... mais mon amour !... un amour saint et pur qui brûle mon âme et mon cœur depuis cinq ans, que je traîne après moi dans des luttes surhumaines et continuelles... Et vous voulez... Ah !

A son tour le D$^r$ Varnier se leva, et marchant vers Svaa qu'il regarda en face, il lui dit durement :

— Alors, vous ne l'aimez pas !

— Moi ! Moi !...

— Eh bien ! sauvez-la donc !

— Si vous saviez comme vous me torturez le cœur !...

De nouveau, il y eut un silence, lourd, pénible, plein de révoltes, de sanglots et d'exacerbation !

— Svaa Sparanda, dit enfin le docteur en lui mettant la main sur l'épaule, lorsqu'un médecin est appelé au chevet d'un être qui agonise, cet être fût-il son ennemi mortel, son devoir est de tout essayer pour le sauver... Svaa, la morale de ta science serait-elle donc moins pure que celle de la nôtre ?

Le D$^r$ Varnier attendit... un violent combat se livrait dans le cœur de l'Hindou ; enfin, celui-ci releva la tête : des larmes glissaient lentement de ses yeux ; son front était tout pâle ; son geste tremblait ; et, d'une voix à peine distincte, il balbutia :

— Soit ! qu'elle vienne !... mais seule : je souffrirais trop en présence de sa mère... qui a repoussé ma demande !

---

## IV

Le lendemain, Svaa était dans son cabinet, à sa table de travail ; devant lui, un volume était ouvert, mais son regard errait dans le vague. Ses traits tirés et pâlis montraient que la douleur de sa vie était alors dans toute son acuité. Il avait passé sa nuit à méditer ; alors son sacrifice était fait : il aiderait de tout son pouvoir à rendre le bonheur à cette femme qu'il

avait follement aimée, qu'il aimait encore désespé-
rément, en la remettant aux bras de son propre rival.
Mais cette décision, pour lui, n'était point allée sans
luttes : il lui avait fallu descendre dans l'intimité de
sa conscience, et se dire qu'après tout, s'il était une
victime, la jeune femme était innocente de la souffrance aiguë qui lui broyait le cœur, et qu'enfin il
n'avait aucun reproche à adresser à cet homme qu'il
appelait son rival, pour avoir été agréé à la fois par
Madeleine et Mme de Kermor. La vision du devoir lui
était apparue, resplendissante et superbe, et, rassé-
réné, il attendait avec courage, le moment douloureux de l'épreuve.

Le domestique entra, portant une carte qu'il remit
à son maître. Svaa y jeta les yeux, blêmit, mais se
remettant d'un effort surhumain, il dit :

— Faites entrer.

Et Madeleine de Ryès parut, très pâle elle-même et
les yeux brillants de fièvre. Sans un mot, Svaa lui indiqua un siège, puis, comme il comprenait que son
accueil devait surprendre sa visiteuse, il se décida à
commencer l'entretien.

— Madame... excusez... un moment de faiblesse
dont je n'ai pas été le maître...

Il s'arrêta, suffoqué, et tomba, plutôt qu'il ne s'assit,
sur son fauteuil. L'épreuve était trop écrasante pour
lui, et malgré son énergie désespérée, il sentait son
amour rugir au fond de lui-même, devant cette femme
qui, si le destin l'eût voulu, aurait dû être sa compagne dans la vie, son adoration dans l'éternité. Et il
demeurait consterné, n'osant parler de peur de dire
un mot qui fût un mot de passion.

Ce fut Madeleine qui, toujours debout, surprise de
cette réception, commença l'entretien.

— Vous connaissez, monsieur, ma situation par ce
que vous en a dit hier notre ami le Dr Varnier... Vous
avez désiré me parler pour me demander quelques

explications... J'ignore sur quel point elles doivent porter : j'attends vos questions.

— Veuillez vous asseoir, madame...

Il s'arrêta, étranglé par un sanglot. Mme de Ryès s'assit lentement dans le fauteuil qu'il lui indiquait. A la vue de ce mouvement, Svaa se sentit emporté par ses souvenirs : il se rappela une soirée là-bas, au delà des océans, la dernière fois qu'il lui avait été donné, il y avait des années, de voir la jeune fille si exquisement charmante qu'était Madeleine, et, dominé par la fièvre du passé, il dit, presque malgré lui, d'une voix très douce, suppliante :

— Vous souvient-il de l'Inde ?

Mme de Ryès le regarda, un peu étonnée, et lui répondit :

— Il y a deux ans seulement que je suis arrivée en France, et mes souvenirs ne remontent pas assez loin pour être oubliés. Mais je ne vois pas...

Elle s'arrêta, indécise, pendant que lui-même, éperdu de cette évocation du passé qui renaissait entre eux, reprenait de sa même voix tremblante :

— Vous souvient-il d'une soirée... il y a cinq ans... chez le gouverneur de Chandernagor ?

— C'est là, je crois, que nous fûmes présentés l'un à l'autre ?

— Oui... et c'est à la suite de cette présentation que j'eus, à plusieurs reprises l'honneur d'être accueilli chez vous.

Le visage de Madeleine s'éclaira un peu. Elle répondit :

— Je me rappelle parfaitement. C'est votre départ subit qui mit fin à nos relations. Depuis, nous avons nous-mêmes quitté l'Inde...

Il hésita, puis, d'un ton de supplication :

— Avez-vous, demanda-t-il, connu la cause de mon éloignement ?

— Oui... on m'a dit que vous vouliez pénétrer dans les temples mystérieux du Nord... une tentative bien dangereuse !

— C'était le prétexte, madame... mais le véritable motif ?... Vous ne l'avez jamais connu ?

Elle fit un geste placide d'ignorance. Lui, alors, sentit son cœur se soulever... Ainsi donc, jamais la mère de cette enfant n'avait parlé à sa fille de ses espérances et de ses rêves ? Ainsi donc, Madeleine ignorait tout du passé ?... Il eut peur de parler... mais une rancœur contre l'imbécile fatalité l'emporta, et il dit à voix basse, presque craintif, quoique fiévreux :

— Eh ! bien... j'aimais une jeune fille, et, dans cet amour, j'avais placé tout l'espoir de ma vie, toutes mes aspirations vers le bonheur ici-bas ! — Cette jeune fille... j'ai demandé sa main qui m'a été refusée sous le vain prétexte que, bien que descendant des rois d'Oude, j'étais d'une race inférieure !... d'une race inférieure, ah !

M^me de Ryès, gênée, l'écoutait :

— Je ne vois pas...

Alors, lui, emporté par le torrent de cette passion qu'il avait juré de tuer et qu'il croyait morte :

— Vous ne me comprenez pas ?... Cette jeune fille, je l'ai retrouvée depuis, mariée à un être indigne d'elle, qui l'a abandonnée...

La jeune femme, en l'esprit de qui se faisait comme une lumière vive où s'affirmait le passé, vit le danger, l'abîme peut-être ; et, se levant, elle eut une supplication. Mais Svaa aussi supplia :

— Me comprenez-vous maintenant ? comprenez-vous comment tout mon être se révolte à la pensée que l'on compte sur moi pour me déchirer à nouveau le cœur en la réunissant à son mari ?

Entre eux, il y eut un silence plein d'angoisse. M^me de Ryès le rompit enfin avec une dignité triste :

— Monsieur, j'ignorais ce que vous venez de me révéler ; j'étais venue à vous sur le conseil de notre ami commun, le D^r Varnier, qui m'avait affirmé que vous possédez une science mystérieuse, guérissant les âmes comme d'autres guérissent les corps... me serais-je trompée ?

Il eut un sanglot devant cette femme qu'il adorait et qui répondait à son amour, bien timidement exprimé pourtant, par le mot austère du devoir.

De nouveau il supplia, la faisant rasseoir :

— De grâce, restez !... si vous saviez ce que je souffre !... Comprenez donc mes tortures morales, quand je pense que vous n'auriez qu'un mot à dire pour que mon rêve devienne une réalité...

M$^{me}$ de Ryès eut une réponse de douloureuse dignité :

— Monsieur, je suis mariée !

Alors, il éclata :

— Eh ! justement, et c'est là qu'est l'abomination de ma douleur. — Oui, vous êtes mariée... mais à un époux qui vous dédaigne, qui vous fuit... Tenez ! le divorce existe : dites un mot, abandonnez un mari qui vous outrage, et, je vous le jure, si vous consentez à mettre votre main dans la mienne, l'idéal de bonheur qui a resplendi dans vos rêves de jeune fille et qu'il a si cruellement déçu, je le mettrai à vos pieds... je ferai de vos douleurs actuelles un rêve, de votre vie un bercement...

Il parlait, éperdu, fou... Il était tombé à genoux avec des sanglots d'angoisse, dans l'exacerbation de sa passion. Madeleine se leva.

— Assez, monsieur... notre destinée est là !... quels que soient ses torts envers moi, M. de Ryès est mon mari... et je l'aime, je l'aime toujours !

Elle se cacha la figure dans ses mains et fondit en larmes, chancelant. Lui, eut un cri d'amer reproche contre le sort qui lui imposait une si abominable épreuve :

— Mon Dieu ! n'était-ce pas assez de ma douleur sans y ajouter la sienne !

Il s'était relevé défiant le ciel, exaspéré. Ce fut elle qui, dans son intuition féminine, trouva à cette situation, la seule solution digne d'eux-mêmes qui voulaient, quoi qu'il en fût, rester loyaux et n'avoir pas à rougir en face l'un de l'autre :

— Si vous m'avez aimée, dit-elle d'une voix à peine assurée si vous m'aimez encore... vous avez l'âme grande, je le sais, on me l'a dit... n'aurez-vous pas pitié de moi ?

— Mais, s'écria-t-il dans une explosion de déchirement, ce que vous me demandez, c'est de jeter entre vos bras l'être qui, avant de vous trahir, vous a volée à mon amour !... Non ! non ! et si votre mari a commis l'infamie de vous délaisser...

Elle se redressa, pleine de pitié pour lui, mais débordante de dignité triste :

— Assez, monsieur ! je n'oublierai jamais que je porte son nom et que, devant moi, nul n'a le droit de formuler sur lui un jugement que j'ai seule qualité de prononcer.

Lentement, douloureusement, elle se dirigea vers la porte, malgré le désespoir de Svaa, et disparut à ses yeux, le laissant éperdu de douleur et d'amertume.

Longtemps il demeura dans la muette contemplation du fauteuil où elle s'était assise, évoquant dans son esprit malade la vision adorée... Longtemps il médita, repassant en sa mémoire affolée tous ces mots qu'avait chantés la voix de sa madone d'amour... et soudain, terrassé par l'acuité de son désespoir, il se laissa glisser sur le parquet, pleurant comme un enfant, posant follement ses lèvres où son rêve d'amour terrestre avait posé ses pas...

. . . . . . . . . . . . . . . . . . . . . .

Quand il revint à la perception des choses extérieures, bien du temps avait passé : la pénombre envahissait son cabinet de travail... Il se releva plus calme, mais plein d'un intense découragement, et des pensées tristes le harcelaient.

— Quoi donc ?... Serait-elle plus grande que lui et plus proche de la Justice Immanente, elle qui savait pardonner ainsi les douleurs qu'elle souffrait et les outrages subis ?... Ah ! le devoir... oui... mais l'amour, le rêve de la vie, l'étoile du bonheur... Oh ! quel épouvantement dans l'opposition de ces deux mots !...quel épouvantement au delà des forces humaines !

Mais alors, il rentra en lui-même : l'humanité avait gémi sa faiblesse en lui ; maintenant, ce qu'il y avait de supérieur en son être renaissait, et il se sentait indigne de son propre caractère, pour n'avoir pu dominer la passion matérielle de son amour par l'envolée divine de ce qui était son devoir : — Lui, l'Initié des Mahatmas, l'adepte de la haute science des Pitris, lui à qui, dans les mystères des Cryptes sacrées des sages avaient enseigné la domination des Forces, avait-il pu tomber assez bas pour être l'esclave de lui-même, pour ne pas savoir mettre sous son talon sa propre humanité ?

Alors, il s'humilia, comprenant que sa faiblesse d'un instant, devant cet amour de jadis qui l'avait à nouveau emporté dans son rêve, avait peut-être compromis la force supérieure et divine qu'il avait mis des années à acquérir, qu'il avait conquise par des efforts incessants et des luttes gigantesques...

Il s'humilia... Avait-il bien compris l'amour, et l'amour était-il bien ce sentiment humain sous lequel il venait de succomber ?

Il pria l'Absolu de tout, l'Arcane divin, l'Eternel Mystère, de descendre en son cœur pour le rasséréner, l'éclairer, le réconforter, et il eut un éclair de volonté redevenue enfin maîtresse d'elle-même.

— Allons, Hasard, songea-t-il, Dieu des sots, toi qui n'es pour le magiste que comme un masque sous lequel se révèle, à qui sait, la volonté souveraine, montre-moi la voie !

Sur un rayon de sa bibliothèque, il prit un livre à portée de sa main.

— Le Mahâbharata ! murmura-t-il en regardant le titre ! et, l'ouvrant, lisant à mi-voix :

— « Le sage qui veut aimer n'est plus un sage, à moins qu'il n'aime par le sacrifice de lui-même. »

Il prit un autre livre.

— M$^{me}$ de Staël...

Et l'ouvrant, il lut :

— « Tout est sacrifice, tout est oubli de soi dans le dévouement exalté de l'amour. »

Il chercha encore ; et, dans un ouvrage de Rigault, ses yeux tombèrent sur ce passage :

— « Il n'y a pas d'amour vrai sans dévouement et sans sacrifice ! »

Alors, il courba la tête, vaincu, et s'humilia devant la Volonté Supérieure ainsi manifestée et ses lèvres murmurèrent avec recueillement le trigramme sacré :
— AUM...

Et dans son cœur alors, la grande voix de sa conscience s'éleva, disant :

— L'amour terrestre t'a fait déchoir de l'Unité de lumière : l'Unité de lumière ne se réveillera en toi que pour te faire expier l'amour terrestre par le sacrifice de ton être !

Et, de nouveau, il murmura le Verbe ineffable :
— AUM...

Pendant qu'en lui, sur les ruines de ce qu'il y avait d'humain, montait l'aspiration de son âme vers l'Absolu du Bien.

. . . . . . . . . . . . . .

Quand, après sa profonde méditation de prière, il revint au monde extérieur, la porte de son cabinet venait de s'ouvrir, et, sur le seuil, le D$^r$ Varnier disait au domestique.

— Inutile d'annoncer : votre maître nous attend.

Et, faisant entrer une femme que Svaa ne reconnut pas, dans la pénombre croissante, il avança vers le jeune Hindou qui, à sa vue s'était levé et s'écriait :

— Vous !... ah ! si vous saviez comme je souffre !

— Vous n'êtes pas le seul à souffrir, reprit gravement le D$^r$ Varnier. Et l'enfant que vous avez refusé d'écouter !... Et, continua-t-il en montrant la femme qu'il venait d'introduire, et la mère qui arrive avec moi vous supplier d'oublier d'anciens griefs, et de ne vous souvenir que d'une chose : c'est que le médecin se doit à la souffrance des autres avant de songer à la sienne propre !... Svaa, je vous sais un grand cœur : ce n'est pas moi, moi, votre maître de jadis, aujourd'hui votre ami, que vous ferez mentir quand j'affirme à la désolation de ces femmes que vous avez le pouvoir de leur rendre la joie et le bonheur !

Lorsque le D$^r$ Varnier avait présenté la mère de Madeleine, Svaa s'était incliné, silencieux. Après la supplication du docteur, il eut une dernière révolte de l'humanité vaincue et terrassée en lui, mais qui, malgré lui, se redressait :

— Pourquoi faut-il, madame, dit-il douloureusement, que ce soit vous qui, après m'avoir par votre refus, causé la grande, l'inoubliable douleur de ma vie, veniez me demander de subir une nouvelle souffrance pour en faire le bonheur de votre fille !... Ah ! si cependant vous aviez voulu, il y a cinq ans !...

— Si j'eus tort, monsieur, accablez-moi... mais ma fille ? qu'avez-vous à lui reprocher ? d'aimer son mari malgré tout ?... Est-ce bien à vous de la condamner, vous qui savez combien l'amour peut être vivace !... Oui, vous lui avez parlé de divorce, je le sais ! Vous l'avez suppliée d'accepter une nouvelle union... savez-vous bien ce que vous lui demandiez là ?... Tout simplement de faire pour vous ce que vous-même refusiez de faire pour elle : sacrifier son amour au vôtre !

— Le mien est pur ! il est divin ! s'écria Svaa.

— Celui de la femme pour l'époux qu'elle a choisi est toujours pur et divin, monsieur !

Svaa courba la tête, mais son cœur maintenant était mort ; le commencement de son immolation était réalisé, et il dit d'une voix sourde :

— Puisque vous le voulez, que le sacrifice s'accomplisse !

Il ajouta en tremblant :

— Allez chercher M$^{me}$ de Ryès... j'agirai !

La mère et le docteur étouffèrent un cri de joie, et M$^{me}$ de Kermor sortit vivement en disant :

— Je ramène ma fille.

— Oui, dit le D$^r$ Varnier répondant à la surprise de

Svaa, M^me de Ryès est venue avec nous : elle attend dans la voiture... j'étais si sûr de ton grand cœur, et de ton consentement, Svaa !

— Ah ! Mon consentement ! fit l'autre avec amertume et dans une suprême révolte... oui, c'est de l'égoïsme, mais mettez-vous à ma place, et voyez combien je souffre !

— Ne m'as-tu pas dit bien des fois, Svaa, au cours de nos entretiens sur la science inconnue, et sur la philosophie qui s'en dégage, que la souffrance est nécessaire pour épurer l'homme et le faire monter vers l'Absolu du Bien ?

— Oui, mais un si épouvantable sacrifice !... Rendre M. de Ryès à l'amour de sa femme !... de sa femme que j'ai tant aimée !... Ah !

— N'as-tu pas maintes fois affirmé, en me parlant des maîtres de cette science, des magistes, comme tu les appelles, que leur rôle et leur raison d'être sont le sacrifice complet, absolu d'eux-mêmes, pour leurs frères en humanité ?

— Certes, mais il est des instants de révolte, aussi, contre un supplice immérité...

Svaa médita un instant, puis, victorieux enfin de son ultime rancœur, il ajouta presque douloureusement :

— Cet instant de révolte, je l'ai franchi. Maintenant, je suis prêt... prêt à sauver mon rival par l'immolation de mon cœur... que veut-on de plus ?... Je suis prêt !

Le D^r Varnier lui serra les mains avec émotion.

M^me de Kermor et Madeleine entraient. Svaa s'inclina devant la jeune femme.

— Veuillez, lui dit-il avec douceur, excuser un mouvement dont je n'ai pas été le maître.

Il les fit asseoir, puis, après un instant de recueillement, il poursuivit :

— Mon maître et ami, le D^r Varnier, m'a dit ce que vous attendiez de moi, et bien qu'il ait peut-être une opinion exagérée de mes connaissances spéciales, je veux bien essayer de les mettre à votre service, mais cela à deux conditions...

Et se tournant vers Madeleine :

— La première, Madame, est très simple : je vous demanderai d'avoir en moi une confiance absolue, comme si j'étais... — il hésita — votre père, et de m'obéir aveuglément.

— D'accord, monsieur, fit Madeleine.

— La seconde condition va vous être plus pénible : je vais vous demander le sacrifice le plus dur que puisse faire une femme dans votre situation...

— Et c'est ?

— C'est de leur pardonner — à eux — non seulement des lèvres, mais du cœur, et sans aucune arrière-pensée !

Madeleine eut un haut-le-corps :

— Même à... à elle ?

— A elle surtout, reprit gravement Svaa, car le pardon est l'envoûtement du bien. Vous devez regarder votre mari comme un malade, un aliéné — dans le sens propre du mot, car il ne s'appartient plus, — que vos soins ramèneront à la santé morale. Mais elle, si, comme je le pense d'après les indications générales que m'a données le D$^r$ Varnier, elle est une buveuse de vie, inconsciente du mal qu'elle fait et poussée par une force fatale, il vous faut la considérer comme une sœur égarée contre laquelle vous devez déposer toute haine. Si vous me comprenez, votre force, à vous, s'en augmentera d'autant.

— Lui pardonner ?... à elle ? s'écria la jeune femme révoltée. Est-ce possible ?

— Si cela vous semble au-dessus de votre pouvoir, qu'êtes-vous venue me demander ? Je ne puis rien pour vous !

Svaa se tut. Un violent combat se livrait dans l'âme de M$^{me}$ de Ryès que sa mère et le D$^r$ Varnier considéraient avec angoisse. L'Hindou reprit, dans une impassibilité supérieure aux passions qui s'agitaient devant lui :

— Avez-vous donc de la haine pour la vipère que vous écartez de votre chemin ?... Non !... Agissez de même à l'égard de cette femme.

— Vous le voulez ?... Il le faut ? dit enfin Madeleine d'une voix faible. Eh bien ! je renonce contre elle à toute haine, à toute vengeance...

— Du fond du cœur ?

— Du fond du cœur !

— Sans arrière-pensée ?

Madeleine voulut répondre, mais sa parole s'arrêta dans la constriction de sa gorge.

— Le sort de votre... mari est entre vos mains, dit lentement Svaa.

Au rappel de son amour, M$^{me}$ de Ryès eut une explosion de dévouement. Se redressant soudain, elle affirma :

— Eh bien ! oui... Pour sauver mon mari, pour le recouvrer, je ferai tout — même le sacrifice de ma haine. Faut-il aller maintenant la retrouver, elle, et lui donner le baiser de paix ?

Svaa s'approcha d'elle, et, d'une voix énergique, autoritaire, mais lentement, il prononça ces mots :

— Il faut aller la trouver... oui !

Mme de Kermor, à cet ordre eut un cri de protestation, auquel s'associa le D$^r$ Varnier, mais Mme de Ryès, très pâle et très résolue, répondit :

— Je suis prête !

Déjà elle se dirigeait vers la porte, lorsque Svaa l'arrêta :

— Non, demeurez ! il importe que cette femme ne se doute pas de la lutte que vous allez entreprendre contre elle. D'autre part, j'ai besoin de savoir exactement la nature du lien qui lui enchaîne votre... mari. C'est là chose que vos yeux corporels ne peuvent voir et que cependant il faut que vous me disiez. Avez-vous en moi une confiance absolue, aveugle ?

Svaa parlait avec une autorité de plus en plus étrange ; ce n'était plus la passion qui animait son regard lorsqu'il le fixait sur celui de Madeleine, mais une flamme vive, presque étincelante, et qui semblait comme le reflet amorti d'une lumière de l'Au-delà.

— Oui, absolue !... aveugle ! balbutia Madeleine dominée par l'accent sévèrement autoritaire de Svaa.

L'Hindou s'approcha d'elle, les bras en avant, les doigts écartés et dirigés vers elle, dans une violente projection de volonté. Mme de Ryès poussa un très léger cri ; puis ses lèvres s'agitèrent sans proférer aucun son, et enfin, elle demeura immobile, rigide, mais les yeux obstinément fixés sur ceux de Svaa.

A cette vue, Mme de Kermor ne put surmonter son émotion :

— Ma fille ! s'écria-t-elle.

Mais le D$^r$ Varnier avait déjà reconnu la nature du phénomène auquel il assistait, bien que le mode de production employé lui échappât, et il retint la mère, en lui disant à voix basse :

— Taisez-vous... le premier degré d'hypnose !

— Mais il va la tuer ! cria Mme de Kermor en se débattant et s'élançant vers sa fille toujours inerte dans son immobilité de statue.

Ce fut Svaa qui repoussa la mère, en lui disant d'un accent dur, énergique et dominateur :

— C'est vous qui pouvez la tuer !... Vous avez voulu recourir aux forces de l'Au-delà : laissez agir celui qui *sait*, et, sur votre vie, gardez le plus profond silence.

Puis, s'approchant de Madeleine, toujours immobile il lui imposa les mains, et, dans un mouvement, il lui traça, du pouce, un signe au milieu du front, et enfin très doucement :

— M'entendez-vous ? demanda-t-il.

Les lèvres de Madeleine s'agitèrent, et comme en un souffle elle répondit :

— Oui... je vous entends.

— L'état de rapport ! murmura à part soi le D$^r$ Varnier qui suivait cette expérience avec le plus vif intérêt, en se tenant près de Mme de Kermor pour empêcher toute nouvelle intervention de sa part.

Svaa reprit, s'éloignant un peu de Madeleine :
— Vous allez retrouver votre mari... Où est-il ?
— Chez cette femme !... près d'elle... Georges !... Oh ! Georges...

Et avec une douleur intense :
— Mon Dieu ! qu'il est pâle et changé !
— Le vampire qui boit sa vie ! murmura Svaa ; et avec une autorité intense, il ordonna :
— Regardez bien !

Quelques secondes se passèrent, et Madeleine s'écria avec délire :
— Il m'a vue ! il m'a vue !

Le D$^r$ Varnier sursauta, murmurant incrédule :
— Est-ce possible ?

Mais la scène se poursuivait.
— Lui, peu importe ! dit Svaa, mais elle, il ne faut pas qu'elle se doute de votre présence, entendez-vous ?
— Oui.
— Voyez-vous le lien qui unit cette femme... à votre mari ?

Mme de Ryès était comme inquiète, cherchant à se cacher, murmurant :
— Non... je ne vois pas... elle me devine... elle me cherche.

Devant cette réponse, le D$^r$ Varnier eut un nouveau soubresaut et dit à mi-voix :
— Je ne comprends plus.

Et il demeura, suivant avec attention les phases de l'expérience, pendant que Mme de Kermor regardait, craintive, le geste automatique de sa fille. Svaa poursuivait avec une énergie de plus en plus marquée :
— Je veux que vous voyiez... Regardez bien !

Il y eut un silence, puis Mme de Ryès s'écria avec une sorte de terreur, se rejetant en arrière :
— Oh ! encore... elle me cherche !
— Evitez-la... je vous ordonne de voir.
— Attendez... je vois... oui... comme une traînée lumineuse alternativement rouge et bleue qui sort de Georges et enveloppe cette femme.

— Le lien fluidique... la vie... murmura Svaa.

Mais Madeleine jeta un cri d'épouvante et s'agita comme pour repousser un danger imminent.

— Mon Dieu ! Elle m'a vue... je ne peux fuir... secourez-moi, de grâce... l'étrangère va me tuer !

D'un bond, Svaa se jeta devant elle, dans une pose hiératique, pour la protéger, la main droite levée au ciel, la gauche dirigée vers le sol.

— Vous parlez d'une étrangère, dit-il alors, je ne vous comprends pas... quelle étrangère ?

— Cette femme... oui...

Et Madeleine demeura haletante, claquant des dents, terrifiée. Mme de Kermor crut devoir expliquer :

— Oui... une aventurière russe.

— Une aventurière russe ? fit Svaa en pâlissant.

Puis, subitement, sous l'action d'une résolution prise instantanément, il imposa de nouveau les mains à la jeune femme :

— Revenez à vous sur l'heure, en gardant votre souvenir !

— Mais, s'écria le D$^r$ Varnier, un si brusque réveil peut avoir des conséquences...

— Ah ! laissez-moi, répliqua Svaa, j'ai la tête perdue.

Et pendant que Mme de Ryès revenait à elle, dans une crise de larmes qu'essuyait sa mère, bégayant :

— Georges ! Georges !... il est en son pouvoir !

L'Hindou demandait, en proie à une angoisse :

— Mais enfin, cette femme... vous la connaissez ?... Qui donc est-elle ?

— Une aventurière russe, reprit le D$^r$ Varnier... Freya Ryckiewna... vous l'avez vous-même connue chez Mme du Halloy.

Svaa demeura quelques secondes atterré, puis il murmura :

— Celle qui a mon sang !.

Cependant Madeleine reprenait possession d'elle-même et recouvrait le calme. Svaa se tourna vers elle, et, lentement, d'une voix profondément triste, il dit :

— Je croyais n'avoir à vous sacrifier que mon amour, madame... oh ! continua-t-il vivement sur un geste de la jeune femme, vous pouvez entendre maintenant cet aveu : dès cet instant, je ne compte plus parmi les êtres de ce monde, car c'est ma vie qu'exige la réalisation de votre bonheur !

Le D$^r$ Varnier n'avait pas prêté attention à ces dernières paroles ; il méditait profondément sur l'expérience dont il venait d'être témoin, et dont quelques parties lui semblaient incompréhensibles. Il s'approcha de Svaa et le prenant à part :

— C'est de l'hypnose, c'est entendu. Mais en pareil cas, l'âme seule du sujet est envoyée où besoin est. Comment se fait-il que cette femme ait *vu* Mme de Ryès ? Je ne comprends pas.

Svaa le regarda et lui dit :

— Là où vous, les hypnologistes de l'Occident, vous ne savez encore qu'envoyer l'âme du sujet, nous, les magistes, nous pouvons envoyer à notre volonté le reflet du corps, et le corps lui-même, s'il le faut.

Le D$^r$ Varnier allait poser de nouvelles questions quand Madeleine, dominant enfin l'émotion que lui avaient causée les paroles de Svaa, lui murmura d'une voix basse et saccadée :

— Monsieur... m'avez-vous donc aimée à ce point ?

Il eut un sanglot aussitôt étouffé, et le regard perdu dans l'espace, il dit lentement :

— Vous en aurez la preuve, madame... que mon destin s'accomplisse !

## V

Pendant que cette scène étrange se passait chez Svaa, une autre scène, plus étrange encore, se déroulait dans le salon de Freya Ryckiewna.

Ce jour-là, l'étrangère était sortie, et Georges resté seul, était assis sur un des divans du salon, cherchant, dans un éclair de lucidité, à combler le vide de son souvenir.

— Que faisait-il en ce lieu ?... Pourquoi s'y trouvait-il ?... il ne reconnaissait point les choses ambiantes ! Il lui semblait qu'il vivait dans un rêve et qu'il allait s'éveiller... mais où ? à quelle vie nouvelle ? car il avait comme des réminiscences vagues d'une vie antérieure au cours de laquelle il aurait été un autre que celui qu'il était en ce moment...

Il serrait sa tête dans l'étau de ses mains, cherchant à y faire pénétrer une lueur de son passé... Vains efforts ! Son crâne lui paraissait vide et sa pensée flottait, incapable de toute précision... qui donc était-il ? Le savait-il seulement ?... Ah ! oui... Georges de Ryès... mais que faisait-il ici dans ce cauchemar où il vivait... depuis quand ? des heures ou des années ?...

Il voulait se lever : ses jambes se dérobaient et il retombait sur les coussins, cherchant de la main à écarter l'étreinte qui lui brisait le front et comprimait sa poitrine, voulant rappeler à lui sa vie antérieure qui à travers les obscurités du présent, lui semblait si exquise de douceur et de charme...

Et tandis qu'une somnolence l'envahissait, invincible, terrassante, Freya entra sans le voir, préoccupée. Elle ferma les tentures de la fenêtre, ouvrit celles de la glace mystérieuse, et raviva les charbons du réchaud ; puis elle approcha le samovar, disant à mi-voix :

— Il me faut une provision de breuvage magnétisé, pour prévenir toute révolte de sa part.

Alors, elle prit une pincée de parfums qu'elle jeta sur les charbons rougeoyants, et psalmodia, les mains étendues dans une invocation :

— Chavajoth ! Chavajoth ! Chavajoth !... O maître, je veux avec toi ! unis ta volonté toute-puissante à la mienne, fais de ce breuvage une boisson de faiblesse et d'oubli...

Subitement, elle s'arrêta : les volutes de parfum, au lieu de monter, élargissaient leurs cercles vers le sol.

— Quoi donc ? songea-t-elle. La fumée du sacrifice est repoussée ? Il y a donc influence contraire ?...

Elle reprit son invocation :

— O maître ! que ta volonté s'unisse à celle de ta servante...

A ce moment, Georges qui, depuis son entrée, la suivait du regard, se redressa : une pensée venait d'illuminer son cerveau, encore bien vague, bien imprécise, mais qui éclairait d'un jour étrange cet oubli de son passé qu'il ne pouvait arriver à reconstituer : ne serait-il pas la victime d'une œuvre mauvaise ?

Il rassembla tous ses restes d'énergie et marcha vers Freya, disant :

— Que faites-vous là ?

L'étrangère se retourna, surprise de sa présence.

— Ah ! Georges c'est toi ?...

Et elle ajouta en elle-même :

— L'influence contraire... je comprends !

Mais il lui avait saisi le poignet, toujours poussé par l'idée de sujétion au mal qui venait de se formuler en lui :

— C'est donc vrai que vous vous livrez à d'odieux maléfices ?

— Quoi ?... qu'as-tu vu ?

— J'ai vu... j'ai entendu... ces paroles que vous prononciez...

— Ah ! ah ! ah ! s'écria-t-elle dans un éclat de rire sonore et perlé, la chanson russe dont on accompagne le thé qui chante dans le samovar... Ne m'as-tu pas encore vue opérer ?... Nous préparons ce breuvage toujours avec soin et recueillement... ah ! ah ! ah !

Et, versant le thé dans une tasse qu'elle lui présenta :

— Tiens, bois !

Il voulut la repousser dans un effort de révolte, comprenant que s'il buvait, ce serait encore pour lui l'anéantissement de sa pensée. Mais elle lui présenta de nouveau la tasse, s'appuyant sur son épaule, charmeresse, et modulant d'une voix à la fois douce et impérieuse pendant que son regard aigu le pénétrait jusqu'au fond de lui-même :

— Bois, te dis-je !

De nouveau maté, dominé, vaincu, anéanti, Georges approcha le poison de ses lèvres et but.

Mais sa révolte, toute passagère qu'elle fût, n'avait pas été sans inquiéter sa dominatrice qui, sans le quitter de son regard froidement acéré, jeta une nouvelle pincée de parfums sur le réchaud :

— Aimes-tu, dit-elle, ce parfum d'ambre et de styrax ?...

Alors, encore, les volutes de vapeurs retombaient vers le sol ; Gorges était annihilé ; c'était donc une autre influence que la sienne, qui régnait en ce lieu ? Elle fronça le sourcil, murmurant :

— Qui donc veut l'arracher d'ici ? Qui donc veut briser le lien de vie que j'ai forgé entre lui et moi ?... Qui donc ose m'attaquer, que je ne pourrais broyer dans le néant ?

Elle s'arrêta, frissonnante, concentrée, et reprit :

— Non ! non ! je ne redoute qu'un adversaire au monde, mais celui-là, malheur à lui si je le rencontre sur ma voie !... j'ai de son sang !

— Un maléfice encore, bégaya Georges dans une demi-inconscience.

Mais Freya se reprit aussitôt, et, avec un sourire, l'enlaçant de son regard aigu :

— Quoi ! toujours ces idées folles ? Peux-tu croire vraiment, ami ?... Allons donc ! rappelle-toi ce que je t'ai dit souvent : Il n'y a sur terre d'autres charmes que ceux de la femme, d'autre magie que celle de l'amour.

Elle s'était assise sur un sopha, non loin de la glace mystérieuse qu'elle avait laissée dévoilée. Georges, repris par son oubli de tout, tomba devant elle à ses pieds, l'adorant à genoux comme la dominatrice de son être et de sa vie.

— Oui, balbutia-t-il, j'ai beau me maudire et me traiter de lâche... ah !

Elle lui prit les mains susurrant d'une voix molle comme un bercement :

— Reste ainsi, devant moi, que je contemple en toi l'œuvre de ma force... Reste à jamais lié à ma puissance...

Elle continuait à parler.

D'abord, Georges l'écoutait ; il lui paraissait qu'au son de ces paroles une mélopée de l'Au-delà bruissait à ses oreilles, ineffable et douce. Le poison psychique qu'il venait d'absorber commençait à produire son effet, et il semblait au jeune homme que ce rêve dans lequel il marchait était sa vie normale ; de nouveau le souvenir du passé qui était venu l'effleurer vaguement, s'enfuyait dans des lointains de plus en plus estompés : le présent seul existait pour lui, et tout ce qui était antérieur rentrait dans la tombe de l'oubli.

Donc, il écoutait la parole fascinatrice qui l'énervait de sa suavité molle, et, comme perdu dans le songe qui l'enveloppait, il laissait flotter son regard...

Or, c'était l'heure où Svaa, dans son cabinet, procédait à son expérience préliminaire.

Et Georges vit, sur la glace mystérieuse, s'estomper lentement un nimbe lumineux d'abord fugitif et vague, mais dont les contours peu à peu se précisèrent, et, progressivement, une forme humaine se dégagea. Par degrés, cette forme s'affina, prit une apparence féminine et bientôt les traits du visage s'accentuèrent, nets et bien reconnaissables.

Le regard fixé sur l'apparition, Georges cherchait à rappeler ses souvenirs... oui, cette figure ne lui était pas inconnue... cette vision, il l'avait déjà eue, mais dans la réalité... cette femme, mais elle avait passé dans sa vie !... Où ?... comment ?... quand ?... Il faisait des efforts inouïs pour rappeler à lui sa mémoire morte, et son front se crispait sous sa volonté de comprendre !

Cependant Freya, surprise de le voir ainsi, suivit la

direction de ses regards, et se tourna, elle aussi, vers la glace noire. A ce moment, tout disparut, et elle ne vit que le reflet du crépuscule dans le miroir sombre.

Alors, elle reporta sur Georges, toujours prostré à ses pieds, son œil lumineux d'une flamme sombre, et, de nouveau, l'enveloppa de la magie caressante de son Verbe.

Mais, de nouveau, derrière elle, l'apparition se fit, vague d'abord et estompée, puis s'affirmant plus nette et enfin se révélant dans sa propre clarté. Et, de nouveau aussi, Georges demeura, comme précédemment, hagard, fixant le fantôme et voulant se souvenir, — comprenant que c'était son passé qui revivait devant lui, et ne pouvant mettre un nom sur ce reflet de sa propre vie, sur ce visage de femme qui pourtant ne lui était pas inconnu. Et l'image eut alors un geste si désespéré, sur ses traits se peignit une angoisse si profonde, que soudain, un éclatement de raison se fit dans le cerveau malade de Georges, et il balbutia :

— Madeleine !

A ce nom que perçut Freya, elle se détourna encore une fois vers la glace où demeurait rivé le regard de Georges. Mais comme précédemment, l'apparition s'évanouit.

— Est-ce donc la lutte qui commence ? songea Freya. Ah ! malheur à qui voudrait tenter de m'arracher cet être dont j'ai besoin pour vivre !

Laissant Georges éperdu dans le flot de pensées encore incohérentes que venait d'évoquer en lui le nom qu'il avait prononcé, elle se leva, soucieuse, et se dirigea vers une lampe à réflecteur de forme bizarre, placée sur le meuble qui lui servait d'autel ; elle tourna un bouton, et une lumière jaillit, d'abord aveuglante mais qu'elle abaissa jusqu'à une lueur douce dont l'irradiation, projetée sur la glace par le réflecteur, y dessina un cercle nettement auréolé d'étincellements.

Levant les bras, Freya eut une muette invocation et dessina dans l'espace à grands traits un pentacle étoilé dont la pointe était dirigée vers le sol, puis elle jeta une pincée de parfums sur le réchaud, et revint près de Georges, toujours absorbé douloureusement par l'énervement de ne pouvoir relier les pensées fugitives qui se heurtaient aux parois de son crâne.

Et Freya attendit, muette, concentrée, le regard illuminé d'un feu sombre.

Une troisième fois, elle vit Georges se laisser aller à une extase de vision, dirigeant ses mains tendues vers la glace et répétant, mais alors avec une conscience angoissée :

— Madeleine !... Ah ! Madeleine !

Freya bondit et se retourna : dans le nimbe lumineux du miroir, l'image de Madeleine s'agitait, cherchant à fuir, terrifiée et pantelante.

— Ah ! je savais bien ! s'écria Freya avec une rage triomphante. Eh bien, à nous deux !

Georges essaya de la retenir :

— Qu'allez-vous faire ?

— Anéantir le passé !

Déjà, elle se précipitait vers la glace noire, quand elle s'arrêta, clouée au sol par ce qu'elle y voyait : — Devant Madeleine épouvantée, une autre image s'était dessinée — celle d'un homme — qui gardait, immobile une pose hiératique, la main droite dressée vers le ciel, trois doigts étendus, la main gauche dirigée vers la terre.

Freya eut une clameur de haine à la vue de Svaa Sparanda :

— Lui !... il ose ?... Et bien, soit ! je le briserai !

Mais toute cette action avait détourné sa volonté de Georges qui, libéré d'elle momentanément, eut un cri où revivait tout son passé enfin reconquis :

— Malheureuse ! qu'allez-vous faire ?... Grâce ! C'est ma femme, et je l'aime !

Ce mot fit bondir Freya :

— Il l'aime !

Alors, ramenant sa volonté et la projetant tout entière, avec la dernière énergie vers sa victime, elle jeta les mains en avant dominatrice, tyrannique. Sous l'influx supra-matériel qui vint le frapper, le jeune homme tomba à la renverse, sans un cri, sans un mouvement. Mais dans sa chute, il avait heurté l'autel, et la lampe brusquement déplacée ne projetait plus son cercle lumineux que vers le plafond. Lorsque Freya se détourna vers la glace noire pour mettre sa menace à exécution, la vision avait disparu : Madeleine était hors de l'atteinte de l'étrangère.

— Ah ! s'écria Freya toute vibrante de rage haineuse, c'est la lutte ! la lutte sans merci... Chavajoth, tu soutiendras ta servante !

Elle frappa sur un gong. Andrewna parut, interrogeant :

— Barine ?

Et, voyant Georges sans mouvement, elle poussa un cri.

— Laisse, dit Freya autoritaire. Il est en catalepsie. Mais vite ! j'ai besoin de toi. Une coupe, vite !

Sans savoir ce que voulait sa maîtresse, la servante se précipita et revint un verre de cristal à la main.

Freya l'attendait, tenant un petit poignard affilé :

— Recueille le sang ! fit-elle d'un accent sauvage, en se frappant l'avant-bras gauche.

Toute blême, Andrewna avança la coupe où tomba goutte à goutte le filet de sang qui s'écoulait de la blessure. Elle bégaya :

— Oh ! barine, toujours le mal !

— Il le faut, sotte, dit Freya d'une voix étranglée. Aide-moi... Le mélange du sang... Où as-tu mis la tige de rose ?

Sur l'indication d'Andrewna, Freya se précipita vers l'autel, y prit le brin de tige où se voyaient quelques points bruns du sang demandé, et, l'élevant, elle s'écria, triomphante :

— Ah ! avec ceci, la vie de l'ennemi sera liée à la mienne !

— Ta blessure, barine, fit l'autre en lui enveloppant le bras d'un mouchoir.

— Eh ! qu'importe ma blessure ? répliqua-t-elle brutalement, c'est de ma vie qu'il s'agit aujourd'hui... A genoux, esclave ! Et, s'avançant vers l'autel, elle jeta des parfums sur le réchaud, plaça le pied sur le corps de Georges inanimé, qui lui barrait le passage, et, superbement altière dans son attitude d'évocatrice du mal, élevant au-dessus de sa tête la coupe de cristal aux rouges reflets, elle clama, dominatrice et victorieuse :

— Chavajoth ! je vais t'offrir le sacrifice du sang !

---

## VI

Dans son cabinet, le surlendemain soir, Svaa Sparanda se tenait debout, dans l'attitude de la prière et de la méditation, les bras croisés sur la poitrine. Devant lui, apposée à un panneau de sa bibliothèque, était une plaque de graphite planée, cerclée d'un entourage en bois de chêne et devant laquelle brûlait une petite lampe donnant une clarté légèrement fuligineuse et odorante. Fixement, il regardait la surface miroitante du graphite, et, par moments, ses lèvres remuaient comme s'il parlait — priant ou conversant —, et son front par moments se courbait, comme sous l'affre d'une douleur intense, mais pleine de résignation. Un instant, il pâlit, puis s'inclina profondément comme si un ordre lui était transmis, qu'il acceptait humblement.

Enfin, il prononça à voix basse mais distincte :

— Va, grande ombre ! Que la paix soit avec toi ! ne me tourmente pas ! Retourne à ton sommeil, et si, comme tu viens de me l'annoncer, je dois aujourd'hui m'affranchir, par un sacrifice, de ce corps périssable, viens au-devant de moi, accueille-moi, endors-moi avec toi dans le repos d'une mort qui est la vie véritable, en attendant le jour où nous nous éveillerons ensemble !... Silence et adieu !

Il éteignit la lampe, referma le panneau de la bibliothèque, puis après une génuflexion, il alluma les bougies de la cheminée, et vint s'asseoir dans son fauteuil ; là accoudé sur son bureau, le front dans ses mains, il médita :

— Ainsi donc, le sort en est jeté ! L'abominable goétienne a fait le sacrifice du sang, dont elle m'avait menacé... ma vie est désormais unie à la sienne, et je suis impuissant contre elle, à moins de me sacrifier moi-même... Quitter la vie au moment où je sens l'amour qui chante en moi sa divine mélopée...

— Non ! l'amour est mort, et moi, la funèbre voyageuse n'attend que son heure pour m'emporter au pays de véritable Vie !... Allons sachons mourir en descendant égal à mes ancêtres royaux, et en magiste digne de la cause du Bien absolu à laquelle j'ai voué mon existence ici-bas !

Dans un coffre, il prit une robe orientale, constellée de pierreries, et la revêtit. Il cercla ses poignets d'anneaux précieux. Sur sa tête, il plaça une sorte de tiare basse, rutilante de diamants. Il n'est pas jusqu'à ses pieds qu'il chaussa de babouches étincelantes de gemmes.

— Allons, dit-il enfin, j'ai fait ma toilette funéraire, qui est en même temps celle de l'Initié que je suis... maintenant, je suis prêt ! Le rôle du magiste est le dévouement : puisse le mien, pour l'enfant adorée dont il assurera le bonheur, être une suprême, une ineffable preuve d'un amour qui a été ma vie et qui va être ma mort !...

Il s'arrêta : un sanglot lui montait à la gorge.

A ce moment, on frappa.
— Entrez !

Le domestique annonça :

— M. le Dr Varnier.

Le serviteur avait déjà vu son maître dans ce costume ; aussi ne manifesta-t-il aucun étonnement. Il en fut autrement du docteur qui s'arrêta sur le seuil, légèrement interdit, demandant :

— Que signifie ? ce vêtement...

— C'est le vêtement de ceux qui commandent, répondit gravement Svaa ; ce fût celui de mes ancêtres, les rois d'Oude, et si je l'ai revêtu aujourd'hui, c'est que mon Verbe doit manifester sa puissance sur les forces de l'Au-delà, et que ma volonté va mieux s'en affirmer. — Mais, continua-t-il étonné de voir le docteur seul, et Mme de Ryès ?

— Elle doit me retrouver ici, répondit le Dr Varnier. Je suis venu avant elle parce que nous avons à causer.

Svaa lui indiqua un siège et s'assit auprès de lui.

— Il paraît, fit le docteur, que d'après les quelques mots qui ont clos notre entretien d'avant-hier, nous allons assister à des choses terribles ?... Voyons, franchement... Encore de l'hypnose, comme la dernière fois, ou bien l'emploi de forces surnaturelles ?

— Le surnaturel n'existe pas, répartit Svaa avec gravité ; les forces que vous appelez ainsi sont seulement celles que ne connaît pas votre science officielle.

—. Ce que vous allez voir ? Un phénomène bien ordinaire : le sacrifice et la libération d'une âme terrestre...

Le Dr Varnier, d'abord jovial en entrant, était devenu sérieux ; il prit les mains de Svaa :

— Mon enfant, tu l'aimes donc bien ?

Il attendit une réponse. Svaa soupira, puis fit un geste comme pour chasser une pensée obsédante.

— Oui, continua le docteur ; je conçois l'amertume... lui rendre son mari... mais après ?

— Après ? Ah ! ne me plaignez pas, répliqua l'Hindou avec un éclair de joie : après, je serai plus puissant que maintenant, et plus fort pour veiller sur son bonheur !

— Que veux-tu dire, Svaa ?

Il y eut un silence, puis Svaa répondit d'un ton grave et concentré :

— Rien !... rien que ce qui est !... rien que ce qui sera !

— Voyons ! s'écria l'autre ; ces paroles sont une énigme... explique-toi ! Doit-il donc y avoir quelque danger en cette opération pour laquelle tu nous as convoqués ?

— Du danger ?

— Oui. Moi, il m'importe peu, dès lors que je suis prévenu. J'ai vu mieux... ou pire... lorsque le gouvernement m'a envoyé étudier la peste bubonique à son foyer même. — Mais elle !... elle, cette enfant !... Svaa, y as-tu songé ?

— Du danger ? dit lentement Svaa, il n'y en a aucun pour vous deux, à condition que vous soyez fermes de cœur et résolus à atteindre votre but ! — Il y en a un énorme pour moi, qui vais lutter contre une force à laquelle je suis lié par une imprudence..

Le Dr Varnier se leva :

— Alors... ne vaudrait-il pas mieux s'abstenir.

— Il est trop tard maintenant, fit l'Hindou avec tristesse : mon salaire serait le mépris de cette enfant qui m'accuserait de l'avoir abusée par un mensonge.

— Mais enfin, interrogea le docteur en revenant prendre place près de lui, quelle est cette force à laquelle tu fais allusion ? Est-ce la même qui rend esclave le mari de Mme de Ryès ?

Svaa se leva, fit quelques pas en méditant, puis se rapprochant de son interlocuteur :

— Que vous dirais-je, commença-t-il, à vous, nourri d'une science officielle et matérialiste, qui se refuse à rien voir dans l'Au-delà ? Me comprendriez-vous seulement, si je vous disais qu'il existe non dans un autre monde, mais autour de nous, à la portée de chacun de nous sous certaines conditions, une force étrange auprès de laquelle toute force physique n'est que faiblesse ; que le pervers peut diriger vers le mal, comme l'être de bonté peut en faire un agent de bien : une force effroyablement puissante, puisqu'elle est l'essence de la Vie, puisqu'elle est celle-là même dont naissent, vivent, et meurent les mondes comme les individus ; une force si colossalement forte, qu'elle peut désagréger instantanément et réduire en poussière quiconque a recours à elle ; une force qui domine la tombe elle-même...

— Et c'est à un tel agent que tu vas faire appel ?
— Oui, répondit tristement Svaa.
— Mais pourquoi, enfin ?... pourquoi ?
— Parce que le bonheur de Mme de Ryès l'exige.

Le domestique annonça :
— Mme de Ryès demande...
— Je sais, interrompit nerveusement Svaa. Qu'elle entre !

Pendant que le serviteur sortait pour introduire la visiteuse, le D$^r$ Varnier dit rapidement à Svaa :
— Au moins, promets-moi que tu ne l'exposeras pas sans nécessité.
— La nécessité ?... mais la voici qui approche ! répondit l'Hindou avec une pointe d'amertume, en montrant Madeleine qui venait d'entrer.

Cependant Mme de Ryès s'arrêtait, surprise à son tour du costume revêtu par Svaa. Celui-ci lui en donna la même explication qu'il avait donnée au D$^r$ Varnier. Alors, elle voulut remercier Svaa du service immense qu'il allait lui rendre en la réunissant à son mari.

— Je vais du moins y tâcher, lui répondit mélancoliquement Svaa. Vous savez nos conditions ?
— Une soumission et une confiance absolues en votre volonté ; le pardon complet pour Georges, et...

Elle hésita. Svaa reprit gravement :
— Et pour l'autre.

Et Madeleine, avec une simplicité pleine d'héroïque grandeur :

— J'ai pardonné du fond de moi-même !

— Alors, tenez-vous prête. Et vous aussi, ajouta-t-il en se tournant vers le docteur.

Il appuya sur un timbre. Le domestique parut.

— Quoi qu'il arrive, je n'y suis pour personne, lui dit Svaa. Personne — sauf une femme que vous n'avez jamais vue ici, et qui entrera sans même vous parler. Allez.

Le serviteur s'inclina et sortit. Svaa se tourna vers le docteur et Madeleine, et, d'une voix grave :

— Avez-vous l'un et l'autre, le cœur ferme et la volonté absolument maîtresse d'elle-même ?

— Oui, firent-ils, impressionnés malgré eux par la solennité du ton de Svaa qui poursuivit :

— C'est bon !...Vous serez mes aides dans l'œuvre de bien que j'entreprends d'accomplir ; que la protection du Bien soit sur vous !

Il leur imposa les mains, poursuivant :

— De ce moment, vous m'êtes soumis comme l'esclave au maître, ne l'oubliez pas.

Alors s'éloignant d'eux, il alla ouvrir le soubassement d'un corps de bibliothèque ; un long tapis de couleur bise, enroulé en cet endroit, se déploya lentement, étendu par Svaa.

Le D$^r$ Varnier et Madeleine regardaient curieusement cet objet pendant que Svaa le fixait sur le parquet, l'orientant de certaine façon.

A chacun de ses angles, était une étoile à cinq pointes. Au milieu, quatre cercles concentriques enserraient une aire centrale et trois bandes circulaires dont chacune portait quatre noms en caractères dévanâgaris ; l'aire centrale portait à l'un de ses pôles la lettre A, et à l'autre le Z latin, l'oméga grec et le Thau hébraïque. Ces traits et ces signes étaient inscrits sur l'étoffe au moyen d'une couleur noire épaisse à base de charbon ou de graphite.

Svaa approcha ensuite une table massive recouverte d'un voile, et qu'il plaça à l'orient des cercles. Il enleva le voile, et le dessus, en marbre blanc, apparut, portant, gravée en creux et dorée, l'étoile du microcosme. Autour d'elle s'alignaient sept cubes formés chacun de l'un des sept métaux mystiques.

Enfin, après avoir éteint les lumières, il fit un geste, et, du centre de l'étoile jaillit un faisceau lumineux de faible portée, tandis qu'au-dessus de l'autel, vers le plafond, un double triangle enchevêtré apparaissait, comme une phosphorescence stable.

Le D<sup>r</sup> Varnier qui se souvenait avoir lu jadis des ouvrages sur le merveilleux antique, se demandait dans son étonnement :

— Cela est-il vraiment possible ?...

Quant à Madeleine, bien qu'un peu oppressée par ce qu'elle voyait, elle regardait avec une curiosité impatiente.

Svaa se rapprocha d'eux et leur dit sur un ton d'autorité qu'ils ne lui connaissaient pas encore :

— Vous allez pénétrer dans ce cercle mystique sans fouler aux pieds les symboles divins qui y sont tracés et qui vont être notre sauvegarde.

Lorsqu'ils eurent pénétré dans l'aire centrale des trois cercles, il leur recommanda :

— Sur toute chose, sur votre vie même, ne sortez de cette aire que quand j'en serai sorti moi-même ; sinon, il y aurait péril de mort. Vous comprenez maintenant toute la gravité du charme que je vais opérer... Etes-vous résolus à demeurer, quoi qu'il arrive ?

Sur leur affirmation énergique, il conclut :

— Que le Ciel soit avec nous !

Il pénétra avec les autres dans le cercle protecteur, et jeta des parfums sur la lueur qui se dégageait au centre de l'étoile de marbre : ces parfums brûlèrent aussitôt, se résolvant en d'épais nuages où planait l'odeur de l'encens.

Alors, Madeleine et le docteur s'aperçurent que Svaa portait à la main droite une verge qui paraissait être de sureau, tandis que sa main gauche tenait une épée d'acier couverte de caractères bizarres. Il piqua cette épée dans le sol, à sa portée, et, se tournant vers l'orient, face à l'autel, il murmura une invocation :

— Puissances du Royaume, soyez sous mon pied gauche et dans ma main droite ! Gloire et Eternité, touchez mes épaules et dirigez-moi dans les voies de la Victoire. Anges de Netsah et de Hod, affermissez-moi sur la pierre cubique...

— J'ai peur ! bégaya Madeleine d'une voix faible.

Le D$^r$ Varnier lui prit le bras et la soutint, pendant que Svaa continuait :

— Aralim, agissez !... Ophanim, tournez et resplendissez !... Forces de l'Au-delà, amenez l'ennemie !...

Et, pendant que sa voix qui priait formait comme un bercement de murmure, des phosphorescences, autour d'eux, striaient l'ombre ; les meubles et les feuilles du parquet, parfois, craquaient ; à un moment, il y eut comme une plainte qui monta, vibrant doucement dans l'espace, puis s'éteignant en un sanglot.

— J'ai peur ! répéta Madeleine en se pressant contre le docteur.

Svaa continuait toujours son invocation.

Peu à peu, des lueurs errantes se réunirent, semblèrent se coaguler et formèrent lentement un reflet humain qui progressivement s'accusa, se précisa. Svaa interrompit sa prière, et un même cri s'échappa de la bouche du D$^r$ Varnier et de celle de Madeleine :

— L'étrangère !

— Est-ce toi, Freya Ryckiewna ? prononça l'Hindou à haute voix.

Le fantôme s'agita fébrilement, fit effort pour parler.

— Si c'est toi que nous voyons, réponds à ma question ! reprit Svaa.

Encore une fois l'ombre lumineuse s'agita, mais aucune réponse ne fut faite.

Svaa saisit son épée et en dirigea la pointe vers le fantôme qui sembla vouloir s'éloigner, mais toujours Svaa le suivait de la pointe de son arme ; l'apparition parut se dissoudre dans l'espace, comme une coagulation d'essence électrique sur la pointe d'un paratonnerre.

— Non, dit à haute voix Svaa, tu n'es qu'une vaine image, venue pour nous décevoir. Mieux que toi, Freya, je connais les illusions du mal pour les avoir combattues : n'espère pas me tromper à l'aide d'un reflet menteur ; c'est toi-même que je veux amener ici, toi, Freya Ryckiewna, créature d'artifice ! Au nom que nul ne peut prononcer, au nom ineffable devant lequel tout être se courbe dans la trinité des mondes, viens !... viens !... viens !... ma volonté commande !

Madeleine défaillait. Elle murmura :

— Je n'ai plus de force.

Et le docteur, tout pâle devant une manifestation de ce dynamisme de l'Au-delà dont il avait toujours regardé l'existence comme une fable, lui répétait machinalement en la soutenant :

— Courage ! courage !

Svaa avait de nouveau, fixé l'épée dans le sol et s'était retourné vers l'autel, redoublant de prière et de volonté :

— Aralim, agissez !... Ophanim, tournez et resplendissez !... Forces de l'Au-delà, amenez l'ennemie...

Les étincellements phosphorés recommencèrent à rayer l'espace, et les murailles à émettre des bruits de craquements..

Soudain, comme Svaa venait de jeter une nouvelle poignée de parfums sur l'autel, la porte du lieu s'ouvrit violemment, se ferma de même, et Freya apparut dans la pénombre, disant d'un air de défi :

— Me voici !

Il y eut un moment de silence, lourd, écrasant. Elle continua :

— J'ai perçu ton appel Svaa Sparanda, et ta force m'a dominée... je sais ce que tu veux de moi !

— Georges rendez-moi Georges, madame ! supplia Madeleine faisant un pas vers Freya.

Mais Svaa la prit par l'épaule, et brusquement, il

la rejeta vers l'aire centrale, lui disant d'une voix sourde :

— Arrêtez ! Au-delà de ce cercle, c'est la mort pour vous !

Puis, se tournant vers Freya qui, les bras croisés, dans une attitude dédaigneuse, l'enveloppait de son regard aigu :

— Ta voie est celle du mal, Freya !

— Quelle qu'elle soit, répondit l'autre avec violence, c'est ma voie, librement et délibérément choisie par moi. Pourquoi t'ai-je trouvé sur mon chemin, Svaa ?... Insensé ! Ne pouvais-tu, pour ta part, prendre... — et, elle montrait Madeleine — comme j'ai pris l'autre ?...

— Le Mal a profondément imprimé son sceau sur ton front, ô femme ! mais sur terre seulement le Mal domine, et nous sommes ici dans un monde où celui qui commande au nom du Bien, au nom indicible, doit être obéi — Et je t'ordonne de briser les liens qui enserrent ta victime !

— Par ta science ? fit Freya, souverainement railleuse et provocante. Pauvre fou ! qui ignores que j'ai mêlé ton sang au mien par la Force innommable de l'Au-delà, pour rendre ton sort solidaire du mien !... que peux-tu contre moi, maintenant ?

— Je puis mourir — et tu me suivrais dans la mort !

Freya eût un geste d'épouvante.

— Toi !... mourir !...

Mais se remettant :

— Vaine menace ! Le suicide t'est interdit !

— Oui, dit à son tour Svaa d'une voix qui s'élevait, avait quelque chose d'auguste, mais le sacrifice m'est ordonné, et puisque tu te refuses à la réparation du mal...

Il décrivit avec sa verge un signe rapide dans l'espace et prononça :

— Que les forces mauvaises de l'Au-delà, évoquées en ta personne, me pulvérisent sur l'heure, puisque ta vie doit suivre la mienne !

Et, avant que Freya, terrifiée eût eu le temps de

faire un geste pour l'en empêcher, Svaa s'élançait hors des cercles mystérieux. La lumière de l'autel jeta une lueur soudaine et violente, puis s'éteignit, ainsi que s'éteignit la phosphorescence des deux triangles entrelacés qui avaient plané dans l'espace.

Et, dans l'obscurité pleine d'horreur qui suivit cette scène rapide, on entendit la voix affaiblie de Svaa qui suppliait, mourante :

— Madeleine ! souviens-toi de l'amour dont le sacrifice te libère !

Mme de Ryès était tombée à genoux, défaillante, à demi évanouie. Au risque de ce qui pouvait survenir, le D$^r$ Varnier, épouvanté, sortit du cercle et se rua vers la porte, criant :

— Au secours ! A l'aide !

Mais sans dommage pour lui, car le sacrifice de l'Hindou avait rompu le charme.

A ses cris, le domestique accourut et l'on fit de la lumière.

Quel spectacle !

Crispé à terre, Svaa ne donnait plus signe de vie, mais son beau visage d'oriental, tout pâle, était comme éclairé par un sourire où se reflétait la dernière, la suprême pensée d'amour qui avait germé dans son cerveau !

Non loin de lui, dans les affres d'une agonie violente, se tordait Freya dont la voix bégayait, presque indistincte :

— Ah ! le sacrifice du sang !... qu'ai je fait !... qu'ai-je fait !...

Au centre des cercles, Madeleine reprenait lentement ses sens, angoissée, folle de terreur.

Le D$^r$ Varnier s'était tout d'abord précipité vers Svaa qu'avec l'aide du domestique il avait étendu sur un divan et, là, il essayait vainement de galvaniser le corps du jeune homme.

Tout à coup, Madeleine eut un cri et se redressa :

— Georges !

Auquel répondit un autre cri :
— Ma fille !

En effet, sur le seuil de la chambre venaient d'apparaître M. de Ryès et Mme de Kermor.

Madeleine, suffoquée, délirante, bondit et vint s'abattre sur la poitrine de son mari.

Comment ces nouveaux personnages se trouvaient-ils ici ?

De façon bien simple, en vérité. — Svaa, qui savait, avait prévenu Mme de Kermor que dès que Georges serait délivré de la subjugation qui l'enchaînait, son premier mouvement serait de s'enfuir dans tout l'affolement de sa liberté reconquise. Mme de Kermor était donc allée, en voiture, devant la demeure de Freya, et, quand elle en avait vu sortir Georges en plein délire, elle l'avait appelé, l'avait enlevé, en quelque sorte, et tous deux s'étaient aussitôt fait conduire chez Svaa pour apprendre ce qui s'y était passé.

Et, entre les bras de sa femme, M. de Ryès, affaibli de toute la vie qui avait été bue par la vampire, chancelant sous les chocs répétés qu'avait subis son être, M. de Ryès se passait les mains sur le front comme au sortir d'un rêve affreux, la tête faible encore, les idées en lambeaux, mais comprenant qu'il venait d'être arraché au mal par un miracle d'amour.

Il y eut, entre tous ces personnages, un silence solennel que rompit enfin un râle.

Et l'on vit Freya se tordre sur le sol, et glapissant dans une dernière et impuissante menace adressée aux jeunes gens :

— Eux !... Malédiction !

Puis ses regards déjà éteints tombèrent sur Svaa que le docteur essayait en vain de ranimer :

— Lui, du moins, je l'ai tué !

Alors elle eut un rire infernal qui se termina en spasme, pendant qu'elle essayait de se soulever :

— Ah ! ah ! ah ! Chavajoth, es-tu content de ta ser-

vante, toi par qui j'ai vécu, toi par qui je meurs ?...
Ah ! ah ! ah ! ah ! ah !

Et, secouée par un roidissement suprême, elle tomba à la renverse, morte.

Le D$^r$ Varnier, se sentant impuissant, cherchant même en vain la cause naturelle de la mort de Svaa, se redressa, triste, et déclara :

— Rien à faire !

Derrière lui se tenait Madeleine qui venait d'amener son mari par la main. La jeune femme se courba vers le visage resplendissant de Svaa Sparanda, et y déposant un baiser très doux, elle murmura :

— Cher dévoué !...

Puis prenant la main de son mari, elle lui dit, appuyée sur sa poitrine :

— Georges, aimons toujours son souvenir vivant !... son sacrifice a refait notre amour !

# DEUXIÈME PARTIE

# LES PROBLÈMES

(CLAVICULES DU THÈME MAGIQUE)

« L'Homme est ici-bas pour s'instruire dans la lumière de la nature. »
PARACELSE.

« Malheur aux savants qui croient que le livre de la nature est fermé et qu'il n'y a plus rien de nouveau à faire connaître aux faibles hommes. »
Dr CHARLES RICHET.

# LES PROBLÈMES

## CLAVICULES DU THÈME MAGIQUE

Le lecteur. — Mais enfin, M. l'Auteur, tout ceci est incroyable!

L'Auteur. — Qu'en savez-vous, ami lecteur?

— Incroyable, parce que c'est impossible.

— Rappelez-vous le grand mot d'Arago : « Celui qui, en dehors des mathématiques pures, prononce le mot *impossible*, manque de prudence. »

— Vous ne me ferez jamais croire qu'il soit possible à un être humain d'anéantir par sa seule volonté, une autre volonté humaine!

— Alors, cher lecteur, vous nierez l'hypnose, aussi bien l'Ecole de Nancy que l'Ecole de la Salpêtrière, les docteurs et professeurs Bernheim, Liébeault, Luys, Charcot, Gilles de la Tourette et *tutti quanti?*

— Vous parlez du sommeil hypnotique, d'accord! mais l'imposition d'une volonté étrangère à un sujet en état de veille, en état normal me paraît une impossibilité!

— En ce cas, cher lecteur, je vous renverrai au docteur Moutin, pour n'en citer qu'un, qui, à l'aide de procédés basés simplement sur l'énergie de la volonté humaine, domine à l'état de veille et sans préparation le premier sujet venu, quelque grande que soit la résistance de ce sujet.

— D'accord pour la domination hypnotique.

Mais cette domination, vous la poussez jusqu'au vampirisme... Vous représentez Freya comme un vampire... Or, qui donc aujourd'hui croit aux vampires?

— Qui ? mais tous ceux-là qui ont étudié cette partie sombre du mystère, qui ont côtoyé le vampirisme dans ses œuvres multiples de mal, qui ont analysé ses effets dans la vie courante et sont remontés à ses causes... Le vampirisme existe, n'en doutez pas ; il forme même une si importante partie de la science — je ne dis pas seulement occulte mais officielle, — que je ne puis, en ces quelques pages, le traiter à fond. Il fait l'objet d'un ouvrage plus important (1) où je l'étudie sous toutes ses formes et dans toutes ses variétés. Mais il importe que l'on soit bien persuadé de son existence réelle qui, dans l'ordre physique va jusqu'à la mort, et jusqu'à la folie dans l'ordre mental.

— Soit !... mais que dire de vos évocations de fantômes ? C'est de la haute fantaisie, n'est-ce pas?

— A ce sujet, je vous renverrai simplement à William Crookes, le plus grand savant de l'Angleterre, qui a vécu des années près d'un fantôme — Katie King, dont la réalité et l'individualité sont hors de conteste — à tous les savants, médecins ou autres, qui connaissent ou bien ont connu Hume, Aksakoff, Eusapia Paladino, Slade, Mme d'Espérance, Miller, et bien d'autres sensitifs d'ordre spécial, que l'on rencontre à Paris dans tous les cercles d'études.

— Halte-là ! je vous parle des fantômes des vi-

---

(1). *La Ternaire magique de Shatan : Envoûtement, incubat, vampirisme.* 1 vol. in-8, Paris, 1905.

vants, et non de l'évocation des morts. Par exemple, dans votre récit, qu'est cette double apparition de Freya appelée par Svaa Sparanda ? Et cet envoi corporel de Madeleine chez Freya alors que son corps physique demeure au lieu d'expérience?

— Permettez-moi de vous répondre par la citation d'une page de Papus (*Traité élémentaire de Science Occulte*, 1 vol. in-12, Paris, 1903).

« ...De même que toute chose ou tout être projette une ombre sur le plan physique, de même tout être projette un reflet sur le plan astral (intermédiaire entre le plan physique et le plan divin)...

« ...Les Anciens connaissaient parfaitement ces données, et appelaient *ombre* l'image qui demeurait dans les régions les plus inférieures du plan astral, *mânes* l'entité personnelle, le *moi* qui évoluait dans les régions supérieures de l'astral, et enfin *esprit* proprement dit, l'idéal de l'être.

« Dans l'évocation d'un être, il faudra donc bien prendre garde si l'on a affaire à son *image astrale* ou à son *moi véritable*.

« Dans le premier cas, l'être évoqué se conduira comme un reflet dans un miroir. Il sera visible, il pourra faire quelques gestes, il sera photographiable; mais *il ne parlera pas*. Tel est le fantôme de Banco dans *Macbeth*, fantôme visible seulement pour le roi, et qui ne profère aucune parole. Shakespeare était fort au courant des enseignements de l'occultisme.

« Dans le second cas, l'être évoqué *parlera*, et plusieurs personnes pourront le voir en même temps : c'est le cas du fantôme mis en action par Shakespeare dans *Hamlet*. »

Tout ceci s'applique, il est vrai à des évocations de défunts, mais il suffit de se rendre compte que l'humanité posthume ne diffère pas de l'humanité terrestre dépouillée de son corps matériel, pour avoir la clé de la double apparition de Freya : — les conditions sont sensiblement les mêmes (sauf, naturellement, les obstacles qu'oppose la matière) qu'il s'agisse de l'évocation d'un défunt ou de l'appel d'un vivant.

Ce sont là choses qui seraient très connues dans le public si nous avions en français une expression précise s'appliquant exclusivement à l'apparition, loin de son corps, d'un être en vie. Les Anglais ont le terme de *wraith* qui dit bien ce qu'il veut dire ; les Irlandais, chez qui le phénomène a été fréquemment observé, ont le mot très énergique : *felch* ; nous ne possédons que les termes *fantôme* et *spectre*, qui évoquent seulement, et à tort, l'idée de l'apparition d'un mort ; depuis quelque temps, cependant, la pauvreté de notre langue à cet égard est apparue à plusieurs érudits en la matière, qui emploient le mot *double* pour caractériser l'apparition aérosomatique d'un être vivant : mais ce terme, imitation lointaine et peu précise de l'Allemand *doppelgänger*, est encore inconnu de la foule pour laquelle il n'a, quand elle le rencontre, qu'une signification vague et sans portée précise.

Au reste, puisqu'il s'agit de fantômes de vivants, précisément sous ce titre *The fantasms of living*, (ouvrage scientifique traduit en français sous le titre de « Les Hallucinations télépathiques (1) » les docteurs anglais Gurney, Myers et Podmore ont publié les résultats d'une enquête approfondie où se trouvent, non pas un, mais plusieurs centaines de cas absolument prouvés, de dédoublement d'êtres humains vivants.

— Peuh! en Angleterre, le pays du puffisme!

---

(1) 1 vol. in-8, Paris, 1891.

— A votre aise, mais en France le professeur Charles Richet, dont le nom est synonyme de probité scientifique, le D$^r$ Dariex et le colonel de Rochas dont nul ne contestera l'élévation de caractère, et d'autres encore, poursuivent la même enquête. Chaque pays offre des cas de ce phénomène devenus en quelque sorte classiques.

En Russie, nous trouvons celui de Mlle Emilie Sagée, une institutrice dont les élèves et les amis voient journellement le double, accomplissant à peu de distance telle ou telle fonction, tandis qu'ils la voient elle-même dans sa chaire ou au milieu d'eux.

En Angleterre, c'est le fait rapporté par sir Robert Bruce, de l'illustre famille écossaise de ce nom, qui est particulièrement remarquable. Il est même si caractéristique qu'il convient de le détailler.

Sir Robert Bruce était alors second d'un bâtiment ; un jour qu'il naviguait près de Terre-Neuve à midi, il venait de faire le point et se livrait à ses calculs, lorsque en passant devant la cabine du capitaine il croit voir celui-ci assis à sa table; mais en le regardant avec attention, il s'aperçoit que c'est un étranger dont le regard froidement arrêté sur lui l'étonne. Très surpris de cette présence insolite, il remonte sur le pont où il trouve le commandant: Qui donc est dans votre cabine? lui demande-t-il. — Personne. — Si fait! il y a quelqu'un... un étranger. — Vous avez rêvé. — Je vous l'affirme. — Allons voir...

On descend à la cabine : personne ne s'y trouve. Devant l'insistance de sir Robert Bruce, on fouille le navire de fond en comble, sans plus de résultat.

— Cependant, affirme l'officier, l'étranger que

j'ai vu dans votre cabine écrivait sur votre ardoise.

On regarde l'ardoise : elle porte les mots *Steer to the North-West* (Gouvernez au Nord-Ouest). — Mais cette écriture est la vôtre! — Pas du tout! — Alors quelqu'un du bord s'est introduit ici pour tracer ces mots...

Tous ceux qui, à bord, savent écrire, sont priés de tracer la même phrase: aucune écriture ne ressemble à celle de l'ardoise.

— Eh bien ! fait le commandant, à son tour très intrigué, suivons le conseil donné : prenons la route au Nord-Ouest, nous verrons bien s'il en résulte quelque événement.

Trois heures plus tard, la vigie signalait une montagne de glace, près de laquelle on trouva un navire désemparé et dont le pont était couvert de monde. Ce bâtiment qui venait de Québec et se rendait à Liverpool, était en perdition par suite de voies d'eau : l'équipage et les passagers furent transbordés sur le navire de Bruce. Au moment où l'un des naufragés franchissait la coupée du navire libérateur, Bruce tressaillit et recula, fortement ému : c'était l'étranger qu'il avait vu écrire sur l'ardoise. Il raconta le nouvel incident au commandant qui emmena le nouveau venu dans sa cabine et lui présenta la face intacte de l'ardoise : — Veuillez lui dit-il, écrire ici les mots *Steer to the North-West*. — L'étranger trace la phrase demandée. — Bien. Vous reconnaissez là votre écriture habituelle ? interroge l'officier frappé de l'identité des caractères. — Naturellement! D'ailleurs, vous venez de me voir écrire. Pour toute réponse, le commandant retourne l'ardoise et l'étranger reste confondu de voir sa propre écriture sur les deux faces de l'objet.

— Auriez-vous rêvé que vous écriviez sur cette

ardoise ? interroge le capitaine du vaisseau naufragé ? — Pas du tout !... Du moins, je n'en ai aucun souvenir. — Mais que faisait à midi ce passager ? demande à son confrère le capitaine sauveur. — Etant très fatigué, ce passager s'endormit profondément et, autant qu'il m'en souvient, ce fut un peu avant midi: une heure au plus après, il s'éveilla et me dit : Capitaine, nous serons sauvés aujourd'hui même ; j'ai rêvé que j'étais à bord d'un vaisseau qui venait à notre secours. Il dépeignit le bâtiment et son gréement, et ce fut, à notre grande surprise, en vous voyant arriver vers nous, que nous avons reconnu l'exactitude de sa description.

Enfin, ce passager dit à son tour : — Ce qui me semble étrange, c'est que tout ce que je vois ici me paraît familier, et cependant je n'y suis jamais venu.

Je dirai plus loin ce qui a été fait et observé en France dans cet ordre d'idées ; mais ce sont là des phénomènes trop étranges pour que l'on puisse se borner à de simples récits que le lecteur peu versé en ces matières peut croire avoir été inventés pour les besoins de la cause : je vais donc citer des faits en indiquant les autorités sur lesquelles ils s'appuient et les preuves qui les corroborent.

Les deux premiers sont pris dans l'ouvrage ci-dessus mentionné (*The Phantasms of Living* des D$^{rs}$ Gurney, Myers et Podmore) et je les choisis exprès, parce que, outre l'importance que leur donne le nom des trois savants anglais précités, ils ont été recueillis en France par L. Marillier, maître de conférences à l'Ecole des Hautes-Etudes, (*Les Hallucinations télépathiques*), apostillés par le D$^r$ Charles Richet qui leur a donné droit de cité, et enfin utilisés dans la thèse de doctorat en médecine soutenue par le D$^r$ Albert Coste, à Montpellier en 1895, sur les « Phénomènes psychiques occultes » ; c'est dire que, outre la valeur que leur donne le nom de six médecins dont trois français (et non des moindres), ils ont été étudiées et discutés par un jury de professeurs en médecine (1). — il me semble que ce sont là des titres sérieux à l'attention.

Voici le premier fait, raconté par Mme Randolph Lichfield, demeurant à Cross Deeps, Twickenham, près de Londres.

« 1883

« J'étais assise dans ma chambre, un soir, avant mon mariage, près d'une table de toilette sur laquelle était posé un livre que je lisais; la table était dans un coin de la chambre, et le large miroir qui était dessus touchait presque le plafond, de sorte que l'image de toute personne qui était dans la chambre pouvait s'y refléter tout entière. Le livre que je lisais ne pouvait nullement affecter mes nerfs, exciter mon imagination. Je me portais très bien, j'étais de bonne humeur, et rien ne m'était arrivé, depuis l'heure où j'avais reçu mes lettres, le matin, qui eût pu me faire penser à la personne à laquelle se rapporte l'étrange impression que vous me demandez de raconter. J'avais les yeux fixés sur mon livre; tout à coup, je *sentis*, mais sans le *voir*, quelqu'un entrer dans ma chambre. Je regardai dans le miroir pour savoir qui c'était, mais je ne vis personne. Je pensais naturellement que mon visiteur, me voyant plongée dans ma lecture,

---

(1) Le président de thèse était le D$^r$ J. Grasset — dont les ouvrages postérieurs ont montré l'opposition presque irréductible aux idées de l'avenir — j'aurai d'ailleurs à discuter plus loin une des opinions personnelles du D$^r$ J. Grasset.

était ressorti, quand, à mon vif étonnement, je ressentis un baiser sur mon front, un baiser long et tendre. Je levai la tête, nullement effrayée, et je vis mon fiancé debout derrière ma chaise, penché sur moi comme pour m'embrasser de nouveau. Sa figure était très pâle, et triste au delà de toute expression. Très surprise, je me levai, et, avant que j'aie pu parler, il avait disparu, je ne sais comment. Je ne sais qu'une chose, c'est que pendant un instant, je vis bien nettement tous les traits de sa figure, sa haute taille, ses larges épaules, comme je les ai vus toujours, et le moment d'après, je ne vis plus rien de lui.

« D'abord, je ne fus que surprise, ou, pour mieux dire, perplexe. Je n'éprouvai aucune frayeur, je ne crus pas un instant que j'avais vu un esprit; la sensation qui s'ensuivit fut que j'avais quelque chose au cerveau, et j'étais reconnaissante que cela n'eût pas amené une vision terrible, au lieu de celle que j'avais éprouvée, et qui m'avait été fort agréable. Je me rappelle avoir prié pour ne pas imaginer quelque chose de terrifiant.

« Le lendemain, à ma grande surprise, je ne reçus pas ma lettre habituelle de mon fiancé : quatre distributions eurent lieu : pas de lettre; le jour suivant, pas de lettre! Je me révoltais naturellement à l'idée qu'on me négligeait, mais je n'aurais pas eu la pensée de le faire savoir au coupable, de sorte que je n'écrivis pas pour connaître la cause de son silence. Le troisième soir — je n'avais pas encore reçu de lettre — comme je montais me coucher, ne pensant pas à Randolph, je sentis tout à coup et avec une grande intensité, dès que j'eus franchi la dernière marche, qu'il était dans ma chambre et que je pourrais le voir comme précédemment. Pour la première fois, j'eus peur qu'il ne lui fût arrivé quelque chose. Je savais fort bien combien serait grand, dans ce cas, son désir de me voir, et je pensais: « Serait-ce vraiment lui que j'ai vu l'autre nuit? » J'entrai droit dans la chambre, sûre de le voir ; il n'y avait rien. Je m'assis pour attendre, et la sensation qu'il était là, essayant de me parler et de se faire voir, devint de plus en plus forte. J'attendis, jusqu'à ce que je me sentisse si somnolente que je ne pouvais plus veiller ; j'allai me coucher et je m'endormis. J'écrivis par le premier courrier, le lendemain, à mon fiancé, lui exprimant la crainte qu'il ne fût malade, puisque je n'avais pas reçu de lettre de lui depuis trois jours. Je ne lui dis rien de ce que je vous raconte. Deux jours après, je reçus quelques lignes horriblement griffonnées, pour me dire qu'il s'était abîmé la main à la chasse, et qu'il n'avait pu tenir encore une plume, mais qu'il n'était pas en danger. Ce ne fut que quelques jours plus tard, lorsqu'il put écrire, que j'appris toute l'histoire.

« La voici : — Il montait un cheval de chasse irlandais, une bête superbe, mais très vicieuse. Ce cheval était habitué à désarçonner quiconque le montait, s'il lui déplaisait d'être monté, et, pour cela, il mettait en jeu une quantité de ruses, se débarrassant des grooms, des chasseurs, de n'importe qui, lorsque l'envie lui en prenait. Lorsqu'il vit que ni ses ruades, ni ses sauts, ni ses écarts, ne pouvaient démonter mon fiancé et qu'il avait trouvé son maître, il devint furieux. Il resta calme un moment, puis il traversa la route à reculons, se redressa tout droit en arrière, et pressa son cavalier contre un mur. La pression et la douleur furent telles que Randolph pensa mourir ; il se rappelait avoir dit, au moment de perdre connaissance : « May ! ma petite May ! que je ne meure pas sans te revoir ! » Ce fut cette nuit-là qu'il se pencha sur moi et m'embrassa. Il ne fut pas aussi gravement blessé qu'il l'avait cru d'abord, quoiqu'il souffrît beaucoup et qu'il ne pût tenir une plume pendant longtemps. La nuit pendant laquelle je sentis si soudainement que j'allais le voir, et où, ne le voyant pas, je sentis si bien qu'il était là, essayant de me le faire savoir, cette nuit même, il se tourmentait de ne pouvoir m'écrire, et il désirait ardemment que je pusse comprendre qu'il y avait un motif grave pour expliquer son silence.

« Je racontai tout à ma mère (qui est morte depuis) tel que je l'ai raconté : elle me conseilla de ne pas parler à Randolph de son apparition jusqu'à ce qu'il fût tout à fait rétabli et que je pusse le faire personnellement. Lorsqu'il vint me voir, un peu plus tard, je me fis raconter toute l'histoire, avant de lui parler de l'impression étrange que j'avais éprouvée pendant ces deux nuits.

« Je viens de lui lire ceci, et il affirme que j'ai raconté exactement la part qu'il eut dans cette étrange affaire. »

(M. Randolph Lichfied n'a pu confirmer ce récit par écrit, parce que des douleurs dans la main l'empêchent d'écrire.)

Ce fait montre l'apparition *inconsciente* du fantôme vivant. Le suivant, puisé aux mêmes sources et confirmé par les mêmes autorités, prouvera la possibilité de l'apparition *consciente* du fantôme humain vivant. Autant pour étayer par des preuves multiples ce récit qui pourra sembler incroyable à quiconque n'a jamais entendu parler de la force psychique, que pour montrer avec quel soin sont faites les enquêtes de ce genre, je le ferai suivre des témoignages qui le corroborent. Il est à remarquer, de plus, qu'il ne peut y avoir eu hallucination dans l'espèce, puisque, d'une part l'apparition était *voulue* et que d'autre part elle a été *perçue* par deux personnes à la fois.

« *Extrait d'un memento journalier de M. B...,*
   *23, Kildare Gardens, à Londres.*

« Un certain dimanche du mois de novembre 1881, vers le soir, je venais de lire un livre où l'on parlait de la grande puissance que la volonté peut exercer, et je résolus, avec toute la force de mon être, d'apparaître dans la chambre à coucher, au second étage d'une maison située 22, Hogarth Road, Kensington. Dans cette chambre couchaient deux personnes de ma connaissance, Mlle L.-S. Verity, et Mlle E.-C. Verity, âgées de vingt-cinq ans et de onze ans. Je demeurais à ce moment 23, Kildare Gardens, à une distance de trois milles à peu près de Hogarth Road, et je n'avais parlé à aucune de ces deux personnes de l'expérience que j'allais tenter, par la simple raison que l'idée de cette expérience me vint ce dimanche soir en allant me coucher: — je voulais apparaître à une heure du matin, très décidé à manifester ma présence.

« Le jeudi suivant, j'allai voir ces dames, et, au cours de notre conversation, sans que j'eusse fait aucune allusion à ce que j'avais tenté, l'aînée me raconta l'incident suivant :

« Le dimanche précédent, dans la nuit, elle m'avait aperçu debout, près de son lit, et en avait été très effrayée; et lorsque l'apparition s'avança vers elle, elle cria et éveilla sa petite sœur qui me vit aussi.

« Je lui demandai si elle était bien éveillée à ce moment : elle m'affirma très nettement qu'elle l'était. Lorsque je lui demandai à quelle heure cela s'était passé, elle me répondit que c'était vers une heure du matin.

« Sur ma demande, elle écrivit un récit de l'événement et le signa.

« C'était la première fois que je tentais une expérience de ce genre et son plein et entier succès me frappa beaucoup.

(Soit dit, entre parenthèses, que, dans la suite, M. B... renouvela à maintes reprises des essais de ce genre, plusieurs fois notamment sous le contrôle direct et immédiat du D$^r$ Gurney, qui en rend compte dans son ouvrage.)

« Ce n'est pas seulement ma volonté que j'avais fortement tendue; j'avais fait aussi un effort d'une nature spéciale, qu'il m'est impossible de décrire. J'avais conscience d'une influence mystérieuse qui circulait dans mon corps, et j'avais l'impression distincte d'exercer une force que je n'avais pas encore connue jusqu'ici, mais que je peux à présent mettre en action à certains moments, lorsque je le veux.

S.-H. B... »

Voici maintenant comment Mlle L.-S. Verity raconte l'événement :

« *Le 18 janvier 1883,*

« Il y a à peu près un an qu'à notre maison de Hogarth Road, Kensington, je vis distinctement M. B... dans ma chambre, vers une heure du matin. J'étais tout à fait réveillée et fort effrayée; mes cris réveillèrent ma sœur qui vit aussi l'apparition.

« Trois jours après, lorsque je vis M. B..., je lui racontai ce qui était arrivé. Je ne me remis qu'au bout de quelque temps du coup que j'avais reçu, et j'en garde un souvenir si vif qu'il ne peut s'effacer de ma mémoire.

L.-S. VERITY. »

En réponse à nos questions, Mlle Verity ajoute:
« Je n'avais jamais eu aucune hallucination. »
Mlle E.-C. Verity — la jeune sœur — dit:
« Je me rappelle l'événement que raconte ma sœur: son récit est tout à fait exact. J'ai vu l'apparition qu'elle voyait, au même moment et dans les mêmes circonstances.

E.-C. VERITY.

Mlle A.-S. Verity — une autre sœur des précédentes — dit:
« Je me rappelle très nettement qu'un soir ma sœur aînée me réveilla en m'appelant d'une chambre voisine. J'allai près du lit où elle couchait avec ma sœur cadette, et elles me racontèrent toutes les deux qu'elles avaient vu S.-H. B... debout dans la pièce. C'était vers une heure; S.-H. B... était en tenue de soirée, me dirent-elles,

A.-S. VERITY. »

Le médecin enquêteur ajoute comme contrôle :

« M. B... ne se rappelle plus comment il était habillé cette nuit-là.

« Mlle E.-C. Verity dormait quand sa sœur aperçut l'apparition; elle fut réveillée par l'exclamation de sa sœur : « Voilà S... ! » Elle avait donc entendu le nom avant de voir l'apparition, et son hallucination pourrait être attribuée à une suggestion. Mais il faut remarquer qu'elle n'avait jamais eu d'autre hallucination, et qu'on ne pouvait par conséquent la considérer comme prédisposée à éprouver des impressions de ce genre. Les deux sœurs sont également sûres que l'apparition était en habit de soirée ; elles s'accordent aussi sur l'endroit où elle se tenait. Le gaz était baissé, et l'on voyait plus nettement l'apparition que l'on n'eût pu voir une figure réelle.

« Nous avons examiné contradictoirement les témoins avec le plus grand soin. Il est certain que les demoiselles Verity ont parlé tout à fait spontanément de l'événement à M. B... Tout d'abord, elles n'avaient pas voulu en parler, mais, quand elles le virent, la bizarrerie de la chose les poussa à le faire.

« Mlle Verity est un témoin très exact et très consciencieux ; elle n'aime nullement le merveilleux, et elle craint et déteste surtout cette forme particulière du merveilleux. »

Ce sont là des observations en quelque sorte scientifiques dont l'authenticité a pour garant les noms des docteurs sus-nommés. Et que l'on ne crie pas à la rareté du fait : Dans leur vaste enquête (*The fantasms of living*) les docteurs Gurney, Myers et Podmore ont rencontré près de quatre cents cas analogues absolument prouvés par témoins ; en France l'astronome C. Flammarion a réuni jusqu'à présent une centaine de cas semblables et semblablement prouvés (1). Aussi n'en citerais-je aucun autre si je n'avais été moi-même le sujet d'une vision de même nature mais rentrant dans l'ordre particulier de ce qu'on appelle des *wraiths* ou apparitions de mourants et que, pour ce motif je rapporterai ici.

Voici le fait.

J'ai l'habitude de passer l'été de chaque année au fond de la rade de Brest, dans une région très sauvage et par cela même un peu dépourvue des commodités de la vie matérielle, ce qui force à aller de temps à autre faire des achats à Brest ; dans ce but je me sers de mon yacht de plaisance, et le jour de l'excursion étant généralement choisi dans une période de beau temps, cette course est d'ordinaire une partie de plaisir à laquelle prend part toute la famille.

Or, le mardi 24 septembre 1901, je me trouvais à Brest dans ces conditions. Afin de profiter du courant de marée pour le retour, on avait fixé le départ de Brest à cinq heures du soir. J'avais fini assez tôt mes courses en ville, et lorsque je descendis au port, il n'était que quatre heures et demie : j'étais le premier au rendez-vous, sauf le pilote qui parait l'embarcation pour le retour.

En attendant que nous fussions réunis, je me promenais sur le quai dont une partie était encombrée de piles de bois que l'on venait de décharger. Je fumais une cigarette au soleil qui chauffait ce déclin de jour, lorsque, à quelques mètres devant moi, dans l'ombre de deux tas de bois, je vis un homme d'environ quarante-cinq ans, assez

---

(1). *L'Inconnu et les problèmes psychiques*, par C. Flammarion. 1 vol, in-12. Paris, S. D.

modestement vêtu, et qui fixait sur moi un regard pénétrant, plein d'une tristesse infinie, presque douloureux.

Il n'y avait que nous deux sur cette partie du quai : mon attention se porta donc presque forcément sur lui : il demeurait immobile, plongeant dans mes yeux l'acuité de son regard.

J'eus un mouvement de surprise et songeai :
— « Comme cet homme ressemble à B...! »

B... était un ami de jadis, qui consciemment s'était assez mal comporté à mon égard et avec qui, par suite, j'avais rompu toute relation depuis plusieurs années. Je le savais dans la gêne, après de mauvaises affaires commerciales : son extérieur défectueux n'était donc pas pour m'étonner, mais je ne pouvais comprendre comment il se trouvait à Brest alors que ses occupations le devaient certainement retenir à Paris.

A sa vue, mon premier mouvement fut de m'écarter, car c'était indubitablement lui, quoique vieilli et fatigué, ce qui n'avait rien que de naturel puisque, je le répète, je ne l'avais pas vu depuis des années et qu'il avait eu des déboires de différente nature. Mais l'espace laissé libre entre les amoncellements de bois me forçait à passer près de lui : je continuai mon chemin. Au moment où j'arrivai à sa hauteur, je le regardai pour être sûr que je ne faisais pas erreur : c'était bien lui ! Il demeurait toujours immobile, mais son regard prit alors une telle expression de désolation navrée, que je détournai le mien, ne pouvant me défendre d'un sentiment de compassion qui m'envahissait en présence de cette souffrance intime que je voyais éclater en lui. Ce sentiment de pitié prit même une telle force que, au bout de

quelques pas, je me détournai pour revenir à B...
et lui adresser la parole.

Il avait disparu — sans doute derrière une pile de bois. Je cherchai des yeux, mais sans le retrouver, en songeant à la bizarrerie de cette rencontre.

A ce moment, du bord du yacht, mon pilote m'adressa la parole, et je me rapprochai du bassin pour échanger avec lui quelques mots. Je ne pensais déjà plus à ma rencontre et mes idées avaient pris un autre cours, lorsque, en me détournant pour voir si ma famille arrivait, je revis B... toujours à la même place, toujours immobile, et toujours fixant sur moi un regard aigu, et de plus en plus lamentable : ce regard me faisait froid au cœur.

Je marchai vers lui, mais les amoncellements de bois épars m'empêchaient de le rejoindre en ligne directe et me forçaient à des détours : quand j'arrivai à la place qu'il occupait, encore une fois il avait disparu ; cela me semblait bizarre et je voulus en avoir le cœur net : j'errai donc de droite et de gauche à la recherche de B..., ce qui était d'autant plus facile que, à cause de l'encombrement du quai, personne autre ne se trouvait à cet endroit. Mais ce fut peine perdue, et quand je cessai ma poursuite, tout mon monde était à bord du yacht. On n'attendait plus que moi pour déborder.

En embarquant, je ne pus m'empêcher de dire à ma femme :

— Je viens de voir B...
— A Brest ? C'est étonnant !
— Je le pense aussi, mais c'est bien lui que j'ai vu.
— Lui as-tu parlé ?

— Non ; j'ai d'abord été surpris, et quand ensuite je l'ai cherché, je ne l'ai plus retrouvé.

A ce moment on avait mis à la voile et l'on était déjà à une trentaine de mètres du quai.

— Tiens ! m'écriai-je, le voici !

Je venais en effet de le revoir, encore à la même place, encore me suivant de son regard douloureusement aigu. Ma femme cherchait sans le voir : peut-être regardait-elle dans une autre direction ; peut-être les tas de bois qui entouraient B... le rendaient-ils plus difficile à apercevoir ; peut-être enfin ne *devait*-il être vu que par moi... qui sait ?

Je pensai quelque temps à cette rencontre qui en somme, ne retenait mon attention que par sa bizarrerie. J'en arrivai même à me demander si je n'avais pas été abusé par une étonnante ressemblance... Pourtant, chaque fois que j'y songeais, je revoyais devant moi ce regard fixement angoissé... Puis d'autres pensées me sollicitèrent, et des occupations multiples — et la rencontre de B... sur le quai de Brest passait à l'état de souvenir qu'estompaient les heures...

Trois jours après, le 27 septembre, je recevais une lettre de part : B... était mort le 24 à Paris — le jour où je l'avais rencontré à Brest.

Lui ? non, mais son image, son *double !* Coïncidence et ressemblance, diront les uns. Hallucination, penseront les autres. — Je ne nie rien : tout est dans l'ordre des possibilités : mais le fait existe tel, je le certifie.

De plus, ce que mes études de cette face du mystère me permettent d'affirmer, c'est que, à l'heure où j'ai *vu* son double à Brest, ou B... venait de mourir, ou il était dans un de ces états fiévreux ou comateux qui précèdent presque immédiatement la mort. Sans doute alors, à ce moment suprême où toute sa vie antérieure apparaît au moribond comme un rapide panorama, B... s'est-il rappelé le mal qu'il m'avait causé, et sa pensée — intense et dominant tout — l'a entraîné vers moi... Oh ! ce regard affreusement douloureux et lamentable !...

Au reste, le *wraith* ne se manifeste pas toujours de façon aussi sensible, soit par suite d'obstacles dont nous ignorons la nature, soit pour d'autres causes que l'on peut simplement supposer — sans les affirmer. Dans ce cas, on le range — bien à tort — dans la catégorie des faits dits de pressentiment.

J'en citerai un exemple, parce qu'il m'est, lui aussi, personnel, à titre de contribution pratique à l'étude de ces étranges manifestations.

Vers ma douzième année, je m'étais lié particulièrement avec un camarade de mon âge, qui devint par la suite un de mes plus chers amis. Il avait suivi la carrière des armes et, encore jeune, prit sa retraite, comme chef de bataillon, il y a peu d'années, à la suite d'un accident.

Il s'intéressait aux études que je poursuis, et à maintes reprises, il nous était arrivé de discuter ces questions mystérieuses qui me passionnent.

Un jour que nous avions abordé la question des *wraiths* et de leur plus ou moins d'authenticité : — « Mon cher, lui dis-je, il nous est loisible de savoir exactement à quoi nous en tenir à cet égard : que chacun de nous deux prenne envers l'autre l'engagement, s'il meurt le premier, de venir l'en avertir ! » Je lui donnai les renseignements nécessaires sur le mode de procéder, et nous nous fîmes l'un à l'autre une promesse réciproque. Il était alors capitaine, — et les ans s'écoulèrent.

Plus d'une fois depuis lors, j'eus l'occasion de lui demander : — « Penses-tu toujours à ta promesse ?

— Sois tranquille, me répondait-il. J'y pense et si c'est moi qui pars le premier, je la tiendrai ! »

Comme je le savais d'un caractère énergique, ma confiance égalait son assurance.

Depuis qu'il avait pris sa retraite, je le voyais plus fréquemment, et, bien que son état de santé ne fût pas des plus robustes, rien chez lui ne pouvait faire penser à la possibilité d'une fin prématurée.

Un soir de ces derniers hivers, j'avais été convié à dîner dans une famille très amie où, les hôtes étant toujours charmants et les invités généralement gais, j'ai la plus vive satisfaction à me retrouver : en un mot, je m'y rendis comme à une véritable partie de plaisir, et dans des conditions morales qui excluaient en moi jusqu'au moindre sentiment morose.

A peu près vers le tiers du dîner, au milieu d'une conversation des plus animées, je me sentis soudain et brutalement le cœur serré, tandis que dans mon esprit et mes sens se produisait une obnubilation totale des choses ambiantes. Cet état eut la durée d'un éclair, mais après, je n'étais plus le même. Si alors je m'étais trouvé chez moi, je me serais levé de table pour calmer, en faisant quelques pas, ce qui me semblait alors être une sorte de malaise plutôt moral que physique. En vain je cherchais, pour me dominer, à analyser ce que j'éprouvais : comme une intense lassitude accompagnée d'une tristesse indicible et d'une violente envie de pleurer, sans que toutefois je pusse assigner une cause quelconque à cet état psycho-physiologique. Malgré tous mes efforts pour surmonter la dépression complète qui m'écrasait, je ne pouvais arriver à me rendre maître du serrement de cœur que j'éprouvais — si bien que la maîtresse de maison, près de qui je me trouvais, me demanda si je n'étais pas indisposé.

Le reste de la soirée se passa pour moi dans des affres moins violentes mais identiques, et quand je parvenais à reprendre possession de moi-même, ce n'était que pour un court moment après lequel je retombais dans la même infinie tristesse. Jamais je ne m'étais trouvé dans un tel état, et je ne savais qu'en penser.

Durant le retour à la maison, je fis part à ma femme, qui m'accompagnait, des sensations bizarres que j'avais éprouvées durant cette soirée.

En rentrant chez moi — et j'avais quitté mes hôtes dès que cela m'avait été possible — j'y trouvai un télégramme m'appelant au plus vite près de mon ami qui, me disait-on, était au plus mal.

Dès que j'eus pris connaissance de la dépêche, la situation anormale dans laquelle je m'étais trouvé toute la soirée prit fin, mais cette particularité ne me revint au souvenir que quand, à la suite, j'eus pu établir des rapports de temps et de lieu entre ce que j'avais éprouvé et les événements qui s'étaient passés.

Le lendemain matin, j'étais au chevet du mourant, j'appris alors les détails de sa maladie : quelque temps avant, il avait été pris d'une fièvre typhoïde, mais sans que sa situation parût inquiétante : la maladie évoluait normalement. Soudain, la veille, une forte et soudaine aggravation s'était manifestée, au point que, dans la soirée, on avait craint un dénouement imminent ; c'est alors qu'en toute hâte on m'avait prévenu. Actuellement, il y avait un peu de mieux. Je vis mon pauvre ami, bien faible en effet, et dans un état de presque absolue inconscience... Quelques heures après, il était mort.

Que s'était-il passé ?

Il est pour moi évident que la veille au soir, au moment où on l'avait cru perdu, où son âme vaguante, affolée, heurtait de son aile l'angoisse de l'ombre, sa conscience normale celle du *moi qui meurt à la vie terrestre*, s'était estompée, oblitérée, avait peut-être disparu. Mais alors une sub-conscience ou conscience subliminaire s'était éveillée dans les affres de son être, et le moribond avait voulu accomplir la promesse faite depuis des années ; mais il s'était heurté à des obstacles matériels. En effet, le *wraith* ne peut se manifester aux regards que dans la pénombre sinon dans l'obscurité complète, car la lumière est un dissolvant de toute substance fantômale — et je me trouvais à cette heure-là dans une salle à manger très brillamment éclairée. Un signal sonore pouvait être perçu par d'autres que moi et susciter des commentaires.. La volonté du mourant agit sur moi de la seule façon qui lui fut possible : en se mettant en communication avec mon être et en me faisant partager sa propre angoisse. Mais je n'ai compris qu'après, le *processus* de cet avertissement.

— Soit ! j'admettrai avec vous, et dans certains cas, les communications de l'heure suprême, l'apparition des morts et même le dédoublement des vivants (1). Mais je vous entreprendrai sur les faits

---

(1). Malgré son invisibilité ordinaire, le corps astral, le

de télépathie et de psychométrie que vous mentionnez. En dehors de l'hypnose, la pensée hu-

double fantômatique, peut parfois être photographié. Le colonel de Rochas, en photographiant un sujet extériorisé, a obtenu une forme rudimentaire. Un point très brillant est venu sur la plaque ; il a cherché le point correspondant sur le corps du sujet et a observé qu'il correspondait à un point hystérogène dont l'expérimentateur et le sujet ne soupçonnaient pas l'existence. Des photographies très nettes ont été obtenues : les plus remarquables que je connaisse l'ont été dans les circonstances suivantes : Un prêtre, photographe amateur, photographie dans les conditions ordinaires un autre prêtre de ses amis. La plaque est développée, et, à la grande surprise de l'opérateur *qui est bien sûr que son appareil n'a pas bougé*, comme à celle du photographié *qui*

FIG. 1. — CORPS ASTRAL D'UN PRÊTRE

maine est impénétrable, et il est reconnu que Pickmann, Cumberland et autres liseurs de pensées, ont un *truc* maintenant d'ailleurs percé à jour.

— Il est certain, mon cher lecteur, que les amuseurs de foule comme Cumberland et Pickmann ont un *truc ;* et, comme ils font de la réclame, ils sont seuls connus. Mais à côté d'eux, en dehors d'eux, il existe des sensitifs qui, à la suite de longues et fatigantes études, sont arrivés à lire la pensée de l'homme au moment où elle se forme dans son cerveau. Il y a quelque temps encore j'ai été appelé à étudier, en compagnie d'écrivains, de savants et de médecins, un Russe du nom de

---

*est bien certain de n'avoir pas remué,* ils remarquent très distinctement deux figures *qui n'ont pas la même expression tout en ayant la même ressemblance* (fig. 1). La figure de l'astral, plus basse que la figure physique paraît affaissée avec l'expression de l'homme duquel on dit : « Je lui parlais, mais il ne m'écoutait pas, il était absent.

Le prêtre photographe montra cette plaque aux amateurs les plus experts de Tours, qui n'ont su donner d'autre explication que celle d'un changement de place, soit de l'appareil soit du sujet, au moment de l'opération, quoique cette explication ne les satisfît pas complètement. Présentée au commandant Darget, (chef d'escadron au 2 régiment de cuirassiers à Tours, qui, reprenant les expériences du D$^r$ Baraduc, a obtenu de remarquables photographies de la pensée humaine) celui-ci reconnut l'image bien évidente du corps astral du prêtre extériorisé au moment de l'opération.

M. Darget voulut se rendre compte si, dans certaines circonstances, le fluide magnétique ne pourrait pas être photographié. Pour cela, il pria M. Pinard, magnétiseur à Tours, de vouloir bien, avec ses deux fillettes, se mettre à sa disposition. M. Pinard accepta Il magnétisa ses filles pendant quelques minutes comme il avait magnétisé des malades pour les guérir, et M. Darget photographia plusieurs fois le magnétiseur avec ses jeunes sujets. Sur plusieurs plaques

Nynoff qui possédait indubitablement cette faculté et qui, à la même époque d'ailleurs, était examiné

FIG. 2. — CORPS ASTRAL DE Mlles PINARD

une traînée lumineuse montre la réalité du fluide. Mais sur l'une d'elles (fig. 2), il remarqua, à sa grande surprise, que les deux fillettes étaient extériorisées comme le prêtre de la figure précédente. Et M. Darget est absolument certain que *les fillettes, pas plus que l'appareil n'ont bougé pendant l'opération.* La plus apparente des deux a, sur son image physique, le bras gauche replié et tient des fleurs à la main ; la disposition est tout autre dans l'image astrale. En examinant ce cliché, on peut se rendre compte que, s'il y avait eu changement de place, les figures ne seraient pas venues de la même manière. (Voir H. DURVILLE, *Magnétisme personnel ou psychique*, 1 vol. in-12, Paris, 1905.)

par le colonel de Rochas). S'il ne me répugnait de me mettre en avant, je pourrais citer le numéro d'une Revue parisienne où fut alors inséré le procès-verbal que j'avais été chargé de dresser à la suite d'une troublante série d'expériences faites avec ce sujet.

Ces deux sciences de l'occulte — psychométrie et télépathie — bien qu'assez récentes d'origine pour que la plupart des vocabulaires passent leur nom sous silence, n'en reposent pas moins sur des bases sérieuses quoique encore imprécises : aussi me paraît-il à propos d'en dire quelques mots pour en faire comprendre la portée.

On les cite d'habitude ensemble parce qu'elles ont entre elles de nombreux points de contact.

La première est ainsi définie par le Dr et Pr Buchanam, de Boston, dans son *Manuel de Psychométrie* : « Le développement et l'exercice des facultés divines dans l'homme, cette sphère inexpliquée de l'intellect qui comprend les réponses oraculaires, analogues aux révélations des voyants, les prophéties des saints, les pronostics du Destin, les présages mystérieux, de même que les impressions soudaines qui dirigent la conduite de beaucoup de personnes. » En somme, un psychomètre est un être qui, doué d'une très grande sensibilité, peut à sa volonté, mais sous certaines conditions, abandonner dans une mesure relative son corps physique, lequel demeure alors dans une sorte d'engourdissement, en extériorer plus ou moins complètement son aérosome, et par suite avoir, en dehors du plan physique, la vision des vestiges du passé, des choses du présent et des formes de l'avenir.

Cette faculté a surtout été étudiée de nos jours

au point de vue scientifiquement pratique, par les Dʳˢ Hübbe-Schleiden, et Ludwig Deinhard, de Munich.

« La Télépathie, dit d'autre part E. Bosc(1), comprend aujourd'hui tout ce qui concerne la transmission de pensées ou de sentiments, sans que la personne qui transmet sa pensée ou son sentiment ait prononcé une parole, écrit un mot ou fait un signe quelconque pour se faire comprendre... Mais on applique encore généralement ce terme de télépathie à une classe de faits qui semblent, de prime abord, fort différents d'une simple transmission de pensée : ce sont les apparitions, non des morts, mais d'êtres réellement vivants, soit qu'ils se montrent loin de leur corps durant le sommeil, soit à l'article de la mort, ou pendant que ces personnes vivantes traversent une crise très grave, de maladie. Dans de telles circonstances, on a vu très souvent une personne apparaître à une autre. Ce sont là des faits aujourd'hui absolument prouvés et démontrés par des milliers d'expériences, vérifiées et contrôlées par des commissions savantes, telles que celles de la *Society for Psychical Research*, dont le siège est à Londres... »

J'ajouterai à l'adresse du lecteur peut-être mis en défiance par le nom de cette société savante de l'étranger, qu'elle compte parmi ses membres correspondants en France, les docteurs Beaunis, Bernheim, Pierre Janet, A. Liebault, Th. Ribot, Ch. Richet, L. Marillier, et bien d'autres noms de la haute science française.

Comme on le voit, il y a entre la télépathie et la psychométrie de nombreux points de contact. Aussi y a-t-il tendance, pour l'instant à établir une délimitation nette entre ces deux ordres de faits en appliquant surtout le terme de *psychométrie* à la vision des images rétrospectives de l'astral et

---

(1) *Dictionnaire d'Occultisme*. 2 vol. in-12. Paris 1896.

à la perception des faits passés, et celui de *télépathic* à la vision des images et à la perception des faits présents ; quant à ce qui regarde l'avenir ou plutôt, comme on l'a dit fort justement, les tendances de l'avenir, vision et perception sont rangées dans une catégorie à part que l'on appellera suivant le cas, vision prophétique, divination, prédiction etc.

Peut-être y aura-t-il intérêt à passer en revue rapide ce triple ordre d'idées, afin de bien montrer au lecteur qu'il ne s'agit pas ici de rêveries émanées de cerveaux malades mais de faits positifs et expérimentalement prouvés.

Le D' Buchanam, dans son ouvrage sur la Psychométrie, paraît être parti de ce fait qu'en hypnotisme il suffit, suivant les expériences des D'ˢ Bourru, Burot (1), et autres de mettre le sujet en contact *extérieur* avec le flacon renfermant une substance toxique ou médicamenteuse pour que l'effet physique se produise sur l'organisme du même sujet; le D' Buchanam a donc pris des *sensitifs* — et non pas des sujets hypnotiques — d'ordre et de degré divers et leur a mis sur le front, par exemple, une lettre manuscrite en leur demandant d'en faire connaître l'auteur, tant au point de vue du caractère que de la personnalité.

Après lui, William Denton *(Soul of things)*, le savant géologue américain, a perfectionné ce procédé en opérant avec un sensitif sur le front duquel il plaçait soit un fragment de marbre provenant de Pompéi, soit un échantillon géologique, soit même un rayon d'étoile ; et le sensitif racon-

---

(1). *La suggestion mentale et l'action à distance des substances toxiques et médicamenteuses*, 1 vol. in-12, Paris, 1887

tait l'histoire de ce morceau de marbre, de cet échantillon, de cette étoile... N'y avait-il pas là transmission de pensées, suggestion mentale de l'opérateur au sujet ? Cela se peut, mais c'est peu probable car on expérimenta sur des sensitifs différents avec le même objet : et tous s'accordèrent dans leurs récits — récits que l'opérateur ne pouvait imaginer. C'est ainsi que l'on plaça successivement sur le front de trois sujets un fragment de dent l'éléphant provenant des mines d'or de Columbia, en Californie, où on l'avait trouvé sous un banc de lave : les sujets firent, tous trois séparément, la même narration d'une chasse antédiluvienne où des hommes aux longs cheveux poursuivaient des mastodontes, et qu'interrompait subitement une effroyable éruption volcanique. (1).

Je ne m'étendrai pas davantage sur ce sujet dont chacun peut voir la portée. Je me contenterai de citer une partie des conclusions de ce savant, qui ouvriront d'immenses horizons aux études historiques de l'avenir :

« L'histoire de beaucoup de nations dont nous n'avons jamais entendu parler, est à écrire, et celle de toutes les autres est à récrire, pour remplacer les fables qui ont cours depuis si longtemps. Avec un fragment d'Egypte, gros comme un pois, nous pouvons apprendre plus de choses sur les Pharaons, que tous les hiéroglyphes ne nous en diront, ou que si Champollion et Lepsius nous

---

(1) Ce phénomène métapsychique est basé sur une théorie de l'occultisme d'après laquelle « les choses vivent, et ont par suite une âme vitale propre, douée de la faculté de mémoire » Il y aurait donc là une sorte de communication de l'âme de la chose à l'âme de l'homme, ou, si l'on veut, transmission psychique de l'une à l'autre

avaient légué leur science. Un morceau de brique babylonienne peut ressusciter les anciens habitants des bords de l'Euphrate et faire passer devant nos yeux l'Assyrie d'il y a quatre mille ans : la psychométrie peut reculer les bornes de toute science ! »

Depuis, le D{$^r$} H. Girgois en France, et, comme il a été dit plus haut, les D{$^{rs}$} Hübbe-Schleiden, L. Deinhard, et autres, à l'étranger, ont approfondi cette science, au sujet de laquelle je renverrai aux ouvrages techniques.

Enfin il a été publié ces temps derniers, en France, une méthode spéciale (1) en vue de développer la psychométrie. C'est, d'ailleurs, une des rares facultés de l'occulte que l'on puisse mettre en jeu sans études préalables: on est doué ou bien on ne l'est pas! Si l'on est un sensitif, un psychomètre, il suffit pour en prendre conscience de se placer sur le front, après s'être abstrait de tout bruit, de toute pensée, de toute considération extérieurs, autant que possible dans l'obscurité (2), une lettre prise au hasard dans un paquet de dix ou vingt autres et demeurer dans cette position durant cinq à dix minutes, sans faire aucun effort pour *vouloir* aboutir : — tout effort ferait dévier ce que l'on peut appeler la pénétration psychique. Au bout de ce temps, lors des premiers essais, on éprouve dans le cerveau une impression de

---

(1) *Méthode de clairvoyance psychométrique*, par Phaneg. 1 br. in-12, Paris, 1902.

(2) C'est ce qui explique que les soi-disant occultistes, magistes ou psychomètres qui opèrent au milieu des foules ou prennent les journaux comme confidents (ainsi que cela s'est passé lors de la disparition du curé de Châtenay), ne peuvent aboutir à aucun résultat sérieux.

malaise ou de bien-être qui indique si l'auteur de la lettre est bon ou méchant; peu à peu, à la suite d'essais répétés qui forment une sorte d'entraînement, le caractère de l'auteur se précise ; plus tard, on arrive à se former dans le cerveau une sorte d'ombre qui, à la longue, se délimite et montre la forme générale, puis les traits de la personne qui a écrit. Enfin, lorsque l'on veut pousser plus avant, on peut obtenir la perception plus ou moins diffuse de la première lettre de son nom. Je ne sache pas que, jusqu'à ce jour du moins, on soit arrivé plus loin. Quelques-uns remplacent l'objet physique qui doit guider la pensée, par la pensée elle-même, en se mettant en communication tactile avec l'auteur de cette pensée; mais en ce cas il faut avoir passé par les phases précédentes, pour être sûr d'éviter l'erreur — et encore!

Ce côté de la pyschométrie a été peu étudié jusqu'à présent: on le désigne pour le distinguer du reste, sous le nom de *vision mentale*. Plusieurs occultistes font en ce moment des recherches à ce sujet; quelques-uns même, sont arrivés à de curieux résultats, mais, la matière étant encore très obscure, très délicate, et sujette à confusion, je n'en citerai qu'un, obtenu par M. Phaneg et relaté dans *Les Sciences Maudites* (1).

« Dans une réunion d'amis où l'on parlait d'occultisme, quelqu'un me demanda « si je voyais les esprits ». et me proposa une expérience. Je pris contact avec lui, et il fit mentalement son *évocation*. Au bout de quelques minutes, je vis assez distinctement un jeune homme brun portant l'uniforme de caporal d'infanterie de marine. J'eus la sensation d'être transporté très loin, et je décrivis un paysage qui fut

---

(1) Par Jollivet-Castelot, 1 vol. in-4º, Paris 1900.

reconnu pour être du Tonkin; je vis ensuite un hôpital militaire où le caporal était couché — c'était la nuit — et j'aperçus tout à coup, entre les ouvertures du plancher une fumée jaunâtre qui sembla entourer le corps du malade. La vision s'effaça, et je vis le même soldat portant un paquet long sur ses épaules. Je n'en voyais pas le contenu, mais je *sentais* que c'était le cadavre d'une femme annamite. Le soldat jeta ce fardeau dans un fleuve, et je ne vis plus rien. L'esprit évoqué était celui d'un jeune soldat d'infanterie de marine mort à l'hôpital sans qu'on pût, chose curieuse, déterminer la *cause de la mort*. L'esprit avait-il fait passer devant moi des tableaux retraçant le premier et le dernier acte d'un drame inconnu? Je ne sais, mais l'expérience valait d'être citée. »

Voici, de plus, deux autres exemples relatés par le même auteur dans sa *Méthode de clairvoyance psychométrique*, obtenus par les procédés ci-dessus décrits, à l'aide d'objets appuyés sur le front, et dont, comme de juste, le sujet ignorait la nature et la provenance.

« *Première expérience.* — Après quelques secondes de concentration, je vis s'élever des colonnes, des gradins, un cirque de grandes dimensions. Une foule énorme remplissait cet édifice. La forme des costumes, les couleurs bleues et rouges qui dominaient me firent reconnaître que je voyais le Colisée sous les Empereurs romains. Un ciel d'un bleu sombre frappait aussi mes yeux. L'arène était couverte de sang, et des fauves étaient accroupis auprès d'un monceau de cadavres. Un jeune homme vêtu de blanc restait seul debout: il fut bientôt déchiré par un lion et tout disparut. — Les objets qui avaient conservé dans leur *aura* cet émouvant tableau étaient une *dent de lion* et une *vertèbre humaine* trouvées à une certaine profondeur dans les ruines du Colisée.

« La *deuxième expérience* que je citerai fut faite dans un salon parisien très connu, et dans des conditions défavorables.

« Dès que l'objet fut entre mes mains, je vis devant moi le palais de Versailles dans toute sa splendeur. Je n'en ferai pas la description, car la vision psychométrique pourrait avoir été mélangée de souvenirs de lectures. Je dirai seulement que je vis une dame brune, au nez aquilin, aux lèvres rouges, qui traversait un couloir où il y avait un garde. La scène changea brusquement : dans une rue étroite, à la lueur des torches, des hommes en bonnets rouges, armés de fusils et de piques, poursuivaient la même femme ; et en dernier lieu, je me trouvai sur une grande place, près d'une rivière. Au centre de cette place, la guillotine élevait ses bras rouges, et des soldats l'entouraient. La même dame parut sur la plate-forme. Elle remit des bijoux, parmi lesquels une montre en or, à une personne qui se trouvait là, et fut exécutée. — Cette même montre servit à l'expérience : elle me fut confiée par une personne dont l'aïeule fit partie de la cour de Louis XVI, et eut la tête tranchée, en 1793, sur la place de la Révolution » (1).

Après ces exemples qui suffiront, j'arrive à la

---

(1). Dans ce récit, l'auteur ne donne qu'une partie de la relation de cette expérience, qui est à la fois résumée et complétée comme il suit par le D. G. Encausse — Papus — en son ouvrage *L'Occultisme et le Spiritualisme* (Paris, Alcan 1903).

« Un jour, dans une réunion à laquelle assistaient plusieurs

télépathie, ou vision et perception des faits du présent.

Dans cet ordre d'idées rentre ce que l'on a très improprement appelé du nom d'*hallucination télépathique*, le mot hallucination étant un terme des plus vagues, puisque le Dr Brierre de Boismont (1) en donne — sans compter la sienne — *dix-huit* définitions dues à des médecins-spécialistes (dont deux d'Esquirol), et toutes absolument différentes les unes des autres. En somme, ce que l'on appelle à tort « hallucinations télépathiques » consiste surtout, en la vision à l'état de veille, de personnes vivantes mais éloignées, — ce dont je donne des exemples ailleurs. (2)

---

savants et littérateurs, j'avais amené un de nos amis qui a développé en lui cette faculté de la psychométrie, M. Phaneg. Un étudiant lui donna à étudier une vieille montre qu'il portait sur lui. Mon ami vit : 1° d'abord une cour (genre Louis XV), des nobles et des ducs; 2° Une scène de la Révolution Française dans laquelle une vieille dame montait à l'échafaud et était guillotinée ; 3° Une scène d'opération dans un hôpital moderne.—La pesonne qui avait donné la montre était stupéfaite. Cette montre avait appartenu : 1° à un de ses ancêtres tué sous Louis XV; 2° à une aïeule guillotinée sous la Révolution ; 3° mise en réserve, elle avait été retirée et portée le jour d'une opération chirurgicale faite à la femme de l'assistant.»

(1). *Des Hallucinations ou Histoire raisonnée des apparitions, des visions, des songes, de l'extase, du magnétisme et du somnambulisme.* 1 vol. in-8, Paris 1852.

(2) On en trouvera de très nombreux exemples dans l'ouvrage précité des Drs Gurney, Myers et Podmore. — A l'heure actuelle, la pratique phénoménique de ces faits est assez avancée pour que la théorie puisse les diviser en trois classes: - A) Inconscience de l'opérateur, conscience du sujet (v. plus haut le cas de M. Lichfield) ; — B) Conscience de l'opérateur, inconscience du sujet (on en trouvera un curieux exemple dans le *Traité élémentaire de Magie pratique*, de Papus (Dr G. Encausse); — C) conscience de l'opérateur

Vers 1886, M. Antoine Schmoll, 111, avenue de Villiers, à Paris, a fait avec le concours de sa femme, de M. Mabire, ancien officier de marine et d'une jeune fille, une série de très curieuses expériences au cours desquelles chacun à tour de rôle servait de sujet. Le sujet se plaçait dans un angle de la pièce, face au mur et les yeux voilés; les opérateurs, réunis autour d'une table, à trois mètres derrière lui, fixaient intensément leurs regards sur un objet quelconque placé sur la table, en pleine lumière; et le sujet, impressionné par la volonté des opérateurs, nommait ou dessinait l'objet. Là, encore, pouvait-il y avoir transmission de pensées? (Comme le dit quelque part le D$^r$ Ochorowicz, en toutes ces expériences délicates, il faut se méfier de la suggestion mentale). Je crois pouvoir répondre que non, m'appuyant précisément sur les insuccès partiels de cette série d'expériences. En effet, lorsque, par exemple, les opérateurs fixaient leurs regards sur un K ou sur un lorgnon, s'il y eût eu transmission d'idées, le sujet eût *vu* ou n'eût pas *vu*. Mais lorsque, dans le premier cas il voit des angles, et dans le second cas deux cercles, on est fondé à penser que la suggestion mentale n'est pour rien dans le résultat. D'ailleurs, en allant au fond des choses, qu'est la suggestion mentale elle-même, sinon une des multiples formes de la télépathie?

Beaucoup de savants français ou étrangers, se

---

conscience du sujet (v. plus haut le cas B**- sœurs Verity) En ce dernier ordre d'idées, deux hommes très connus dans le monde parisien, MM. Emile Desbeaux et Léon Hennique, se sont livrés de juin à septembre 1891, à une série d'expériences où les deux expérimentateurs étaient séparés par une distance de 171 kilomètres ; le résultat en est absolument concluant.

sont, à notre époque, occupés et s'occupent encore d'études de télépathie: mais cette partie de la science, bien que les bases en soient absolument acquises et confirmées, est tellement imprécise dans ses diverses et multiples applications pratiques, que l'on peut à peine entrevoir quel peut être son avenir.

Cette étude de la psychométrie et de la télépathie ne serait pas complète si l'on n'y disait quelques mots de la vision des choses futures.
Chacun sait ce que l'on appelle vision prophétique: le mécanisme en est le même que pour le reste: extérioration de l'âme humaine qui voit sur un plan hors du monde matériel les images de l'avenir.
Dans cette catégorie peuvent se classer certains *wraiths*, lorsque le vivant apparaît mais sous l'apparence que revêtira son corps après la mort.
Il existe un nombre incalculable de faits relatifs à la prémonition du futur, et je n'aurais que l'embarras du choix pour citer un exemple à cet égard, je m'arrêterai à un récit, peu connu, dû à la plume d'un ancien juge d'instruction M. Alexandre Bérard, publié en 1895 dans la *Revue des Revues*, et étudié par le D$^r$ Papus dans son remarquable ouvrage « La Magie et l'Hypnose (1) ». Le cachet particulier de cette narration vient surtout de ce que l'auteur était un sceptique, qui, malgré tout, a conservé son scepticisme, tout en se déclarant dans l'impossibilité d'expliquer le fait qu'il raconte.

« A cette époque, dit-il. il y a de cela quelque dix

---

(1) 1 vol. in-8, Paris, 1897.

ans, j'étais magistrat ; je venais de terminer la longue et laborieuse instruction d'un crime épouvantable qui avait porté la terreur dans toute la contrée : jour et nuit, depuis plusieurs semaines, je n'avais vu en veille et en rêve, que cadavres, sang et assassinat.

« J'étais venu, l'esprit encore sous la pression de ces souvenirs sanglants, me reposer en une petite ville d'eaux qui dort tranquille, triste, morose, sans bruyant casino, sans mail-coachs tapageurs, au fond de nos montagnes vertement boisées.

« Chaque jour, je quittais X..., m'égarant à travers les grandes forêts de chênes, mêlés aux hêtres et aux fayards, ou bien par les grands bois de sapins. Dans ces courses vagabondes, il arrivait parfois que je m'égarais complètement, ayant perdu de vue, dans l'éclaircie des hautes futaies, les cimes élevées qui me permettaient habituellement de retrouver la direction de mon hôtel.

« A la nuit tombante, je débouchais de la forêt sur une route solitaire qui franchissait un col étroit entre deux hautes montagnes : la pente était rapide, et, dans la gorge, à côté de la route, il n'y avait place que pour un petit ruisseau retombant des rochers vers la plaine en une multitude de cascades. Des deux côtés, la forêt sombre, silencieuse, à l'infini.

« Sur la route, un poteau indiquait que X... était à dix kilomètres : c'était ma route ; mais, harassé par six heures de marche, tenaillé par une faim violente, j'aspirais au gîte et au dîner immédiats.

« A quelques pas de là, une pauvre auberge isolée, véritable halte de rouliers, montrait son enseigne vermoulue : *Au rendez-vous des amis.* J'entrai.

« L'unique salle était fumeuse et obscure : l'hôtelier, taillé en hercule, le visage mauvais, le teint jaune ; sa femme, petite, noire, presque en haillons, le regard louche et sournois, me reçurent à mon arrivée.

« Je demandai à manger, et, si possible, à coucher. Après un maigre souper — très maigre — pris sous l'œil soupçonneux et étrangement inquisiteur de l'hôtelier, à l'ombre d'un misérable quinquet éclairant fort mal, mais répandant en revanche une fumée et une odeur nauséabondes, je suivis l'hôtesse qui me conduisit à travers un long couloir et un dur escalier dans une chambre délabrée située au-dessus de l'écurie. L'hôtelier, sa femme et moi, nous étions certainement seuls en cette masure perdue dans la forêt, loin de tout village.

« J'ai une prudence poussée jusqu'à la crainte, — cela tient de mon métier qui, sans cesse, me fait penser aux crimes passés et aux assassinats possibles. Je visitai soigneusement ma chambre, après avoir fermé la porte à clé; un lit — plutôt un grabat, — deux chaises boiteuses, et, au fond, presque dissimulée sous la tapisserie, une porte munie d'une serrure sans clé. J'ouvris cette porte: elle donnait sur une sorte d'échelle qui plongeait dans le vide. Je poussai devant elle, pour la retenir si on tentait de l'ouvrir en dehors, une sorte de table en bois blanc, portant une cuvette ébréchée, qui servait de toilette: je plaçai à côté une des deux chaises. De cette façon, on ne pouvait ouvrir la porte sans faire de bruit. Et je me couchai.

« Après une telle journée, comme bien on pense, je m'endormis profondément. Tout à coup, je me réveillai en sursaut: il me semblait que l'on ouvrait la porte et que, en l'ouvrant, on poussait la table; je crus même apercevoir la lueur d'une lampe, d'une lanterne ou d'une bougie, par le trou resté vide de la serrure. Comme affolé, je me dressai, dans le vague du réveil, et je criai : « Qui est là ? » Rien : le silence, l'obscurité complète. J'avais dû rêver, être le jouet d'une étrange illusion.

« Je restai de longues heures sans dormir, comme sous le coup d'une vague terreur. Puis la fatigue eut raison de la peur, et je m'endormis d'un lourd et pénible sommeil entrecoupé de cauchemars.

« Je crus voir, je vis dans mon sommeil cette chambre où j'étais : dans le lit, moi ou un autre, je ne sais;

la porte dérobée s'ouvrait, l'hôtelier entrait, un long couteau à la main ; derrière, sur le seuil de la porte, sa femme debout, sale, en guenilles, voilant de ses doigts noirs la lumière d'une lanterne ; l'hôtelier, à pas de loup, s'approchait du lit et plongeait son couteau dans le cœur du dormeur. Puis, le mari portant le cadavre par les pieds, la femme le portant par la tête, tous deux descendaient l'étroite échelle ; un curieux détail : le mari portait entre ses dents le mince anneau qui tenait la lanterne, et les deux assassins descendaient l'escalier borgne, à la lueur terne de la lanterne. Je me réveillai en sursaut, le front inondé d'une sueur froide, terrifié. Par les volets disjoints, les rayons d'un soleil d'août inondaient la chambre : c'était sans doute la lueur de la lanterne. Je vis l'hôtesse seule, silencieuse, sournoise, et je m'échappai joyeux, comme d'un enfer, de cette auberge borgne, pour respirer sur le grand chemin poudreux l'air pur des sapins, sous le soleil resplendissant, dans les cris des oiseaux en fête...

« ...Je ne pensais plus à mon rêve. Trois ans après, je lus dans un journal une note à peu près conçue en ces termes : « Les baigneurs et la population de X... sont très émus de la disparition subite et incompréhensible de M. Victor Arnaud, avocat, qui depuis huit jours, après être parti pour une course de quelques heures dans la montagne, n'est point revenu à son hôtel. On se perd en conjectures sur cette incroyable disparition. »

« Pourquoi un étrange enchaînement d'idées ramena-t-il mon esprit vers mon rêve, à mon hôtel ? Je ne sais, mais cette association d'idées se souda plus fortement encore quand, trois jours après, le même journal m'apporta les lignes que voici : « On a retrouvé en partie les traces de M. Victor Arnaud. Le 24 août, au soir, il a été vu par un roulier dans une auberge isolée : *Au rendez-vous des amis*. Il se disposait à y passer la nuit ; l'hôtelier, dont la réputation est des plus suspectes, et qui jusqu'à ce jour avait gardé le silence sur son voyageur, a été interrogé. Il prétend que celui-ci l'a quitté le soir même, et n'a point couché chez lui. Malgré cette affirmation, d'étranges versions commencent à circuler dans le pays. On parle d'un autre voyageur, d'origine anglaise, disparu il y a six ans. D'autre part, une petite bergère prétend avoir vu la femme de l'hôtelier, le 26 août, laver dans une mare cachée sous bois des draps ensanglantés. Il y a là un mystère qu'il serait utile d'éclaircir. »

« Je n'y tins plus, et, tenaillé par une force invincible qui me disait malgré moi que mon rêve était devenu une réalité terrible, je me rendis à X...

« A X..., les magistrats, saisis de l'affaire par l'opinion publique, recherchaient sans donnée précise. Je tombai dans le cabinet de mon collègue, le juge d'instruction, le jour même où il entendait la déposition de mon ancienne hôtelière. Je lui demandai la permission de rester dans son cabinet pendant cette déposition.

« En entrant, la femme ne me reconnut pas, très certainement : elle ne prêta nulle attention à ma présence.

« Elle raconta que, en effet, un voyageur, dont le signalement ressemblait à celui de M. Victor Arnaud, était venu, le 24 août au soir, dans son auberge, mais qu'il n'y avait point passé la nuit. Du reste, avait-elle ajouté, il n'y a que deux chambres à l'auberge, et, cette nuit-là, toutes deux ont été occupées par deux rouliers entendus dans l'instruction et reconnaissant le fait.

« Intervenant subitement : « Et la troisième chambre, celle sur l'écurie ? » m'écriai-je.

« L'hôtelière eut un brusque tressaillement et parut, ainsi qu'en un soudain réveil, me reconnaître. Et moi, comme inspiré, avec une audacieuse effronterie, je continuai : « Victor Arnaud a couché dans cette troisième chambre. Pendant la nuit, vous êtes venue avec votre mari, vous, tenant une lanterne, et lui, un long couteau ; vous êtes montés par l'échelle de l'écurie, vous avez ouvert une porte dérobée qui donne dans cette chambre ; vous êtes restée sur le seuil de la porte, pendant que votre mari est allé égorger son voyageur, afin de lui voler sa montre et son portefeuille ! »

« C'était mon rêve de trois années que je racontais ; mon collègue m'écoutait, ébahi ; quant à la femme, épouvantée, les yeux démesurément ouverts, les dents claquant de terreur, elle était comme pétrifiée.

« Puis tous deux, ajoutai-je, vous avez pris le cadavre, votre mari le tenant par les pieds, vous le tenant par la tête ; vous l'avez descendu par l'échelle ; votre mari portait l'anneau de la lanterne entre ses dents ! »

« Et alors cette femme, terrifiée, pâle, les jambes se dérobant sous elle : « Vous avez donc tout vu ? »

« Puis, farouche, refusant de signer sa déposition, elle se renferma dans un mutisme absolu.

« Quand mon collègue refit au mari mon récit, celui-ci, se croyant livré par sa femme, avec un affreux juron : « Ah ! la c..., elle me le paiera ! »

« Mon rêve était donc bien devenu une sombre et terrifiante réalité.

« Dans l'écurie de l'auberge, sous un épais tas de fumier, on retrouva le cadavre de l'infortuné Victor Arnaud, et, à côté de lui, des ossements humains, peut-être ceux de l'Anglais disparu six ans auparavant dans des conditions identiques, et tout aussi mystérieuses.

« Et moi, avais-je été voué au même sort ? Durant la nuit où j'avais rêvé, avais-je réellement entendu ouvrir la porte masquée, avais-je réellement vu de la lumière par le trou de la serrure ? Ou bien tout n'avait-il été que rêve, imagination et lugubre pressentiment ? Je ne sais, mais je ne puis songer sans une certaine terreur à l'auberge louche, perdue le long du grand chemin, au milieu des bois de sapins, et jurant si étrangement avec la belle nature, avec le ruisseau aux cascatelles murmurantes, dont les gouttelettes étincellent comme des diamants au soleil... »

J'ai eu moi-même, à diverses reprises, mais surtout dans mon enfance, plusieurs rêves prémonitoires — un, notamment — dont les détails se sont trouvés rigoureusement vérifiés par la suite, mais cette relation allongerait inutilement le récit; un auteur, d'ailleurs est toujours suspect lorsqu'il parle de lui-même. Aussi m'en tiendrai-je au fait précité.

— Et cette traînée lumineuse striée de rouge et de bleu que Madeleine mentionne comme unissant son mari à Freya, c'est de la haute fantaisie, n'est-ce pas?

— Ce détail, pas plus qu'aucun autre en ce récit, n'est de fantaisie. C'est le lien fluidique unissant le dominé au dominateur, invisible pour nos yeux, mais visible pour ceux des sensitifs. Permettez-moi, cher lecteur, de vous renvoyer à propos de ce lien fluidique, aux magnifiques expériences du colonel de Rochas, particulièrement à celles qu'il a faites avec un sujet du nom de Laurent.

— Mais, voyons! les cercles magiques dont vous parlez s'employaient par les sorciers du Moyen-Age; aujourd'hui, citez-nous donc un endroit où se poursuivent de telles expériences?

— Je pourrais citer non pas un endroit seulement, mais dix ou vingt, rien qu'à Paris. Une double crainte me retient: si je mets en cause un magiste noir, je m'expose à un procès; s'il s'agit d'un adepte de magie divine, je cours le risque de le faire gêner par des curiosités intempestives, et peut-être par des moqueries malveillantes. Je donnerai seulement une indication: Contournez un des principaux cimetières de Paris, en examinant les portes des immeubles faisant face à ce cimetière; sur l'une d'elles, vous verrez en métal découpé, entre autres attributs significatifs, les deux signes du macrocosme et du microcosme: or, cette maison possède dans sa cave une entrée sur d'anciennes cryptes qui ont fait partie des catacombes, et dans lesquelles, presque journellement avaient lieu il y a quelques années, et se poursuivent probablement encore les expériences en question.(1)

— Alors, vous croyez que l'on peut tuer un homme par un signe, par un mot?

— Je pourrais vous rappeler la mort à Lyon, par envoûtement — une question que j'étudie ailleurs en détail (2) — de l'ex-abbé Boullan et d'autres : je préfère vous dire que je me charge de tuer un homme, vous, cher lecteur, si vous consentez à assumer la responsabilité de l'expérience, par l'envoi d'une simple lettre sans aucun vestige d'écriture... Ne vous récriez pas: si ce n'était possible, pourquoi donc, en cas de peste ou de choléra, désinfecterait-on le courrier provenant des pays contaminés?

Oui! je sais: vous m'objecterez que ce n'est plus de la Magie, que l'on croit à tort être basée sur je ne sais quels principes surnaturels... Mais détrom-

---

(1) Le lecteur, curieux de ce genre d'expériences de haute magie, en trouvera des récits dans des livres spéciaux. J'appellerai notamment l'attention sur celle de MM. H... et H... (rapportée par Papus — D<sup>r</sup> G. Encausse — dans son *Traité élémentaire de Magie pratique,* (1 vol. in-8, Paris 1893) et dont, précisément, la demi-réussite constitue, par suite des résultats inattendus qui se sont produits, un fait plus probant qu'une réussite parfaite dans des conditions moins scientifiquement rigoureuses.

(2) *Le Ternaire magique de Shatan,* 1 vol. in-8, Paris 1905.

pez-vous: le premier axiome que l'on rencontre dans l'étude de l'occultisme est celui-ci: « Le surnaturel n'existe pas! » Tout ce qui est, se trouve soumis à des lois et à des forces que la science officielle ignore, mais dont l'étude forme précisément un des principaux chapitres de l'occultisme: or, ces lois, certains hommes, qui ont étudié ce que l'on a appelé la Science Maudite, les connaissent; et ces forces, ils les savent mettre en œuvre.

— Alors, vous croyez à l'existence de la Magie?...

— Comme à celle du papier sur lequel j'écris, oui!... Mais avant toute discussion, si l'on ne veut pas errer au hasard, il convient de s'entendre sur la définition de l'objet en litige. Pouvez-vous donc me définir, ami lecteur, ce que vous entendez par le mot vague de « Magie »?

— Ce terme est bien connu de chacun. Ricard, dans son *Analyse des conciles généraux ou particuliers* en a donné une définition qui répond absolument à l'idée que s'en fait le public: « La Magie » dit-il, « est l'art de faire des choses qui « passent les forces de la nature, et qui sont ordi-« nairement mauvaises, en vertu d'un pacte exprès « ou tacite avec les démons. »

— Je n'ai que trois objections à faire à cette définition:

1° La Magie n'est pas un art, mais une science, plus précise en ses règles que, par exemple, la médecine.

2° Le premier axiome que l'on rencontre, je le répète, dans l'étude de l'Occultisme est celui-ci: « Le surnaturel n'existe pas ». Tout ce que le public qualifie de *surnaturel* s'accomplit en vertu des lois naturelles, mais par des forces qu'ignore ce même public. Est-ce que, pour un paysan bas-breton la télégraphie sans fil et la spectroscopie des astres ne sont pas quelque chose de surnaturel?

3° Aucun magiste ou occultiste n'admet l'existence du démon.

Fig. 3 — Magie divine — Le Christ guérisseur

Que reste-t-il, après ces trois objections, de votre définition?

— Cependant les sorciers du Moyen-Age faisaient des pactes...

— D'abord, la sorcellerie est à la Magie ce que l'usage, dans un but mauvais, d'une plante vénéneuse ou d'une toxine est à la chimie organique.

Ensuite, le Moyen-Age croyait à l'immobilité de la terre dans l'espace, à un enfer souterrain, à une création instantanée, etc. Sont-ce les contre-vérités du Moyen-Age que vous voulez faire accepter à notre époque?

Fig. 4. — Magie juive. — Moïse sur le Sinaï

— Alors, quelle définition donnez-vous de la Magie, puisque vous repoussez celle qui est admise du public?

— Philosophiquement, je dirai de la Magie qu'elle est la Science des rapports des choses. Pratiquement, je la définirai: La science précise de dominer, par la volonté humaine hyperdynamisée, les forces de la nature connues, dédaignées ou ignorées de la science officielle, mais étudiées et mises en œuvre par les occultistes.

Qu'il me soit permis, à cette double définition, d'ajouter un léger commentaire qui fera, mieux que quoi que ce soit, comprendre à quel point cette science est sérieuse : — De même que l'alchimie, si

Fig. 5. — Magie hindoue. — Fakir

vilipendée il y a un demi-siècle, s'appelle aujourd'hui hyperchimie et est en train de se créer une place au sommet des sciences chimiques entre la dynamo-chimie, l'électro-chimie et la thermo-chimie, de même la Magie, à l'heure actuelle abandonne ce nom trop décrié jadis, s'intitule hyperphysique, et, apportant à l'humanité des forces jusqu'alors inconnues du public, tend à se faire place au plus haut point des sciences physiques et naturelles.

Fig. 6. — Magie grecque. — Sybille vaticinant

C'est à cette Magie-là que je crois, et j'y crois fermement parce que j'ai eu des preuves sans nombre de son existence en tant que science positive, et je suis persuadé que c'est elle qui, un jour prochain, nous mettra en relation avec les autres mondes, planétaires ou stellaires, comme elle nous met actuellement en rapport avec l'humanité posthume et les entités infra ou supra-humaines qui, sur un plan différent du plan physique,

Fig. 7. — Magie inconsciente. — L'Indignation de l'apôtre Pierre foudroyant Ananias

vivent à nos côtés, et, le plus souvent à notre insu, se mêlent à nos actions.

— Vous venez de dire qu'aucun magiste ou occultiste n'admet l'existence du démon.(1) Mais

---

(1) Par trois ouvrages cités dans le courant de celui-ci, l'auteur a nié l'existence du démon, successivement au triple point de vue historique, physiologique et philosophique. Au

qu'est donc, au cours de votre récit, ce Chavajoth, qu'invoque Freya, sinon le démon?

— Dans le langage des goétiens, Chavajoth ou C'havahjod, n'est pas le démon compris dans son essence de prince réel du mal, c'est le Mal lui-même personnifié, idéalisé, et comportant en soi toutes les forces non pas mauvaises par elles-mêmes, mais neutres et dirigées vers le mal seulement par qui les met en œuvre. (1)

---

cours de la préparation de ces livres et dans le but de leur donner, si possible, une base expérimentale, il a fait des tentatives diverses (résumées en un autre travail : *La Sorcellerie des campagnes*, in-8, Paris, 1907) pour se trouver en présence du diable et acquérir de la sorte une certitude au moins empirique dans un sens ou dans l'autre. Comme il fallait s'y attendre et malgré le soin apporté à leur conduite et à la différenciation de leurs procédés, toutes ces tentatives, ou n'ont produit aucun résultat appréciable, ou n'ont donné lieu qu'à des phénomènes psychiques ou psycho-physiologiques déjà connus et étudiés dans les laboratoires d'hypnologie ou les cabinets d'occultisme, et qui, bien que très curieux à observer, n'en étaient pas moins absolument et radicalement nuls au regard du but poursuivi. Il ne s'étendra donc pas davantage sur ce sujet, considérant que — au moins à l'heure actuelle et sans aucunement engager l'avenir, qui peut amener de nouvelles découvertes (bien improbables cependant en un sens opposé aux doctrines scientifiques de l'occultisme) — toute tentative pour obtenir la preuve *expérimentale* de l'existence du démon est vouée d'avance à un échec certain. Au cours des expériences de telle nature, on peut se trouver en face d'un être à la fois méchant et formidablement puissant de l'Au-delà, l'humanité récemment désincarnée ayant les mêmes vices et la même méchanceté que l'humanité incarnée : on ne peut y rencontrer *l'Etre déchu* tel que nous le montrent les religions occidentales, de qui, par suite, l'existence peut et doit être niée au point de vue expérimental, comme elle l'est par la théorie

(1) Seule, l'ignare sorcellerie croit avoir avoir affaire au démon, comme il sera montré plus loin

— Voilà qui est un peu bien subtil! Une telle distinction, basée sur une aussi fine pointe d'aiguille, semble difficilement admissible, et, que ce soit le démon lui-même ou le Mal que l'on invoque, il semble s'agir en tous cas d'une entité opposée au Bien.

— Il peut sembler... mais il n'en est rien, et je vais donner à cet égard une explication aussi claire que possible : — Pour tout magiste ou occultiste agissant en vue du bien, il est un nom ineffable qui doit présider à toutes ses pensées, à tous ses actes, un tétragramme surhumainement mystique, dont les quatre signes graphiques sont doués, suivant la Kabbale Hébraïque, de qualités particulières qui font de leur ensemble une appellation idéalement divine. Ce nom, une fois seulement par an, avant la captivité de Babylone, le grand prêtre d'Iswara-El le prononçait; depuis, nul ne l'a jamais dit, il ne s'est murmuré qu'en épelant, par respect, les lettres qui le composent, et sa prononciation, par suite de l'absence de voyelles dans l'antique écriture hébraïque, est perdue à tel point que les Targums et Talmuds promettent la toute puissance sur la création entière à l'homme qui pourra jamais le dire comme il doit être dit. Il se compose des quatre lettres de l'alphabet Hébræo-Chaldaïque « J. H. V H. ». Le public le prononce Jéovah; les rabbins disent Iahvé; les orientalistes qui veulent serrer le texte articulent i-ch-v-eh, et les occultistes, courbés dans le plus profond respect, l'épellent, de la désignation de ses quatre lettres composantes : Yod-Hé-Vau Hé.(1)

---

(1) Sa racine où HIH. *être* ; il signifie donc « l'Etre par excellence, celui qui existe par lui-même ». Il représente le passé par sa lettre finale H, le présent par la lettre médiale V, et, précédé de la lettre I, caractéristique et formative du

Ce nom divin, je le répète, préside à tous les actes de Magie opérés en vue du bien; c'est une sorte de formule dont il est impossible d'expliquer en quelques lignes toutes les valeurs qui sont d'autant plus considérables que l'opérateur en a davantage approfondi la portée; c'est, en tous cas, un appel et une invocation qui énombre de la Force divine le magiste opérant le bien.

Ceci expliqué, que font les goétiens qui se servent des forces neutres de l'Au-delà en vue du Mal? Ils repoussent toute accointance avec la Divinité, et, pour affirmer cette scission, pour signifier qu'eux, hommes, armés seulement de leur science mauvaise en vue d'agir sur les dynamismes du Mystère, vont se dresser contre l'idée du Bien absolu qu'ils rejettent, ils opèrent à l'exemple de

futur, il est véritablement l'emblème de l'éternité : il exprime « Celui qui fût, qui est, et qui sera».

Sa prononciation était ignorée même de la famille du grand prêtre ; aussi les savants de tout temps ont-ils cherché à la retrouver et chacun l'a prononcé à sa manière. Sanchoniaton l'a écrit *Ievo* ; Diodore, Macrobe, Origène, Epiphane, Irénée : *Iaó* ; Clément d'Alexandrie, Théodoret et les auteurs samaritains : *Iabé* ; d'autres, parmi les anciens : *Iahoh, Javo, Jaou*, et même *Jaod* et *Jaoth* ; parmi les modernes, L. Capelle le prononce *Javo*; Drusius, *Jave*; Hottinger, *Jehva*; Mercerus et Corneille Lapierre, *Jehevah*; d'autres, *Jova, Jive, Jeheve, Jeou, Jao, Aya* ; les Orientaux, *Jahou* ; les Latins, *Ju, Jaou, Jovi* (Cf. *Jupiter = Jou-pater*). Les Chinois, qui ne l'ont pas ignoré, le prononcent *Y-hi-vei*, etc.

Pendant longtemps les juifs ont donné cette explication des miracles de Christ, qu'il avait dérobé dans le sanctuaire la prononciation de ce nom ineffable et que c'est par la puissance magique inhérente à ce nom qu'il opérait.

Enfin le respect qu'a de tous temps inspiré ce tétragramme divin est tel que, même de nos jours, tout israélite le rencontrant au cours d'une lecture de ses livres sacrés, le remplace dans la prononciation par le terme *Adonaï* (Seigneur, Maître, Dominateur souverain).

ces prêtres maudits qui, pour célébrer la Messe Noire, placent sur l'autel la croix renversée: ils prononcent à rebours le tétragramme sacré, dont les lettres interverties n'ont plus alors la même signification de rapports entre elles. Là où le magiste prosterné balbutie: « Jod-Hé-Vau-Hé », le goétien ricane, insultant et railleur: « Hé-Vau-Hé-Jod » ce qui peut se prononcer, en intercalant les voyelles convenables et en faisant sentir l'aspiration gutturale du premier *Hé:* C'havahjod.

Semble-t-il clairement expliqué que ce terme, simple renonciation à la Force du Bien, n'implique nullement la reconnaissance d'un démon, prince du Mal, tel que le comprennent de nos jours quelques populations primitives? Pas plus, d'ailleurs que les appellations employées par Freya, au cours de ce récit, dans ses actes goétiques, qui, telles que Bélial, Moloch, Samgabiel et autres, ne sont que des symboles mauvais et non des entités démoniaques.

Les preuves abonderaient dans ce sens; mais pour ne pas allonger outre mesure cette partie explicative, je n'en citerai qu'une encore: Le tétragramme sacré Jod-Hé-Vau-Hé, ainsi prononcé est une affirmation ésotérique que « tout dérive d'un principe unique (Yod) »; le seul fait d'intervertir les lettres et de rejeter le *jod* à la fin du mot constitue un blasphème et signifie: « Il n'existe ni Principe, ni Autorité! » Insulte au Principe de tout, soit! Mais il faut une exagération de bonne volonté pour trouver dans cette formule une invocation à un prince du feu!

Qu'un ignorant sorcier de campagne, singe de magiste, opérant suivant des formules qu'il ne comprend pas et d'après un rituel d'infamie et de dépravation dont les données lui sont arrivées par tradition, que cet ignare sorcier, dis-je, se figure que l'abomination de ses actes constitue un pacte entre lui et le démon; qu'il signe même ce pacte de son propre sang, qu'est-ce que cela prouve, sinon qu'il est la dupe de son imagination?

Oui, je sais! j'ai étudié — sans jamais pratiquer ses rites d'effroyable démence — la Goétie, comme j'ai étudié la Magie divine; je sais que dans certains cas le sorcier va de nuit arracher dans le cimetière les clous des cercueils pourris et voler les ossements des morts; je sais qu'il utilise la graisse humaine pour éclairer ses exécrables opérations; je sais que, dans les manuscrits d'abominable science, le chevreau dont on prend le sang et la vie signifie l'enfant nouveau-né que l'on égorge; je sais les infamies démoniaques des rituels noirs et les monstrueuses épouvantes des grimoires dont les pages suintent le sang... Encore une fois, qu'est-ce que cela prouve, sinon la folie humaine?

Oui, je sais que des goétiens de campagne et de bas sorciers ont pu aboutir dans leurs charmes d'horreur, cela est indéniable; et pour qui douterait il suffit de se reporter à l'affaire dite de Cideville, jugée il y a un demi-siècle par un tribunal français! Oui, je sais que leurs rites immondes, scrupuleusement observés et suivis les ont menés parfois à la réussite du Mal! Oui, il est des cas, sans conteste possible, où ils ont triomphé, et, glorieux d'avoir consommé leur œuvre d'abomination, ils en ont attribué le succès à un Prince d'Abîme auquel ils se sont crus liés par leurs pactes d'action, d'écriture ou de volonté... Une dernière fois, qu'est-ce que cela prouve, sinon la faiblesse de leur mentalité et la boue de leurs passions?

Pour comprendre toutes ces aberrations, pour

porter le flambeau dans ces gouffres de démence et d'horreur qu'est la magie noire, il suffit de se rappeler le grand principe que j'énonce ailleurs et qui domine toute la Magie: « La volonté de l'homme, s'il sait la manier, est la plus puissante des forces qui soit à son service! »

Cette grande minutie de détails, d'un accomplissement parfois long et pénible, qui précède toute opération d'hyperphysique (consécrations, usage d'objets difficiles à se procurer, emploi du propre sang de l'opérateur, etc.), n'a généralement qu'un but: exalter et affirmer de façon souveraine la volonté de celui qui agit!

Dans toutes les époques, par toutes les régions, des cryptes sacrées de l'Himalaya aux temples souterrains que dominaient les pyramides des Pharaons, à l'origine des jours comme dans la longue pénombre du Moyen-Age, le développement de la volonté personnelle a été le premier grade initiatique de la Haute Science cachée.

Quoi d'étonnant, dès lors, à ce que des êtres pervers se soient dit, dans tous les temps et chez toutes les nations: « Pour faire œuvre de Mal, exacerbons notre volonté vers le Mal! Tout ce que notre folie en rage, pourra nous fournir de sanies et de turpitudes, tout ce que l'humaine ignominie pourra nous donner de haïssable, d'odieux et d'immonde, tout ce qu'un cerveau suant le délire de la haine ou l'excrément de l'envie, pourra enfanter d'abominations humaines et divines, prenons-le, et en faisons les préparatifs nécessaires pour toute œuvre d'abîme! Qui donc, après avoir profané une tombe humaine hésitera à sacrilégier son Dieu? Qui donc, après avoir poignardé l'hostie pleine de divinité, se détournera quand il lui faudra poignarder seulement un enfant plein de vie? »

Et de ce jour est née l'effroyable Magie noire aux rites sanglants ou stercoraires, aux manifestations lamentables, aux fins souvent décevantes... Mais alors aussi, enlisés dans la fange de leurs imbéciles grimoires, les adeptes de la Goétie, — à part quelques rares d'entre eux — ont perdu de vue l'Etoile qui brille au fronton de la science; ils n'ont plus compris que la lettre abominablement maléficiante de leurs traditions... Et ils sont devenus le vénéneux et bas magicien des villes, tombé dans l'escroquerie en vendant à la crédulité du peuple un pouvoir dont il n'est pas sûr, ou le sorcier des campagnes que tout le monde redoute et dont chacun s'écarte, mais de qui la puissance vague et incomprise par lui-même en son essence, est à chaque moment à la merci d'un insuccès toujours possible.

Cette digression sur la Goétie, — nécessaire parce qu'il était bon de remettre en son plein jour et à sa vraie place ce chancre envahisseur du véritable et pur occultisme, — m'a entraîné un peu loin de la question du tétragramme sacré *Jod-Hé-Vau-Hé*...

J'y reviens car je ne voudrais pas la délaisser sans dire que ce vocable a sa correspondance, en sanskrit, dans le terme AUM, qui joue dans l'ésotérisme hindou un rôle analogue à celui du mot divin dans l'ésotérisme hébraïque, et que E. Burnouf et L. Leupol, dans leur dictionnaire sanskrit définissent:

« Monosyllabe mystique, représentant, dans son
« unité phonétique et graphique, la trinité indienne
« de Brahmâ, Vishnû et Çiva. Tout acte religieux,
« toute œuvre grave, tout livre de quelque impor-
« tance, est précédé de AUM. Une grande efficacité est

« attribuée à la prononciation et à la méditation de
« AUM. On lui donne le nom de *Ekam Axaram*, la syl-
« labe une et indivisible... L'usage de AUM est de
« beaucoup antérieur aux cultes spéciaux ou réunis
« des trois dieux; AUM entre dans plusieurs formules,
« telles que « *Aum Tat Sat* » Lui, l'Etre ou le Bien,
« c'est-à-dire Dieu ou le principe *neutre* de la déter-
« mination et de l'existence... » (1).

Dans toutes les religions de l'Orient, au reste, il est remarquable que l'on retrouve cette idée, purement ésotérique, d'appel à une puissance supérieure, dont l'origine est dans le *Jod-Hé-Vau-Hé* hébraïque (devenu par exemple dans les Mystères de Bacchus le *Io! Evohé!*... des Bacchantes) (2); mais partout ailleurs, cette idée a été plus ou moins modifiée ou dénaturée, dans son essence même, par les circonstances de temps et de milieu. C'est ainsi que le terme *Pir!* qui est une des nombreuses expressions du fatalisme oriental, employé par la grande majorité des musulmans, possède une acception toute différente, suivant qu'il est prononcé par un Schiite ou un Sunnite: dans la bouche des uns, c'est une expression vague, banale, et sans portée bien définie; chez les autres,

---

(1). La signification de AUM, trop abstraite et trop longue à développer ici, sera étudiée en détail dans un ouvrage du même auteur en ce moment sous presse : *La faillite de Shatan*. 1 vol. in-8. Paris.

(2). Le mot sacré lui-même a été divulgué sous la forme de son écriture hébraïque, mais sans être compris de l'antiquité profane. Nous trouvons en effet dans quelques écrivains grecs l'énonciation d'une divinité unique, supérieure et mystérieuse qu'ils appellent PIPI, les lettres hébraïques qui forment le nom de Jéovah présentant, lues de gauche à droite selon l'habitude grecque, une certaine similitude avec les caractères grecs que ces auteurs pensaient en être la ranscription.

au contraire, ce mot est doué d'une signification mystique des plus étendues, et qui le rapproche beaucoup de l'AUM devânâgari et du *Jod-He-Vau-Hé* hébræo-chaldaïque.

— Va pour le C'havahjod pris dans un sens symbolique! Cependant il est indéniable que l'on range d'ordinaire dans la même catégorie les Magiciens et les Satanisants. Vous même parlez quelque part des Lucifériens, qui sont probablement des Satanisants... en existe-t-il dans la réalité?

— Oui, il en existe. Mais la question est trop importante pour être élucidée en quelques lignes; je l'ai déjà traitée dans un volume spécial (1) antérieurement paru, et, dans un autre ouvrage (2), je donne des détails qui n'avaient pu trouver leur place dans le premier. Je me contenterai donc ici d'une affirmation nette, mais dont on trouvera les preuves ailleurs.

Qu'il me suffise, au surplus de dire que la Grande Force Cosmique mise en action par la volonté humaine hyperdynamisée et purement neutre, est dirigeable indifféremment vers le Bien et vers le Mal, ce qui a de tous temps permis aux hommes qui l'utilisent d'en rapporter les effets soit à Dieu, soit au démon suivant le sens dans lequel ils l'actionnent.

— C'est sans doute cette Force que vous appelez quelque part le « Serpent des grandes forces cachées... » Quelle est-elle?

— « Il existe, dit quelque part Svaa Sparanda au

---

(1). *Histoire mythique de Shatan*. 1 vol in-8, Paris, 1903.
(2). *La Ternaire magique de Shatan. Envoûtement, Incubat, Vampirisme*. 1 vol. in-8, Paris, 1905.

cours de ce récit, dans un autre monde, mais autour de nous, à la portée de chacun de nous sous certaines conditions, une force étrange auprès de laquelle toute force physique n'est que faiblesse; que le pervers peut diriger vers le mal comme l'être de bonté peut en faire un agent de bien; une force effroyablement puissante, puisqu'elle est l'essence de la Vie, puisqu'elle est celle-la même dont naissent, vivent et meurent les mondes comme les individus; une force si colossalement forte qu'elle peut désagréger instantanément et réduire en poussière quiconque a recours à elle; une force qui domine la tombe elle-même.... » C'est ce dynamisme du plan astral que l'occultisme appelle le Serpent des forces cachées, parce qu'il enserre notre monde de ses replis toujours en mouvement.

Cette force cosmique, souveraine de toutes les autres qui n'en sont que des émanations ou de pâles reflets, l'homme peut se l'assujettir sous certaines conditions, mais au péril de ses jours s'il en ignore le maniement. L'occultiste l'étudie dans sa source et dans ses effets; le magiste la dirige vers des buts de bonté et le goétien vers des fins mauvaises, car en soi elle est neutre, et renferme aussi bien la mort que la vie; seul, l'initié supérieur la connaît dans son essence et la peut dominer sans crainte ou même l'utiliser au service d'une volonté toujours tendue vers le Bien (1). En un mot, cette force essentielle est la matrice de toutes celles que nous connaissons et utilisons

---

(1). J'étudie ailleurs (*Histoire mythique de Shatan*) les conditions d'être de cette force, et montre que, bien que négligée par la science contemporaine, elle n'en a pas moins été connue, de l'antiquité à nos jours, par des chercheurs et des savants de tous temps qui lui ont donné bien des noms.

couramment: chaleur, lumière, électricité, magnétisme, od, psycho-dynamisme, etc., etc.

Il peut sembler incroyable au premier abord qu'une telle force puisse être actionnée par la simple volonté humaine. La solution de ce problème en apparence incompréhensible paraîtra des plus faciles, si l'on veut bien réfléchir que l'hypnose est un des résultats de cette force — pris parmi les plus simples, — et que, dans la pratique de l'hypnotisme la volonté humaine, non pas hyperdynamisée mais simplement nette et ferme, constitue le principal sinon le seul moyen d'action de l'opérateur sur le sujet.

En résumé, et suivant la théorie émise par Marius Decrespe (1), ce que les vieux maîtres de l'occultisme ont appelé feu, azoth, or potable, aour, od, lumière astrale, magnétisme universel, fluide, etc., en un mot la grande force dont il s'agit, est un principe double qui comprend ce que l'on nomme maintenant l'*énergie*, laquelle se propage par vibrations, et aussi, jusqu'à un certain point par convection des molécules matérielles; et l'*éther* qui est la matière à son plus haut point de division et à son minimum de densité.

Cette force, — dont l'étude et l'emploi forment l'objet principal de la science magique ou hyperphysique — l'occultiste la connaît dans son universalité et la met en œuvre; quelques pionniers de la science moderne, tels que de Rochas, les docteurs Baréty, Baraduc et autres, l'étudient dans ses rapports avec le corps humain, mais sous des noms qui ne puissent pas effaroucher les académies; quant à la science officielle, elle l'ignore, elle veut l'ignorer — doctoralement.

---

(1). *La matières des œuvres magiques*, 1 br. in-12, Paris 1894.

A ce propos, quelqu'un faisait remarquer un jour que la propagation de la lumière par vibrations est connue depuis deux cents ans; que les Académies n'ont admis cette vérité que depuis une dizaine d'années; que pendant ces deux siècles la lumière aurait pu parcourir quatre cent soixante-quinze trillions de lieues; qu'un fil télégraphique de cette longueur aurait une résistance de près de vingt milliards de mégohms; et il en concluait que les cerveaux des académiciens offrent une résistance non moins effrayante à la propagation de la vérité.

— Mais comment se fait-il, si tout ce merveilleux existe réellement, que la science actuelle n'en ait pas fait son profit?

— La science officielle a ses petites habitudes qu'elle ne veut pas troubler, et, pour elle, admettre tous ces faits serait montrer aux titulaires des chaires d'enseignements qu'ils sont en dehors de la vérité. Il est plus facile de nier dédaigneusement; la science officielle ne s'en fait pas faute, et ce n'est qu'en enfonçant à coups de bélier les portes des académies qu'un chercheur, quand il n'est pas « du bâtiment » peut y faire pénétrer une vérité utile.

La thérapeutique n'a-t-elle pas condamné jadis en Sorbonne le quinquina et l'antimoine comme nuisibles à l'organisme?

Il n'y a pas si longtemps, en 1840, l'Académie de médecine de France, réunie en séance plénière, n'a-t-elle pas solennellement déclaré que le mot « hypnotisme » devait être banni de tout glossaire scientifique, et qu'il y avait lieu de considérer comme un charlatan le médecin qui s'occuperait de cette chimère?

Et, à une époque bien plus rapprochée de nous, n'a-t-on pas vu M. Desjardins, membre de l'Académie des sciences politiques et morales demander une loi pour punir, non seulement les hypnotiseurs, mais aussi les hypnotisés, sous le falot prétexte que « l'homme n'a pas le droit d'abdiquer son humanité et son libre arbitre ».

On peut espérer, ajoute spirituellement Ochorowicz (1), que l'honorable jurisconsulte ne s'arrêtera pas là. Il lui reste à proposer une loi contre ceux qui dorment dans la nuit, vu qu'il ne doit pas être permis à l'homme de se transformer volontairement en une masse inerte et d'abdiquer son libre arbitre.

« Comme bien on pense, dit à ce propos M. de Favreuil (*Soleil* du 15 août 1886), cette éloquente protestation de M. Desjardins a été *unanimement approuvée*, et son auteur *très vivement félicité*. M. Arthur Desjardins vient de porter à l'hypnotisme un coup droit dont nous espérons bien qu'il ne se relèvera pas. » (2)

---

(1) *La suggestion mentale*, 1 fort vol. in-12. Paris 1887.

(2) Dans un ouvrage qui vient de de paraître (*L'occultisme, Hier et aujourd'hui, Le merveilleux préscientifique*. 1 vol. in-8, Montpellier et Paris, 1907), très documenté mais dont les conclusions ne sont pas absolument admissibles, M. le D$^r$ Grasset s'élève avec juste raison contre la thèse outrée de M. Desjardins. Mais par quel *postulatum* la remplace-t-il ? Par celui-ci : « L'hypnotisme extra-médical est immoral ; seul, l'hypnotisme médical est moral. » — Voyons ! il faut pourtant s'entendre. Que forme la Faculté de Médecine ? Des guérisseurs. De quelle science ressort l'hypnotisme ? De la psychologie. Dans ces conditions, je suis tenté de croire qu'un psychologue est plus qualifié qu'un médecin pour s'occuper d'hypnologie. Il y a des médecins qui sont psychologues, d'accord ; mais enfin ceux-là le sont par suite de leurs études personnelles et non par suite de cours spéciaux que ne leur a pas fait suivre la Faculté. Donc, il semble outré de dire que

Qui vivra verra. Notons seulement que ceci se passait le 13 août 1886, en plein dix-neuvième siècle, vingt ans après les travaux de Charcot; et cela se passait en France, à Paris, à l'Académie!

---

les médecins seuls, et *tous* les médecins peuvent avoir le droit de s'occuper d'hypnologie Pour ma part, il me semble que, en pareille matière, j'aurais plus de confiance en un professeur de philosophie qu'en un professeur d'anatomie. Car combien rencontre-t-on de médecins ayant poursuivi des études philosophiques qui leur sont, en principe, d'utilité nulle pour l'obtention de leur diplôme ? Une infime minorité. Ceux-là, certes, ont le droit moral de poursuivre l'étude et l'expérimentation des multiples formes de l'hypnotisme ; quant aux autres ils prennent simplement dans leur diplôme le droit de détraquer inconsciemment des hystériques qu'ils rejettent ensuite dans la circulation : ils font, en un mot, dans l'ordre mental, et sans s'en douter, les malheureux ! de la vivisection humaine.

On objectera que le médecin est qualifié pour traiter les maladies mentales (lesquelles semblent cependant ressortir à la psychologie), et que par suite l'hypnotisme doit être de son domaine exclusif : c'est là une erreur profonde, attendu que la grande majorité des maladies mentales dérive de lésions cérébrales qui sont du ressort de la thérapeutique courante, les neuf dixièmes des maladies mentales provenant de lésions cérébrales causées par la tuberculose, l'alcoolisme ou l'avariose. Est-ce à dire par contre que l'on peut reconnaître au premier venu le droit de mettre son semblable en état d'hypnose ? Loin de là ! pour procéder à de telles expériences il faut de profondes études préalables et un acquis plutôt rare. Aussi y a-t-il lieu de désapprouver, de quelque part qu'elle vienne — des médecins non préparés au même titre que de quelque ignorant que ce soit — toute tentative qui ne peut avoir d'autre résultat, quel que puisse être le but poursuivi, que de déséquilibrer un être humain.

La thèse soutenue par le D$^r$ Grasset ne tendrait à rien moins qu'à conférer au médecin tous les pouvoirs et tous les droits.

D'où vient telle aberration ? De ceci tout simplement : que la science moderne, très poussée au point de vue de l'analyse, est nulle quant à ce qui regarde la synthèse. Tous les essais

— 174 —

Peut-être, en présence du développement des applications thérapeutiques de l'hypnotisme, M. Desjardins a-t-il pensé depuis, avec Cabanis: « Il est des erreurs dont les hommes d'esprit sont

qu'elle a faits dans cet ordre d'idées ont lamentablement échoué, et, à l'heure actuelle, aucune ligne précise de démarcation n'existe entre telle ou telle partie de la science. La médecine a voulu s'emparer de l'hypnotisme... qu'y a-t-elle fait, depuis Charcot ? Elle a piétiné sur place, elle a répété les expériences premières. elle y est gênée, elle ne s'y sent pas chez elle. . Qu'elle se contente de soigner et guérir les corps, la part lui reste assez belle. La thérapeutique générale lui est un domaine suffisant pour qu'elle laisse aux philosophes la psychologie, fût-elle expérimentale.

Il y a quelque temps, au cours d'un voyage qu'elle faisait en province, une personne de mes parents tomba malade dans un endroit écarté, où exerçait une sorte de vétérinaire en humanité, qui fut appelé à lui donner ce qu'il appelait euphémiquement et emphatiquement ses soins. Durant des semaines, le sujet n'étant pas transportable, le carabin rural se sentit devenir fou à chercher le nom de la maladie devant laquelle il se trouvait ; et cela, sans même oser, pour ne pas révéler aux voisins sa lamentable infériorité, appeler en consultation un confrère plus instruit ; enfin, un médecin de Paris lui ayant demandé son diagnostic médical, il fut obligé de s'exécuter : il envoya un *factum* si particulièrement étrange, si grotesquement anti-médical, qu'il y eut à sa lecture un haussement général d'épaules. Et quand, on résumé, on réussit à soustraire heureusement le sujet à ses soins, on acquit la stupéfiante conviction que, trompé par une séméiologie particulière et dérouté par des désordres locaux et des phénomènes à lui inconnus, cet extraordinaire Diafoirus de canton avait traité comme maladie d'estomac ce qui était une lésion dans la tête. Etait-ce assez complet ?

Franchement, si c'est pour mettre entre les mains de nullités aussi transcendantes le droit exclusif à la pratique de l'hypnotisme, comme le voudrait le D$^r$ Grasset, on se demande quel avantage on trouverait à retirer ce droit à des autorités scientifiques — bien que dépourvues de tout diplôme médical — qui, comme, par exemple, pour n'en citer qu'une, le colonel de Rochas, ont poussé ces études du mystère si à fond et si loin.

« seuls capables »... Si cela est, là encore M. Desjardins a fait erreur: son excuse se trouve dans La Bruyère lorsqu'il écrit: « Tout l'esprit qui est au monde est inutile à celui qui n'en a pas ».

A côté de ces admirables manifestes des premiers corps savants de France, on peut placer le règlement de l'Association des médecins parisiens qui portait, il y a peu de temps encore, l'article suivant: « Tout membre qui acceptera une consultation avec un... magnétiseur, homœopathe ou charlatan de même espèce, sera considéré comme démissionnaire ».

C'est une belle chose que la Science Officielle!

En présence de ces trois documents, ne se prend-on pas à rêver quand on constate l'immense développement qu'a pris de nos jours l'hypnotisme qui — ne l'oublions pas — a été imposé sous le nom de magnétisme par des «charlatans» tels que Puységur, du Potet, Cahagnet, Deleuze, Lafontaine et autres, qui n'étaient nullement médecins (1) ?

S'il a fallu près de deux siècles pour que cette force — la plus abordable de toutes celles sur lesquelles est basée l'antique Magie — fût acceptée par les corps savants, voyez combien il faudra de temps encore pour que l'Hyperphysique, dans

---

(1). Avec une différence cependant, et une différence qui a quelque importance. Les magnétiseurs ont toujours affirmé l'existence d'un fluide; les hypnotiseurs ont toujours nié cette existence énergiquement. Alors, les magnétiseurs ont photographié ce fluide (voir le *Ternaire magique du Shatan*, où se trouvent reproduits quelques clichés spéciaux). Qu'à cela ne tienne ! après avoir nié le fluide, les officiels hypnotiseurs ont nié la photographie du fluide... Ce n'est pas plus difficile que cela, bien qu'un tel procédé, au point de vue expérimentalement scientifique, laisse peut-être un peu à désirer.

l'universalité de ses forces encore inconnues, la plupart même insoupçonnées de la science officielle contemporaine, parvienne à acquérir droit de cité!

A ce propos, le maître Papus (D$^r$ G. Encausse) a écrit dans ses *Notes d'autobiographie intellectuelle*, une page d'ironie remarquable à l'adresse des maîtres de la science contemporaine, matérialiste et imbue de ses propres erreurs:

« Leur premier « truc » est celui du renvoi aux sciences spéciales et aux mémoires obscurs qu'on juge inconnus du naïf adversaire.

— « Comment, monsieur, vous osez parler des fonctions cérébrales et vous ignorez la cristallographie? Vous osez traiter ces questions et vous n'avez pas lu le dernier mémoire de M. Tartempion sur les fonctions cérébrales de l'homme tertiaire et du poisson rouge? Allez à l'école, monsieur, et ne revenez discuter avec moi que quand vous « saurez » les éléments de la question que vous abordez!

« Or, ceux qui nous soutiennent ces balivernes sont généralement de brillants élèves de l'Ecole de Médecine qui ne connaissent de la psychologie et de la philosophie que le nom... et encore!

« Le second « truc » consiste à nous écraser sous le ridicule parce que nous avons l'audace d'avoir une « opinion » contraire à celle de M. X... *plus titré que nous.*

— « Comment! vous êtes un simple docteur en médecine, et vous voudriez aller à l'encontre des opinions de M. O... agrégé, ou de M. Z... le brillant professeur? Devenez d'abord *ce qu'ils sont*, et après nous verrons!...

« Tout cela, ce sont de fausses sorties ; mais si communément employées qu'on les a servies dernièrement à M. Brunetière qui a osé parler *science*, alors qu'il n'est pas même médecin... Horreur!!! Et quand on est médecin, il faut être agrégé; et quand on est agrégé, il faut être professeur; et quand on est professeur, il faut être de l'Institut; et quand enfin un membre de l'Académie des sciences ose affirmer simplement sa foi en Dieu et en l'immortalité de l'âme, comme le fit Pasteur, on dit alors qu'il était *âgé* et que le ramollissement explique de telles doctrines ! »

Du reste, je reviendrai plus loin, en posant un exemple, sur cette difficulté de faire accepter une vérité par un corps savant. Mais, à ne regarder que ce qui touche la question dont s'agit, le martyrologe contemporain est ample, des chercheurs sacrifiés — du Dr Paul Gibier privé de sa situation au Muséum, forcé de s'expatrier en Amérique et mort dans l'exil, pour avoir osé étudier publiquement le psychisme, au Colonel de Rochas d'Aiglun chassé — le mot n'est pas trop fort et, loin de lui porter atteinte, rehausse le caractère de cet homme d'une science éminente — du poste qu'il occupait à l'Ecole polytechnique, pour avoir eu l'audace d'étudier « les forces non définies » que se refusent à admettre les chefs de file de la science officielle de notre temps. Consolons-nous en, en répétant avec le baron du Potet : « Toute vérité utile aux hommes est enfantée par la douleur » — et en nous rappelant avec le moins d'amertume possible, que Pythagore, dans sa joie d'avoir trouvé la solution du théorème qui porte son nom, ayant sacrifié une hécatombe aux dieux, depuis lors il ne peut surgir une vérité sur le monde, sans qu'aussitôt toutes les bêtes s'unissent pour protester contre elle.

— Mais le sang?... Ce sang dont Freya se sert dans votre récit, pour faire œuvre de mal? Est-il donc réellement utilisé en Magie... Pardon, en hyperphysique?

— N'en doutez pas! Je préciserai, même en disant: le sang humain! Et cela est facile à comprendre. Les applications de la Haute Science mystérieuse sont presque entièrement basées sur les ressorts de la Volonté de l'opérateur. Or, qu'est-ce qui peut affirmer plus que l'effusion du sang humain l'énergie d'une volonté tendue vers un but?

— Du sang humain? Mais alors cette science est abominable! Et vous-même...

— Achevez! Vous me considérez déjà comme un fieffé criminel parce que je reconnais avoir poussé jusqu'à la pratique ces études de l'occultisme que je poursuis depuis de longues années, avec le seul et hautain souci de la recherche de la Vérité, n'est-ce pas? Il faut que l'égoïsme soit profondément ancré dans le cœur de l'homme pour que cet aveu d'effusion du sang évoque tout aussitôt je ne sais quelles furieuses idées de meurtres rituels ou de massacres cérémoniels, plutôt que de faire songer à la façon la plus simple, je dirai même la plus naïve, de se procurer le sang nécessaire. Oui, je me sers de sang humain, mais quand j'en ai besoin, je ne vois nullement la nécessité d'occire mon prochain: je me contente de me faire une légère incision à l'avant-bras gauche, et j'obtiens ainsi le sang qu'il me faut, et que, sans forfanterie, j'aime à croire de première qualité. Et remarquez qu'en me blessant moi-même — très légèrement, il est vrai, — c'est-à-dire en m'infligeant personnellement une douleur, j'affirme ma volonté avec infiniment plus d'intensité qu'en frappant mon prochain.

Pour avoir de telles pensées, il faut d'ailleurs ignorer le premier mot de la morale qui se dégage de la Science Occulte, morale très belle, très élevée et très pure, toute d'altruisme et de charité, et qui étend l'amour non seulement aux frères en humanité, mais à tous les êtres de la création.

— Alors, ce sacrifice du sang, dont vous parlez, n'est qu'une plaisanterie?

— En effet — une plaisanterie... de la Magie noire — une de ces plaisanteries dont on meurt.

— Eh?

— Comme j'ai l'honneur de vous le dire. Croyez-vous à l'envoûtement?

— Hum!

— Ne vous y trompez pas!... L'envoûtement existe, je dirai même existe *scientifiquement*, à tel point que ce sujet serait trop long à développer en ces courtes pages. Je l'étudie ailleurs (1) de façon plus développée.

— Va encore pour l'envoûtement!... Cependant, pour rester dans les généralités de ce que vous appelez aujourd'hui l'hyperphysique, si quelques parties de l'antique Magie méritent créance, il en est d'autres qui sont absolument ridicules et qu'il faut reléguer parmi les contes de bonnes femmes, telles, la divination, l'astrologie et la poursuite du Grand Œuvre alchimique.

— Ce que vous mentionnez si dédaigneusement forme trois des principaux chapitres de l'occultisme: nous allons voir rapidement, et rien que par des *faits* sans aucune théorie si ces trois bran-

---

(1). *La Ternaire magique du Shatan.*

ches de la Haute Science méritent la défaveur générale dont on les enveloppe. Et que l'on ne crie pas au paradoxe: je le répète, je ne vais tabler que sur des faits que le premier venu peut vérifier, et, pour rendre cette vérification plus facile, parmi les exemples innombrables qui sont à ma disposition, je ne citerai que ceux, pris parmi les centaines dont je suis documenté, dont la source peut être indiquée en même temps que la preuve.

D'abord, la divination.
Je vous concède que la connaissance ou la pénétration de l'avenir n'est pas un don vulgaire, soit! Cela prouve-t-il qu'elle n'existe pas? Je ne vous renverrai pas à la Voyante de la rue de Paradis et autres sensitifs que j'ai eu l'occasion d'étudier: il est trop facile d'arranger des prophéties après coup, et je ne veux avancer que des faits indéniables.

En 1558, à Lyon, Nostradamus donnait la première édition complète de ses nébuleuses centuries parmi lesquelles, concernant les événements du siècle suivant, se remarque ce quatrain (Cent. IX, quat. 49).

« Gand et Bruxelle marcheront contre Anvers:
« Sénat de Londre mettront à mort leur roi;
« Le sel et vin (*la sagesse et la force*) lui seront à l'envers
« Pour eux avoir le règne du désarroi. »

Parmi les vers si obscurs de cet auteur, ceux-ci sont très clairs et d'une application incontestable: en 1642, la guerre civile éclatait en Angleterre, et en 1649, quatre-vingt-onze ans après l'impression de la prophétie, le roi Charles Ier condamné à mort par son parlement, portait sa tête sur l'échafaud.

Au commencement de 1897, Fomalhaut publiait une édition de son « Manuel d'Astrologie sphérique et judiciaire » annonçant la mort subite de Félix-Faure : deux ans plus tard, la prédiction se réalisait.

En 1885, Magon de Grandselve faisait paraître à Paris son livre « Les rois devant le Destin » où il annonçait, quinze ans à l'avance, la fin tragique du roi d'Italie Victor-Emmanuel II : en 1900, à une erreur de quelques jours près, la prédiction se réalisait.

En 1895, la princesse Béatrice de Battemberg amena à la reine Victoria une voyante qui, entre autres choses, annonça que la fin du siècle se passerait pour l'Angleterre au milieu d'une guerre sanglante : — cette prédiction qui visait la guerre Anglo-boër, a été rappelée depuis à plusieurs reprises tant par la presse anglaise que par les journaux français (Voir notamment l'*Eclair* du 25 janvier 1901).

Il paraît annuellement en Angleterre une sorte d'Almanach prophétique, connu sous le nom de *Old Moore* et qui jouit d'une grande faveur parce que ses prédictions se réalisent souvent. L'édition pour 1902, parue en décembre 1901, annonça que « le roi serait couvert de sang à l'époque de son couronnement ». Chacun se rappelle encore le motif, une grave opération chirurgicale subie par le roi Edouard, qui força au dernier moment à remettre ultérieurement les fêtes du couronnement.

Je pourrais citer nombre de faits analogues : je grossirais trop ce volume ; et d'ailleurs, ceux qui précèdent peuvent être vérifiés par qui voudra en prendre la peine.

Je passe à l'Astrologie.

Il est évident que, pour quiconque ne voit en l'astrologie qu'une science de divination des choses à venir, cette partie de l'occultisme doit être sujette à caution, car, je le répète, la connaissance de l'avenir n'est pas un don vulgaire; mais les influences astrales n'ont pas le mancique pour unique objet, et, par suite, l'astrologie rentre, quoique sous d'autres noms, dans le cycle de nos connaissances ordinaires.

Est-ce que la théorie des marées ne repose pas sur l'influence de la lune?

Est-ce que les marchands de bois de construction ne savent pas que tout arbre abattu dans le décours de la lune pourrit en deux ans?

Est-ce que les jardiniers ignorent l'influence de la lune rousse sur les plantations? On invoque les gelées: c'est tout simplement prendre l'effet pour la cause.

Est-ce que la nuit, ou l'hiver, loin du soleil source de vie, les malades ne ressentent pas une aggravation de leur état?

Est-ce que l'on ne se sent pas attristé en automne et joyeux au printemps? Effet de pluie ou de soleil, dira-t-on... Mais je remarque qu'en mai le soleil est dans les Gémeaux, tandis qu'il est dans le Scorpion en octobre: là où le public ne regarde que l'effet, l'occultiste voit la cause.

Chacun des astres exerce sur notre globe — comme sur les autres astres voisins — et sur ses habitants, une influence qui, pour avoir été encore peu étudiée, n'en est pas moins réelle.

C'est ce qu'a fort bien compris et exposé Marius Decrespe quand il dit quelque part (1):

« On sait, à n'en pas douter, que les effluves qui s'échappent du soleil aimantent tous les corps soumis à l'attraction solaire; c'est ainsi qu'une explosion dans la photosphère, un nombre plus ou moins considérable de taches à la surface de l'astre du jour, modifient assez l'état magnétique de la terre pour provoquer une recrudescence ou une diminution du nombre et de l'intensité des aurores polaires, et même, peut-être, des orages. Mieux, on a constaté — peut-être n'est-ce qu'une coïncidence — un parallélisme étrange entre la vigueur de la végétation et la multiplicité des taches du soleil. Cette action du magnétisme solaire ne doit pas surprendre, puisqu'on sait que la lumière ne se manifeste qu'accompagnée de chaleur et de magnétisme — et réciproquement. Naturellement, à cause de son énorme volume et de l'intensité des phénomènes dont il est le théâtre, c'est au soleil qu'appartient la plus puissante action sur notre globe; peut-être, cependant, à cause de sa proximité, la lune a-t-elle plus d'influence en ceci, comme dans le phénomène des marées; et les planètes passent en dernier lieu. Toutefois leur influence sur le magnétisme terrestre n'est pas contestable : il a été récemment mis hors de doute par les expériences de M. Leyst, de l'Observatoire magnétique de Pawlowsk, en Russie. — Lune et planètes, d'ailleurs, n'agissent pas comme source d'énergie, mais simplement comme organes déterminants de la direction, de la nature, de l'aspect de l'énergie qu'elles reçoivent du soleil, et qu'elles réfléchissent plus ou moins modifiées par leur nature propre. On peut se figurer le phénomène comme à peu près semblable à celui des colorations diverses des corps par un même rayon lumineux; une fleur paraît bleue, ou rouge, ou jaune, une feuille pa-

---

(1) *La matière des œuvres magiques*, 1 br. in-12, Paris 1891.

raît verte ou brune, un fruit paraît pourpré ou doré, parce que la surface de ces corps différents polarise la lumière unique qui les éclaire tous, qui en bleu ou rouge, qui en vert, qui en jaune, etc. De même, les planètes polarisent l'influx solaire pour produire: Saturne, les prédispositions maladives et studieuses; Mars, la force et les instincts guerriers; Jupiter, la majesté et la belle proportion des formes, etc., etc. Et l'on ne doit pas douter que ces forces aient une action marquée sur la constitution des hommes, quand on voit la lumière et l'électricité influer si puissamment sur la végétation. Quant aux dispositions morales, elles sont plus probablement une conséquence des dispositions physiques; ce qui explique comment l'examen des formes des différentes parties du corps humain — lesquelles formes sont dues aux causes ataviques, aux prédispositions karmiques, et aux influx planétaires — permet de deviner l'état de l'âme qui se cache sous ces formes et ces signatures: l'âme, la seule chose que chacun de nous, pour son propre compte, ait le droit de dire réelle dans la relativité des formes matérielles, essentiellement et perpétuellement modifiables, qui nous entourent. »

Henri Nizet, dans son étude critique sur *l'Hypnotisme* (1), au cours de ses considérations générales, examine un autre fait particulier: la corrélation constamment observée entre les taches solaires et les variations de l'aiguille aimantée. Les taches relevées sur le soleil passent par des maxima et des minima qui se succèdent périodiquement tous les onze ans.

Or, les variations de l'aiguille aimantée sont soumises à une périodicité toute pareille. On sait que l'aiguille fait avec la direction nord-sud un angle plus ou moins aigu qu'on appelle déclinai-

---

(1) 1 vol. in-12, Bruxelles S. D.

son magnétique. Cet angle augmente ou décroît sans cesse. La première fois qu'on l'a observé, il était oriental, l'aiguille pointant vers l'est. En 1663, il était nul. Puis il est devenu occidental. Actuellement, il est entré dans sa période de décroissance. Mais outre cette oscillation séculaire, il se produit chaque jour un petit écart. L'aiguille suit le mouvement du soleil et revient à sa position première, d'une quantité qui diffère selon la saison et l'année. Cette variation diurne, augmente, ou décroît en raison des taches du soleil. Et cet étrange influx se produit à trente-huit millions de lieues de distance!...

Au point de vue de la Mancique pure il est évident que la science des astres à une base bien moins solide qu'à d'autres égards: à mon avis, ce n'est pas elle qu'il faut en rendre responsable mais les études la concernant, lesquelles de nos jours sont fort affaiblies. Toutefois, j'ai cité plus haut une prédiction astrologique de Fomalhaut; d'autre part, je vois parmi les étudiants actuels des hommes comme A. Haatan, des ingénieurs sortis de l'Ecole Polytechnique, et d'autres érudits et chercheurs qu'attire la difficulté des calculs astronomiques appliqués à la divination astrologique: peut-être reverrons-nous revivre les temps des Ogier Ferrier, des Firmicus Maternus, des Junctin de Florence, des Ptolémée de Péluse, et autres vieux maîtres qui ont porté cette science si loin — et si haut.

J'aborde maintenant le Grand-Œuvre alchimique, qui paraît de toutes les rêveries occultes la plus colossalement trompeuse qui soit... Eh bien! à l'heure actuelle, le Grand-Œuvre alchimique est réalisé: — *on fait de l'or!*

Ici, j'ouvre une parenthèse importante: c'est le public ignorant qui seul regarde la création de l'or comme le Grand-Œuvre alchimique; mais le véritable Grand-Œuvre, le Grand-Œuvre idéal de l'alchimie, celui vers lequel elle a toujours tendu, vers lequel elle tend encore de nos jours, ce n'est pas la création de l'or qui n'est en ses études qu'un but accidentel et très secondaire: c'est la facture ou, pour parler plus exactement, la captation de la Vie et sa transsubstantiation à travers la matière. Comme on le voit, la transmutation de la Vie, que poursuit l'hyperchimiste de nos jours est un *postulatum* autrement colossal que la transmutation des métaux.

« L'alchimie est la science de la Vie — dit à ce propos R. Schwaéblé dans son *Cours pratique d'alchimie* (1) — de la Vie dans les trois règnes (2); elle a pour but de séparer le principe actif de la matière inerte: c'est la métaphysique de la chimie organique et de la chimie inorganique (3), comme l'astrologie est la métaphysique de l'astronomie. Elle étudie les causes et principes, la Loi universelle et éternelle de l'évolution qui change insensiblement le plomb en or et perfectionne l'Homme **malgré lui**.

---

(1). 1 br. in-8, Paris SD.

(2). L'on commence à s'apercevoir que les trois règnes évoluent. L'énergie que dégage le radium est une manifestation de sa vie (ne pas croire que le radium ne s'use pas, ne meurt pas!) Tout vit et dégage de l'énergie perceptible sous forme lumineuse. Nicolas Flamel appelait *Dragon Rouge* la chaleur obscure ou chaleur de constitution pouvant devenir radiante. Le corps humain émet des rayons : Paracelse en son traité de l'*Essence de la nature*, l'a dit quelques années avant M. Charpentier.

(3). Il n'y a point de chimie inorganique, puisque les trois règnes vivent.

« Avec le règne animal, l'alchimie devient *thérapeutique*, médecine; elle veut obtenir la subtile quintessence des produits, leur concentration vitale; elle rêve de distribuer la Vie, d'enfanter l'*homunculus*, de prolonger l'existence grâce à la *panacée*. Avec le règne végétal, elle devient agriculture, elle greffe, elle rêve de ressusciter, d'arriver à la *palingénésie*. Avec le règne minéral, elle devient chimie, elle rêve de transmuer les métaux et les métalloïdes. Enfin, avec le règne divin, elle devient *herméneutique*, etc. »

Donc, le but souverain visé par l'Alchimie, c'est la captation et la distribution de la Vie. Mais puisque le public voit le Grand-Œuvre alchimique surtout dans la transmutation des métaux, je répéterai l'affirmation énoncée plus haut : à l'heure actuelle, *on fait de l'or!*

L'unité de la matière — cette théorie fondamentale des vieux alchimistes dont les chimistes modernes se sont tant moqués — est, depuis un certain temps déjà, un fait acquis à la suite des travaux de Wurtz, de Fournier, de Berthelot, etc., par suite la transmutation des métaux est réalisable — je dirai plus : elle est réalisée, non seulement en des expériences de laboratoire, mais industriellement (1).

Je ne vous affirmerai pas que des alchimistes

---

(1). Il est curieux de remarquer combien les théories scientifiques actuelles tendent à rapprocher la science courante de la science occulte. — Nous voyons l'unité de la matière ramener la chimie moderne aux idées de l'alchimie. — En médecine, l'emploi des sérums variés fait chevaucher l'allopathie sur l'homœopathie qui, elle-même, par ses théories du dynamisme vital et médicamenteux, de l'*énormon* d'Hippocrate (lequel en outre, précurseur du *similia similibus*... d'Hahnemann, a écrit : *Vomitus vomitu curatur*, et : il est de

contemporains — des hyperchimistes — Tiffereau, Jollivet-Castelot, Auguste Strindberg, A. Poisson et autres ont *fait* ou *font* de l'or, ma parole vous paraîtrait légère; je vous citerai seulement une attestation que M. Hasse, chimiste expert des tribunaux demeurant à Paris, rue Bayen, n° 8, a signée le 16 février 1889, et aux termes de laquelle il est constaté officiellement que l'or produit par l'alchimiste Tiffereau, à l'aide d'argent, de soleil et d'électricité, à toutes les qualités physiques et chimiques de l'or natif.

Voilà pour une des multiples expériences contemporaines de laboratoire. Voici maintenant pour la production industrielle de l'or.

Il a paru, voici environ deux ou trois ans, un nouveau métal dont on fait des bijoux, ayant toute l'apparence et les qualités de l'or: ce métal c'est l'*argentaurum*, c'est l'or alchimique, et c'est si bien de l'or que *le Bureau d'essai de la Monnaie de New-York l'achète comme or, en lingots.*

Cet or est fait par le D$^r$ St. H. Emmens, à l'aide d'argent monnayé: le dollar mexicain, exempt d'or. L'argent du Mexique, produit naturellement par une plus haute température, est plus apte que tout autre à se transmuer en or; c'est cet argent qu'a également employé Tiffereau dans ses expériences de transmutation. Ces dollars mexi-

---

maladies dont la cause et le remède sont homogènes), etc, est un dérivé de la médecine occulte — En ontologie, les doctrines microbiennes de l'école Pastorienne aujourd'hui prédominantes sont un acheminement remarquable vers la théorie des *élémentals* de l'antique magie — En astronomie, l'étude des potentialités astrales nous ramène aux affirmations irréductibles de la vieille astrologie si souvent raillée, etc.

cains sont soumis à des pressions énormes (huit cents tonnes par pouce carré), à un battage puissant, rapide, continu, en même temps qu'ils sont maintenus à une température tellement basse, que les chocs répétés n'en peuvent produire l'élévation même légère, même momentanée.

Cet or est donc produit par l'argent à l'aide de battage, de froid et de pression. Je répète qu'il est accepté comme or pur par la Monnaie de New-York.

Un autre alchimiste contemporain, Edward Brice, prétend être arrivé au même résultat au moyen d'une température élevée — cinq mille degrés. Mais outre que je ne connais aucun corps susceptible de résister à une telle chaleur, (1) il est bon d'attendre le résultat pour se prononcer.

Quoi qu'il en soit, le Grand-Œuvre alchimique est passé aujourd'hui dans la pratique industrielle; le D$^r$ Emmens transmue l'argent en or, encore par petites quantités (quelques kilogrammes à la fois) mais il compte arriver sous peu à un rendement journalier de cinquante kilogrammes: est-ce, oui ou non, le rêve alchimique devenu réalité?

— Autre chose. Sont-ce des miroirs magiques dans votre récit, que cette glace noire dont use Freya, où viennent se réfléter des scènes de l'extérieur, des scènes qui se passent loin de là, — et

---

(1) Ceci ne veut pas dire que le fait est impossible *a priori*. Il y a quelques années la plus forte température atteinte ne dépassait pas 1.500° à 2 000°. C'est alors que Berthelot créa son four électrique qui permit de porter les corps à une température de 3.500° et plus. Donc il est prudent d'attendre avant d'émettre une opinion.

cette plaque de graphite poli devant laquelle Svaa Sparanda converse avec un être mystérieux?

— Ce sont en effet des miroirs magiques. N'avez-vous donc jamais entendu parler de cet appareil?

— Parbleu ! Tout le monde en a entendu parler; mais qui donc en a vu ?

— S'il vous plaît d'en voir, vous en trouverez, au Musée Guimet, en jade et autres pierres à grain fin, merveilleusement polies. Ces miroirs magiques proviennent du Japon.

— Peuh ! l'Orient... le pays des rêves

— Ne plaisantez pas l'Orient; il est resté notre maître après avoir été en partie notre éducateur en ce qui touche la Haute Science sacrée et la Philosophie scientifique et transcendantale. L'Europe a reçu sa première initiation de l'Egypte, mais elle l'a complétée dans les cryptes de l'Inde, notre mère à tous. C'est aujourd'hui Muttra, dans le royaume d'Agra (Hindoustan) qui fabrique le plus d'instruments magiques, exportés partout, en Asie comme en Europe, et c'est, selon Sédir, un des deux seuls endroits où soit connue la préparation de la paranaphtaline, substance gommeuse employée pour la vision au miroir.

— Mais alors qu'est un miroir magique? Comment est-ce fait? Quel est le mode de préparation? Et surtout quel est son usage ?

— Il en existe une variété infinie qui peuvent se ramener à trois espèces différentes:

1° Les miroirs solaires, constitués par des portions de sphères métalliques.

2° Les miroirs lunaires, faits de cristaux massifs ou remplis de liquide.

3° Les miroirs saturniens composés de disques et instruments de couleur sombre.

D'après ce qui précède, on voit que les miroirs magiques n'ont qu'une lointaine analogie avec ce que, dans la vie usuelle, on appelle un miroir. Ils méritent cette qualification en ce sens qu'ils reflètent des images, mais ces images n'appartenant pas au monde physique la construction des objets qui les font voir n'est aucunement basée sur les lois ordinaires de la nature sensible.

Les premiers conviennent surtout aux magistes agissant dans l'isolement; les seconds sont plutôt employés par les femmes ou les enfants sous la direction d'un magiste; et les troisièmes servent de préférence aux jeunes garçons, mais toujours sous une direction maîtresse, ou bien aux opérateurs voulant voir dans l'Au-Delà, car ces derniers ne rendent jamais visibles que des êtres inférieurs ou mauvais, ou parfois des objets actuels et des scènes physiques se passant au loin.

Si maintenant il s'agit de les énumérer tous, je préfère avouer mon impuissance: comme chacun d'eux est journellement modifié ou perfectionné suivant les idées et les besoins des opérateurs, la quantité en est en quelque sorte innombrable. Je me contenterai donc de citer les plus connus et les plus employés.

Le *Miroir Théurgique* se compose essentiellement d'un verre ou globe de cristal rempli d'eau pure, très vivement éclairé par trois foyers lumineux.

Les *miroirs des sorciers de campagne*, et les *Miroirs Magnétiques*, ceux connus sous le nom de *Cagliostro* sont basés sur le même principe. (1)

FIG. 8. — MIROIR DES SORCIERS. — Vision

Les *Miroirs narcotiques* sont d'espèce analogue, mais avec cette différence que l'eau pure est remplacée par le produit de la distillation d'un litre de vin rouge dans lequel on a fait macérer durant quarante-huit heures une pincée de belladone, de jusquiame, de mandragore et de fleurs de chanvre, une tête de pavot concassée et trois grammes d'opium.

Le *miroir Swédenborgien* est fait d'une glace sans tain, sans défaut, sur le revers de laquelle

---

(1). Certains sorciers de campagne se servent d'un seau plein d'eau, ou mieux d'un chaudron de cuivre dans lequel on verse de l'eau après en avoir bien écuré l'intérieur afin de le rendre brillant.

on a coulé un mélange pâteux de plombagine et d'huile d'olive, qui est ensuite solidifié.

Le *Miroir Galvanique* se compose de deux plaques fixées ensemble, l'une de cuivre rouge concave, l'autre de zinc convexe, mais toutes deux soigneusement polies et passées au brunissoir, la face externe (zinc) étant destinée à reposer le regard lorsqu'il est trop vivement fasciné par la face interne (cuivre).

Les *Miroirs Cabalistiques*, ainsi appelés parce qu'ils se composent des sept métaux planétaires, — or, argent, fer, mercure, étain, cuivre et plomb — employés en lames cintrées et planées, sont utilisés chacun suivant certaines époques favorables de l'année ou suivant les jours et heures de la semaine.

Le *Miroir Ravet* est une combinaison du miroir théurgique et du miroir cabalistique : au fond du globe de cristal rempli d'eau pure et fortement éclairé, on place une lamelle de chacun des sept métaux planétaires.

Les *Miroirs Hindous* sont constitués par une sphère de cristal pur vivement éclairée extérieurement (1).

Le *Miroir de Sainte-Hélène*, ainsi appelé de sa consécration est de même espèce, sauf que le cristal en est taillé.

---

(1) Ces miroirs, dont on trouvera l'image à la fig. 9, p. 194, où ils sont représentés avec le support qui les maintient quand on ne s'en sert pas, sont maintenant très répandus en France. On les trouve notamment à Paris, à la Librairie des Sciences Psychiques, 42, rue St-Jacques. C'est ce genre de miroir magique qu'à surtout utilisé le D$^r$ Maxwell pour ses expériences dont il est parlé plus loin. Ils se fabriquent incolores ou teintés. Pour débuter, il vaut mieux les employer avec une teinte légère qui fatigue moins la vue.

Les *Miroirs* dits *de Jean Dée*, sont faits, comme celui que cet occultiste du xvi° siècle avait, paraît-il, reçu des Esprits, d'un morceau circulaire de graphite parfaitement poli.

FIG. 9. — MIROIR HINDOU SUR SON SOCLE

Le *Mandeb* arabe, consiste en un rond d'encre épaisse que l'on verse dans la paume de la main gauche d'un enfant qui, lui-même, doit servir de voyant. (1).

---

(1). Le *Mandeb* arabe, comme on peut le voir, rentre dans la catégorie de miroirs saturniens ; par cela, il sert surtout à appeler des êtres inférieurs, et à faire voir le mal dans toutes ses manifestations. Je conseillerai donc de n'en user qu'avec précaution. Une entité du mystère que j'interrogeais à cet égard, il y a quelque temps, à la veille de faire par moi-même une expérience sur ce genre de vision, m'a dit : « Prends garde ! ce sont des êtres mauvais que tu te prépares à évoquer; faut bien éviter de leur donner prise sur toi ! » Donc, je

— 195 —

Le *Miroir Hindou des Battas* que le colonel Stephen Fraser décrit en détail, est constitué sommairement par un liquide noir, visqueux, analogue à du goudron placé dans un vase de terre.

Le *Miroir du Potet* — celui dont la construction est entre tous de la plus grande simplicité — peut

Fig. 10. — Miroir du Potet. — Allégorie.

se faire instantanément en traçant sur un plancher quelconque un cercle dont l'intérieur est noirci au charbon.

Les *miroirs des élèves de du Potet* sont très

---

conseillerai à quiconque veut utiliser les miroirs saturniens, comme — en général — tout miroir qui n'est pas consacré aux êtres de bien, de prendre les plus minutieuses précautions pour ne pas se trouver assujetti à une entité étourdiment appelée. C'est ainsi que je regarderais comme un acte de folie le fait d'user de tels miroirs si l'on a quelque faute à se reprocher, si l'on a pas la conscience absolument pure ; il y a, de plus, d'autres garanties — et celles-là matérielles — à prendre préalablement, mais trop longues à énumérer ici : le mieux est d'éviter l'usage des miroirs saturniens.

D'autre part, le *Mandeb* présente une particularité qu'il partage avec d'autres miroirs de ce genre : — C'est que, infailliblement les visions débutent par la présentation d'un certain nombre de *clichés astraux* — toujours les mêmes et se

nombreux: un des meilleurs se compose d'un carton ovale de dix centimètres sur huit, recouvert d'un côté d'une feuille d'étain, et de l'autre d'un morceau de drap noir; les deux faces servent suivant les circonstances.

Je m'arrête ici; un volume suffirait à peine à cette énumération, car chaque occultiste, en quelque sorte, a trouvé celui dont il use couram-

---

suivant généralement dans le même ordre — après l'épuisement desquels seulement, il est loisible de poser les questions dont on désire avoir la solution. C'est ainsi que John Dee et Kebbey voyaient toujours, au début de leurs évocations, un balayeur en train d'opérer.

D'autres fois, c'est un homme noir qui amène plusieurs tableaux successifs, etc. Et toujours, avec le même miroir et la même formule d'évocation, la vision débute par les mêmes *clichés astraux*. On a essayé de donner la raison du fait. Karl Kiesewetter (*Akademische Monatshefte*, 78-82, Munich) prétend trouver dans la figure du balayeur « le symbole de la destruction des obstacles matériels de la clairvoyance ». Je crois qu'il y a lieu de penser, plus simplement, que l'on est en présence d'un être inférieur, qui, ne réussissant à former que certains tableaux, présente toujours les mêmes à la vue — peut-être dans un but d'entraînement personnel.

De plus, le *Mandeb* offre, parait-il, une singularité qui lui est propre, mais que, pour cause, je n'ai jamais pu expérimenter : c'est qu'il est impossible de l'utiliser lorsqu'on veut s'en servir pour nuire à un musulman. — Dans ce cas, l'opérateur *giaour* (infidèle, non-mahométan) devient la proie de l'Etre gardien du miroir.

On trouvera dans les œuvres de L. de Laborde et W. Lane des récits de visions obtenues à l'aide de ce miroir.

Enfin, pour en terminer avec le *Mandeb*, j'ajouterai que je viens d'être mis en possession, ces temps derniers, d'une curieuse formule rapportée du Levant, à l'aide de laquelle on peut, sous certaines conditions, évoquer Eblis (le diable des Arabes), le faire apparaître dans ce genre de miroir et converser avec lui. Je ne me suis pas encore trouvé dans les conditions voulues pour tenter l'expérience.

ment, approprié par lui aux besoins divers de ses expérimentations.(1)

Croit-on qu'il en existerait une telle variété, si les miroirs magiques ne rendaient les services que l'on attend d'eux ?

Quant à l'éclairage employé dans ce but, la plupart des magistes qui utilisent les miroirs noirs ou saturniens, projettent sur eux une vive lumière obtenue par une lampe et renforcée par un système lenticulaire (lanterne magique, mais dans la construction de laquelle n'entre que le métal voulu par le jour et par l'heure), en faisant brûler entre le miroir et le foyer lumineux des parfums appropriés, tels que l'encens. D'autres projettent directement le faisceau de lumière, en ce cas adoucie, sur les vapeurs du parfum qui, dans ce mode, constituent à elles seules le miroir où se reflètent les images de l'Au-Delà.

Pour les miroirs lunaires, constituées par du cristal — et non par du verre — massif ou rempli de liquide, la source de lumière qui donne le meilleur résultat est celle de l'alcool ordinaire à brûler dans lequel on a mis préalablement à macérer pendant vingt-quatre heures, une forte pincée de fleurs de chanvre par litre. La lumière obtenue par ce procédé, à la fois vacillante et fascinante, répand des émanations narcotiques très

---

(1) On parle beaucoup en ce moment d'un nouveau genre de miroir magique, dit *Visionomos*, inventé récemment, et qui, paraît-il, donne de remarquables résultats. Il serait composé de trois miroirs distincts, ayant chacun une correspondance déterminée et un pouvoir réfractant différent : l'harmonie de la voyance naîtrait de la vision d'ensemble... Ne connaissant ce miroir que par ouï dire, je me borne à mentionner ici son existence, sans pouvoir rien en dire de plus.

douces qui ne peuvent qu'aider à la réussite de l'opération.

Mais que l'on ne s'y trompe pas: ce n'est pas cette lumière — purement physique — qui *fait voir*: elle ne sert qu'à aider à la production d'une autre lumière, autrement vive, fugitive et variée, suivant l'état dans lequel on la perçoit; cette autre lumière que l'on appelle la *lumière noire* n'est pas perceptible pour nos sens matériels; — ceci peut paraître au premier abord incompréhensible, mais il me suffira pour en faire approximativement deviner l'essence, de dire qu'une de ses manifestations a été découverte dans la partie ultra-violette du spectre, par la science usuelle qui l'utilise sous le nom de rayons X.

Maintenant, que perçoit-on dans ces miroirs? Les êtres et les manifestations de cet Au-Delà que les occultistes appellent le plan astral, intermédiaire entre le plan divin et le plan physique. Par suite, ce plan astral étant le réservoir des formes et des images du plan physique, dans le passé, le présent et l'avenir, il en résulte que l'on peut y voir la projection des faits matériels. Mais il s'y révèle aussi — tout dépend du genre d'entraînement, de l'état actuel du voyant, et du but que l'on s'est proposé — les êtres qui peuplent l'Au-Delà: — Entités directrices (que l'on voit très rarement et seulement sous certaines conditions) présidant à la marche de tout ce qui évolue en Astral, constitués par les hommes supérieurs des humanités antérieures évolués de leur propre initiative; — élémentaires ou êtres humains désincarnés et en voie d'évolution — élémentals ou esprits des éléments, inférieurs à l'homme, sans forme propre, changeant par suite perpétuellement d'apparence dont la fugitivité et le manque d'harmonie donnent l'impression d'un effroyable cauchemar ; — entités humaines provenant des régions supérieures et traversant les régions basses qui confinent au monde physique, soit pour s'incarner par la naissance, soit après s'être désincarnées par la mort ; — corps astraux d'êtres humains désincarnés mais surchargés encore de matérialité (les suicidés, les défunts que leurs passions terrestres attachent encore à la terre, etc.) larves, vestiges d'êtres imparfaits ; — pensées, idées et désirs de l'homme, vitalisés dans l'Au-delà ; — parfois aussi, corps astraux d'adeptes et de sorciers en période d'expérimentation ; — et enfin, comme il a été dit plus haut les formes du passé, du présent et de l'avenir, et les images astrales des êtres et des choses, réflexion en négatif du plan physique. — Que si l'on désire voir une scène actuelle ou un personnage vivant, il suffit d'étayer ce désir sur une volonté absolument maîtresse d'elle-même, et concentrée vers l'objet évoqué... Toujours la volonté hyperdynamisée ! Mais aussi combien peu de gens savent VOULOIR !

— Mais enfin, que faut-il faire pour user de ces merveilleux miroirs qui permettent de jeter un coup d'œil curieux dans le Monde de l'Au-delà ?

— Ne croyez pas qu'il vous suffira d'acheter ou de construire un de ces objets et de vous installer devant lui, sans autre préparation, pour *voir*. Au contraire ! Bien que l'opération de la vision dans les miroirs soit une des plus simples parmi toutes celles de l'Occultisme pratique, elle est hérissée de difficultés pour le profane — j'entends le simple curieux qui n'a ni le moindre soupçon des obstacles semés sur la route, ni la volonté à la fois intense et continue de les surmonter.

Je comptais d'abord me borner à donner les preuves de l'existence des miroirs magiques, sans m'appesantir davantage sur la question : un motif particulier me fait changer d'avis et m'amène à donner, de façon très nette et compréhensible pour tous, les indications du mode opératoire dont il est question.

Il est en effet de bon ton, dans beaucoup de milieux, de traiter de farceurs les occultistes parce que, dès qu'il leur est demandé de produire un phénomène pouvant prouver la réalité de leurs théories, ceux-ci se réfugient généralement derrière un *non possumus* ordinairement motivé mais dont la raison échappe aux curieux. Ces derniers ne réfléchissent pas qu'il est déjà parfois difficile de réaliser une expérience par exemple de simple chimie (1), et qu'à plus forte raison cette expérience augmente incommensurablement de difficulté lorsqu'elle doit porter non plus sur de la matière inerte, mais sur des entités ayant leur volonté propre et expertes à se dérober devant celle de l'opérateur.

Or, pour beaucoup de gens, un phénomène n'existe qu'autant qu'il peut être produit et reproduit à volonté (1). — A ce propos n'est-ce pas Le

---

(1). Que pourrait répondre, entre autres, un photographe à un ignorant sceptique qui, pour avoir la certitude que la plaque n'est pas impressionnée par une manipulation de laboratoire, demanderait à en voir faire le développement en pleine lumière ?

(2) C'est pour ce motif que le spiritisme dont les phénomèmes sont, de tous ceux que présente la pratique de l'occultisme, les plus faciles à produire, dont les manifestations, à quelque cause d'ailleurs qu'on les rattache, sont

Verrier qui fut le héros de l'aventure suivante ?

L'illustre astronome reçut un jour un de ses compatriotes de Saint-Lô qui lui dit à peu près ceci : « Mon cher ami, on parle beaucoup d'éclipses en ce moment ; en principe je n'y crois pas parce que je n'en ai jamais vu ; mais je ne suis pas d'opinion irréductiblle et j'ai voulu profiter d'un séjour d'une quinzaine que je fais à Paris vous demander de m'en montrer une... » Leverrier d'abord un peu interloqué essaya de faire comprendre à son visiteur que les phénomènes de certains ordres ne se produisent pas sur commande : le brave Normand s'en alla, persuadé que les éclipses ne sont que de bonnes farces de savants, destinées à mystifier le pauvre monde.

Ainsi en est-il la plupart du temps de ceux qui exigent, pour se déclarer convaincus, la production en leur faveur, d'un phénomène d'ordre occulte. Personnellement, le fait s'est pour moi présenté plusieurs fois ; et, devant mon aveu forcé de l'impossibilité où je me trouvais de donner satisfaction à son désir, je voyais la bouche de mon interlocuteur se plisser dans un embryon de sourire qui voulait en dire long. Et très généralement, ces visiteurs, lorsqu'on les interroge se ré-

---

absolument indéniables pour quiconque n'est ni un ignorant têtu ni un homme de mauvaise foi, c'est pour ce motif, dis je, que le spiritisme rencontre encore tant de railleurs et de sceptiques ; si relativement aisée que soit la production de ses phénomènes, si puissant que soit le médium employé, quelque favorables que soient les circonstances de l'expérience, jamais nul ne peut dire d'avance *avec certitude*. « Nous allons obtenir tel résultat ! » Et cela se comprend puisque ce résultat ne dépend pas seulement de la volonté humaine mais encore de la volonté d'entités parfois puissantes de l'Au-Delà, sur lesquelles nous n'avons aucun moyen d'action assuré.

vèlent absolument ignorants des plus simples principes de l'occultisme : ils viennent à vous poussés par une banale curiosité pour obtenir un phénomène, comme ils iraient chez un photographe pour commander leur portrait. L'un d'eux ne m'a-t-il pas sollicité un jour, comme d'une chose des plus simples, de le faire assister à une évocation par les cercles ? Or c'est là l'opération qui est communément regardée comme la plus difficile peut-être, et en tous cas la plus dangereuse de la Haute Magie, celle où l'on n'admet que des auxiliaires dont on est absolument sûr, et celle que, pour ma part, malgré des années et des années d'étude, je n'ai jamais osé tenter.

Il n'importe ! Pour ces solliciteurs, la réalité d'un phénomène ne se démontre que par sa production sur commande, et les occultistes, ne pouvant donner instantanément satisfaction à leurs désirs, ne sont, pour eux, que des farceurs de bas étage.

Aussi me plaît-il, puisque je me trouve à parler des miroirs magiques dont la vision constitue une des plus simples opérations d'hyperphysique pratique, presque absolument dépourvue de danger au point de vue matériel — je ne parle pas au point de vue intellectuel ou moral : c'est à l'opérateur éventuel de se rendre compte s'il juge son cerveau assez solidement fixé dans son crâne pour ne pas craindre d'en sentir les lambeaux s'effriter à l'apparition souvent terrible des choses de l'Invisible — il me plaît, dis-je, d'indiquer clairement le procédé à suivre pour que chacun soit à même de tenter l'expérience.

D'aucuns me blâmeront peut-être de parler aussi ouvertement dans un volume que peuvent feuilleter toutes les mains : à ceux-là je dois donner les raisons qui me guident en ceci.

Sédir, au commencement de son ouvrage sur *Les Miroirs magiques* (1), qui va servir de guide aux lignes suivantes, écrit :

« Je dois ajouter que ce petit livre est en quelque sorte un pis-aller : je déconseille à tout le monde la pratique de la magie sous n'importe laquelle de ses formes. Donner les raisons de ceci demanderait un volume ; néanmoins, j'ai écrit ces pages pour donner la méthode la moins dangereuse d'aller volontairement en astral, afin que les gens pressés puissent satisfaire leur curiosité sans courir de risques physiques. Ils seront en butte à d'autres embûches; mais celles-là seront à plus longue échéance que les précédentes... »

Je suis absolument de l'avis de cet auteur : toutes les expériences concernant l'occulte doivent être *a priori* formellement déconseillées même quand elles ne comportent pas par elles-mêmes de dangers matériels, parce que la raison humaine, si fragile, a toutes sortes de chances, quand elle n'est pas soutenue par de fortes études spéciales et par une volonté absolument intense, absolument maîtresse d'elle-même, de sombrer au contact de l'Au-delà !

Mais en présence de cette opinion qui a trop généralement cours et qui regarde l'Occultisme comme une plaisanterie sans consistance parce que les expériences n'en peuvent être faites en public et à volonté, il me paraît bon de mettre une de ses opérations les plus simples à la portée de qui voudra la tenter afin de démontrer nettement aux curieux que ce n'est pas l'opérateur qui se dé-

---

(1) 1 br. in-12, Paris, 1902.

robe mais que ce sont eux qui ne veulent pas vaincre les difficultés d'une science hautaine, ne se donnant, comme toutes les sciences, qu'à ceux qui savent la conquérir par leur ténacité.

Quant aux résultats, on peut se tranquilliser : ceux-là seuls réussiront l'épreuve, qui la *doivent* réussir, et ceux-là seront l'élite si l'on veut, mais certainement une absolument infime minorité. L'expérience m'a en effet démontré, à n'en pouvoir douter, que chez l'immense majorité des hommes la volonté n'existe qu'à l'état momentané ; elle se développe un peu et atteint quelque continuité seulement sous le fouet de l'âpre désir et dans la poursuite des biens matériels ; et ceux-là encore sont plus que rares, chez qui la soif aiguë de savoir peut dynamiser la volonté au point de lui faire vaincre les obstacles ; quant à ceux que pousse seule la velléité, sans plus, de tenter une expérience d'ordre étrange, il ne s'en trouvera peut-être pas un parmi les lecteurs de ces pages, qui soit suffisamment *doué* pour que sa volonté ne se rebute pas devant les épreuves pourtant très simples, qu'il lui faudra s'infliger. Et s'il s'en trouve un seul dans ce cas, un seul chez qui la volonté soit assez exacerbée, assez durable pour le conduire au but, aucun reproche ne m'en peut être adressé : celui-là, tôt ou tard serait venu à l'Occultisme !

Maintenant que ma justification est présentée, revenons aux miroirs magiques.

On a vu les différentes façons de procéder pour leur construction ; on trouvera dans l'ouvrage précité de Sédir auquel je suis heureux de renvoyer le lecteur, des indications encore plus précises. Mais après la construction seulement de l'objet, commencent les véritables difficultés qui sont de deux sortes — la consécration du miroir et l'entraînement personnel de l'opérateur.

En principe, tout miroir doit être consacré à la Divinité et aux Etres supérieurs pour qu'ils en écartent le mal ; quelquefois on s'abstient de consacrer les miroirs Saturniens, précisément parce qu'ils sont destinés à montrer les êtres du mal et les entités inférieures, mais à mon avis, et pour la raison sus-mentionnée, c'est un tort ; de prime abord tout instrument d'hyperpyhsique doit subir cette formalité. La consécration doit se faire aux jours et heures convenables — par exemple un mercredi, aux heures de Mercure ($1^e$, $8^e$, $15^e$ et $22^e$), c'est-à-dire un jour et une heure *neutres* quand on ne peut trouver, par des calculs astronomiques une heure *favorable* dans un autre jour — en brûlant de l'encens et en prononçant certaines formules qui varient avec les espèces de miroirs et suivant les effets qu'on veut en obtenir. Ces formules sont trop nombreuses pour prendre place ici : on les trouvera en détail dans l'ouvrage de Sédir dont il a déjà été question, ainsi que les invocations à l'Invisible, qui doivent précéder toute opération, et les remerciements ou actions de grâce qui doivent la suivre, comme aussi les indications de parfums nécessaires quand il y a lieu de s'en servir.

Il va sans dire que, de même que les miroirs, tout objet dont on se sert au cours d'une opération (parfum, lampe, agent lumineux, etc.), doit être également consacré dans la même modalité et suivant les mêmes rites. (1).

---

(1). La consécration est de principe pour tous les objets rituels utilisés en magie. Mais il ne faut pas s'y tromper,

Ce qui précède peut déjà paraître un peu compliqué ; mais l'épreuve principale de la volonté de l'opérateur se rencontrera surtout dans sa préparation propre et son entraînement personnel qui doivent le mettre en état de voir se révéler l'Invisible, non pas à ses yeux matériels, mais au sens intime de la vision que chacun de nous porte en soi, sans s'en douter, et qui fait que par exemple, le sujet hypnotique peut lire par l'épigastre.

Cet entraînement est un dans son essence, mais triple dans sa pratique. Il comprend :

1º La préparation généra e — corporelle, intellectuelle et morale — de quiconque veut tenter avec le moins de risque possible, une expérience sur le Mystère.

2º La préparation nécessaire à toute expérience occulte, à la fois pour réduire au minimum les chances de danger et pour augmenter celles de réussite.

3º La préparation particulière de l'opérateur en vue de tel ou tel acte spécifié — qui dans l'espèce est la vision de l'Au-delà par les miroirs magiques.

La première partie consiste à faire tous ses efforts pour atteindre autant que possible la perfection par une triple harmonisation — la pureté du corps, la vertu de l'âme, et la sagesse de l'esprit.

---

son but est subjectif plutôt qu'objectif. Certes, elle est utile objectivement en appelant sur l'appareil dont on use des protections spéciales qui doivent en écarter le mal ; mais elle sert surtout, par la minutie et parfois même la difficulté des actes cérémoniels, à hyperdynamiser la volonté de l'opérateur et à la rendre ainsi apte à dominer les forces adverses et à tendre avec la dernière énergie vers le but poursuivi.

On y arrive par le souci corporel de soi-même, la pratique de la bonté, et la méditation.

Toute expérience sur l'Au-delà comporte trois phases ou trois cycles d'actes : — l'aimantation qui est une préparation et qui, par l'emploi de certains éléments propres à chaque incantation, attire vers l'opérateur les forces dont il veut se servir; — la concentration par laquelle, au moyen de la volonté dynamisée, il réunit autour de soi ces forces divines qu'il a appelées; — et enfin, la réalisation à laquelle on parvient en mettant ces forces en action par le double moyen du Verbe et du Geste, actionnés par une volonté intense, et sachant ce qu'elle veut. Dans l'espèce qui nous occupe, la vision étant un acte semi-passif, l'aimantation et la concentration sont relativement très simples et consistent en l'emploi des parfums dont il a été plus haut question, et surtout des prières diverses de consécration et d'invocation; mais pour la réalisation il est nécessaire de manier le Verbe, le Geste et la Volonté, de façon à prononcer à la fois avec douceur et autorité, à accompagner la parole seulement des gestes appropriés, mais dessinés nettement, — et enfin à bien être pénétré de l'effet que l'on veut obtenir pour y tendre de toutes ses forces.

Quant à la préparation particulière de l'opérateur en vue de la vision, je vais être forcé d'entrer dans quelques détails, de façon à être bien compris, car cette partie de l'entraînement est excessivement importante. On me trouvera peut-être, d'autre part, un peu abstrait: je m'en excuse — la matière le veut. Enfin, les lecteurs qui voient pour la première fois ici les préparatifs d'une opération magique produits en pleine lumière pourront se convaincre que le démon n'a absolument rien à voir dans ces expériences qui, pour échapper à la science officielle n'en sont pas moins basées sur des lois strictement naturelles.

**Voyons d'abord la théorie.**

La *clairvoyance* — faculté de voir ce qui se trouve hors de la portée de notre regard physique, et s'exerçant dans le temps (vision des choses passées ou futures) et dans l'espace (vision des choses présentes mais éloignées) — a été assimilée à une perception.

Une perception est l'effet d'une sensation, ou si l'on préfère, une sensation amenée à la conscience, ce qui revient à dire, puisque rien n'existe pour nous si nous n'en avons conscience, que les deux termes (sensation et perception) s'équivalent dans la pratique.

La sensation, et par suite la perception, demande trois facteurs pour être réalisée:

1° Ce qui perçoit (sens interne).

2° Ce qui est perçu (objet).

3° Le moyen de perception (organe sensoriel).

Ceci, étant posé pour les faits d'ordre physique, est également vrai pour les faits d'ordre hyperphysique.

Le mode de développement de la clairvoyance peut donc se formuler ainsi: étendre le champ de la conscience, cette faculté du *Soi* qui lui fait reconnaître sa distinction individualiste d'avec les autres objets, et dont l'exercice suppose nécessairement celui de la faculté de perception. Or l'expérience nous apprend que nous ne percevons un objet qu'autant que nous lui accordons notre attention, qui est un phénomène essentiellement volontaire: cela revient à dire que le seul moyen d'étendre le champ de la conscience en vue du développement de la clairvoyance, c'est la mise en œuvre de la Volonté et du Désir.

Cette théorie établie, abordons la pratique.

Il existe dans le cerveau un petit organe gris et conoïde que les anatomistes appellent glande pinéale; cet organe est le point où les énergies physiques se subliment pour fournir un aliment au corps subtil (corps astral des occultistes, périsprit des spirites). Il est donc le point de départ et le point d'arrivée du grand courant animateur du corps physique (1). et, comme tel il appartient au corps subtil où siègent le mental et la conscience.

D'autre part le sens de la vue psychique (toujours d'après les théories de l'occultisme) est localisé dans cet entrelacement de nerfs situé en la région frontale et que les anatomistes nomment « plexus caverneux » (2); pour amener à la conscience les impressions de cet organe, il suffit donc de faire passer le courant de la glande pinéale dans le plexus caverneux ou, en termes plus clairs, de concentrer par un acte volontaire toute la force

---

(1). Descartes y plaçait le siège de l'âme — façon de parler qui, prise absolument est une erreur, mais qui, relativement, fait comprendre le rôle intermédiaire très important que joue la glande pinéale entre l'organisme physique et les essences moyenne et supérieure de l'être.

(2) Dans le corps humain la théorie occulte compte sept foyers donnant naissance à différentes énergies d'ordre hyperphysique: le plexus sacré, le p. prostatique, le p. solaire, le p. cardiaque, le p. pharyngien, le p. caverneux et la glande pinéale.

nerveuse du corps au milieu des sourcils — dans l'œil de Çiva, disent les occultistes orientaux —, point où se trouve le siège de la vision mentale; et l'on y arrivera d'autant mieux que l'on aura plus de force nerveuse en disponibilité, en abolissant toute autre perception.

Cette méthode est assez difficile à suivre pour qui n'a pas de volonté: mais, cela a été dit plus haut : «Presque toute la magie est basée sur la volonté! » Il faut d'abord une surveillance constante sur tout l'organisme astral — forces nerveuses — dont la sensibilité devient extrême dès que la volonté s'oriente vers l'invisible; il faut ensuite y apporter une grande constance, car c'est une nouvelle direction que l'on imprime à l'esprit comme à l'inconscient.

Dans cette lutte perpétuelle contre les distractions de la vie ordinaire, la volonté devra trouver des auxiliaires dans chacun des trois organismes que comprend l'être humain: — L'homme intellectuel aura à mettre en jeu sa faculté de méditation; l'homme animique se développera en retranchant les émotions personnelles et en acquérant le pouvoir de ressentir les émotions de l'Universel; l'homme physique, enfin, devra fermer la porte aux sensations externes, par l'auto-hypnotisation.

En un mot celui qui veut percevoir l'invisible doit s'abstraire du visible, c'est-à-dire en perdre la conscience en s'endormant d'une sorte de sommeil hypnotique.

Mais comment s'abstraire du visible? c'est ce que je vais dire.

L'homme est mis en rapport avec le monde physique au moyen de cinq sens; la vue, l'ouïe, l'odorat, le tact et le goût. Il est évident que s'il parvient à anéantir pour un temps ces cinq sens — toujours en éveil — c'est-à-dire, pour appeler les choses par leur nom, à s'ensevelir dans une sorte de mort momentanée et factice, il sera dans les conditions requises pour entrer en rapport avec l'Au-delà et percevoir les communications du mystère.

Or, de ces cinq sens, deux — le tact et le goût — dépendent entièrement de sa volonté : pour les annihiler, il lui suffit de demeurer dans une immobilité absolue.

Quant aux trois autres, le résultat est plus difficile à obtenir : pour les endormir, les Yoghis Hindous s'enferment dans le silence et l'obscurité d'une retraite souterraine ; mais c'est là une pratique presque impossible à exercer en Occident et surtout dans les villes. On a donc recours à un autre procédé qui, au lieu d'anéantir ces sens, les utilise pour conduire au cerveau un adjuvant dont l'uniformité et la persistance n'apportent pas de distractions à l'intelligence, de telle façon que le sens physique en soit endormi, tandis que la volonté y puise de nouvelles forces pour s'exercer. Donc il convient d'assoupir l'odorat par une fumigation appropriée (par exemple en faisant brûler de l'encens près de soi), l'oreille par une musique d'un caractère spécial (lent, doux et monotone, sans rythmes trop marqués) — on peut remplacer cette musique, à la rigueur, par deux montres suspendues à quelque distance de chaque oreille de façon que leur tic-tac soit assez fort pour être perçu, mais assez doux pour n'être qu'un bercement du sens de l'ouïe — et les yeux par la lumière très faible d'une petite lampe (la lampe à alcool dont il a été question plus haut) à la lueur de laquelle on fixe ses regards sur le miroir magique.

— Mais tout ceci est de l'auto-hypnotisme?

— Ai-je jamais dit le contraire ? mais il y a autre chose de plus que de l'auto-hypnotisme; en effet, ce qui précède montre que l'action de ce miroir consiste à soutirer toute lumière physique des yeux de l'opérateur : cela seul ne constitue pas la totalité de son pouvoir. Le lecteur est prié de se rappeler ce qui a été dit plus haut, que ce n'est pas la lumière physique qui *fait voir*, mais qu'elle ne sert qu'à aider à la production cette autre lumière, vive, fugitive et variée, que ne peuvent percevoir nos sens matériels, et que l'occultisme appelle la *lumière noire:* si donc cette lumière peut être concentrée en un point que fixe *l'œil de Civa*, la clairvoyance en sera plus rapidement acquise. Or, partout où il y a concentration de lumière physique, il y a, par cela même un foyer éthéré, un nœud de vibrations du milieu générateur; c'est ce qui se passe pour les miroirs sphériques avec lesquels il suffit à l'opérateur de placer son regard au foyer astral (si l'on se sert de miroirs lunaires, on se placera au point d'où on les voit le plus fortement éclairés. Si l'on use des miroirs saturniens, qui ne possèdent que la propriété d'absorption de la lumière physique et ne peuvent concentrer de lumière hyperphysique, il suffira de les placer à environ soixante centimètres ou un mètre des yeux) : au bout d'un temps plus ou moins long, selon le degré de concentration mentale ou de désir — deux conditions qui dépendent absolument de la volonté, — la clairvoyance se produira; elle ne sera pas d'abord parfaite ni même précise, mais un exercice continu et soigneux donnera progressivement aux organes subtils toute la sensibilité qu'ils sont capables d'acquérir (1). J'ajouterai que, pour certains motifs dont le lieu d'explication n'est pas ici, il sera bon de commencer avec la nouvelle lune cette sorte d'entraînement pratique qui durera un mois et plus...

— Comment! un si long temps consacré à la préparation, et tant de difficultés à surmonter ?

— Pardon !.. avez vous jamais vu un écolier traduire Eschyle le jour de son entrée au collège, et fait-on un tableau avant d'avoir appris le dessin? Pour beaucoup, qui n'ont étudié la magie que dans les légendes, il doit suffire à qui veut créer un charme, faire une incantation ou une évocation, de prononcer une formule baroque, aussi incom-

---

(1). Dans son *Traité de Magie Pratique*, (1 vol. in-8, Paris 1893), Papus résume comme suit les conditions de la vision au miroir :

« Il ne faut pas se figurer qu'il suffit de regarder dans un miroir magique pour se distraire un peu après dîner, et qu'on verra aussitôt apparaître les formes évoquées. Les opérations magiques, *même les plus futiles*, demandent une grande tension d'esprit, un calme absolu et surtout un sentiment profond de la difficulté de la tâche entreprise. C'est donc par l'entraînement progressif qu'on s'habituera à la vision dans le miroir, et ici quelques conseils sont nécessaires pour l'opérateur.

Supposant donc que l'expérience est faite avec le calme et le recueillement nécessaires, voici les obstacles à vaincre. Quand on a regardé quelques instants le centre du miroir, on sent un picotement caractéristique dans les yeux et l'on est obligé de fermer momentanément les paupières, et, par suite, de détruire tous les efforts faits jusque là. Le clignement des paupières est dû à l'être impulsif et est purement réflexe. Aussi faut-il le combattre pour la volonté, et c'est une affaire de quelques jours seulement, en faisant chaque jour une séance de vingt minutes au maximum. Au moment donc où se sent le picotement caractéristique des yeux, il

prise qu'incompréhensible dont la seule énonciation met à ses ordres des êtres fantastiques et des forces diaboliques ou divines qui, au premier désir de l'opérateur, bouleverseront toutes les lois physiques de l'univers... Quelle erreur! Et combien, comme on a pu s'en convaincre par l'énoncé des conditions requises pour cette expérience du miroir — une des plus simples entre toutes, cependant, — la réalité diffère de l'opinion ayant généralement cours à se sujet! Il faut bien qu'on le sache: une vie humaine est à peine suffisante à qui veut pénétrer dans le Mystère !

Et si quelque lecteur, prévenu par ses études antérieures — peut-être devrais-je dire par son manque d'études antérieures, car il est à remarquer que ce sont surtout les ignorants qui croient posséder la science infuse et qui, par suite sont les plus âpres à repousser tout ce qu'ils considèrent comme faux uniquement parce que c'est en dehors des rares livres qu'ils ont lus — si, dis-je quelque lecteur, malgré toutes les explications que je viens de donner, persistait à croire que la vision dans l'Au-delà n'est qu'une plaisanterie de bas étage, je lui citerai un passage extrait d'un ouvrage de J. Maxwell (1) auteur qui est loin d'être un rêveur mystique ou un esprit chimérique et mal pondéré, car à la qualité d'avocat général près de la cour d'appel de Bordeaux, il joint celle de doc-

---

faut tendre la volonté pour empêcher les paupières de se fermer, et on y arrive assez vite, nous l'avons dit.

Ce premier résultat étant obtenu, on verra d'abord le miroir prendre une teinte différente de celle qu'il présente habituellement. Des effluves rouges, puis bleuâtres, et semblables aux effluves électriques se montreront et c'est alors seulement que les formes apparaîtront... »

(1). *Les phénomènes psychiques*. 1 vol. in-8, Paris 1904.

teur en médecine ; de plus son œuvre est préfacée et présentée au public par le Dr Richet, membre de l'Académie de Médecine, et professeur à la Faculté de Médecine de Paris. Ce sont là je crois des titres sérieux à l'attention du public.

« L'un des moyens (de vision hyperphysique) les plus anciennement connus, dit le Dr Maxwell, est l'emploi d'une boule de cristal. Je n'ai pas besoin de rappeler les pratiques des anciennes devineresses ni l'histoire de John Dee, ni les nombreux récits qui nous ont été faits par les chroniqueurs et les romanciers. La boule de cristal est le procédé perfectionné, de même que le miroir noir; mais le miroir ordinaire, le verre d'eau, la carafe ronde, la boule des savetiers, l'ongle du doigt, le verre de montre, toute surface polie, enfin, peut servir à induire l'hallucination. Je ne recommanderai que les premiers procédés : ils sont les meilleurs ; l'ongle, le verre de montre, les surfaces polies comme celles d'une table vernie ou cirée ne sont pas à recommander.

La boule de cristal est, je crois le procédé de choix; j'ai étudié avec quelque soin la vision dans le cristal, et, bien que j'aie remarqué des différences individuelles chez les sujets, je crois pouvoir dire que, d'une manière générale, je suis arrivé, en ce qui concerne le processus opératoire, aux constatations suivantes:

La matière de l'objet n'est pas indifférente. Les boules en *cristal de roche* m'ont donné les meilleurs résultats; j'ai vu des personnes incapables d'avoir des visions dans le verre ordinaire, qui en obtenaient dans une petite boule de cristal naturel. Les objets en cristal de roche ont l'inconvénient d'être très coûteux.

Le verre ordinaire donne de très bons résultats, mais il faut éviter que la boule contienne des bulles d'air ou d'autres défauts. Il faut qu'elle soit aussi homogène que possible.

La forme de la boule peut être sphérique ou ovoïde.

Je crois que la forme elliptique est peut-être la meilleure, car elle permet d'éviter plus aisément les reflets.

La dimension de la boule est indifférente, mais je préfère les boules un peu grosses. J'ai cependant obtenu d'excellents résultats avec des boules d'un centimètre aussi bien qu'avec des boules de 6 à 7 centimètres de diamètre.

La boule peut être blanche, bleue, violette, jaunâtre, verte; elle peut être opaline ou transparente, mais je crois que les meilleurs résultats s'obtiennent avec les boules blanches transparentes, les boules bleues, et les boules couleur améthyste. Ces deux dernières fatiguent moins l'œil.

Comme l'étude de la vision dans le cristal me paraît bien l'un des phénomènes les plus curieux à étudier, je me permets d'indiquer que l'on trouvera des boules de cristal bien faites chez... (suivent plusieurs adresses, avec les prix).

Pour regarder dans la boule, il faut la placer à l'abri de tout reflet, de façon qu'elle offre une teinte uniforme sans points brillants. Pour cela, on peut l'envelopper d'un foulard ou d'un velours foncé, ou la tenir dans le creux de la main, ou même la tenir au bout des doigts, pourvu que les conditions indiquées plus haut soient remplies. L'objet doit être placé à la distance de vision normale; le regard doit être porté non sur la surface de la boule, mais *dans la boule elle-même* : avec un peu d'habitude, on y arrive aisément.

Les miroirs donnent aussi de très bons résultats. Ils peuvent être faits comme les miroirs ordinaires ou être noirs comme les fameux miroirs de Bhatta, qui ont une composition spéciale. Je n'ai pas expérimenté avec ces derniers. J'ai remarqué qu'il fallait, au dire des sujets, que le miroir ne reflétât aucun objet, et présentât une teinte uniforme, celle du ciel, par exemple, bleu ou gris, mais sans mélange de ces couleurs, comme l'est par exemple un ciel nuageux, où les vapeurs blanches se détachent sur le fond azuré : dans un appartement, on peut faire refléter le plafond, s'il est monochrome.

Enfin, un verre d'eau, une carafe d'eau, si elle présente une forme globulaire ou cylindrique, un siphon d'eau de seltz, l'ongle du pouce notamment, peuvent servir d'inducteurs à l'**hallucination**; mais ces procédés, sauf les deux premiers, ne réussissent qu'avec des sujets très sensibles.

Dans ces conditions, j'ai observé des résultats quelquefois extraordinaires, et qui confondent l'imagination. Ils m'ont paru tendre à démontrer la vérité de l'idée kantienne sur la relativité et la contingence du temps et de l'espace. Il est bien difficile d'admettre que ces deux ordonnées de nos perceptions soient exactement ce qu'elles nous paraissent être, à moins de pousser la théorie des coïncidences jusqu'à l'absurde, comme je l'ai vu faire à un professeur de mes amis. C'est alors fermer la porte à toute discussion et à tout examen intelligent d'un fait en apparence anormal.

Mes observations ont été faites avec différentes personnes, et l'on m'en a signalé un grand nombre que je n'ai pas personnellement faites. Les sujets doués de la faculté de voir dans le cristal (c'est sous cette forme abrégée que je désignerai ce phénomène) ne sont pas rares. L'analyse des faits observés par moi ou que je tiens de première main, c'est-à-dire de personnes qui les ont elles-mêmes observées, permet de ranger ces « hallucinations » (?) (1) dans six catégories d'intérêt croissant:

1° Vision de faits imaginaires, hallucinations ordinaires ;

2° Souvenirs oubliés, rappelés à la mémoire sous forme de vision ;

3° Faits passés que le sujet affirme avoir toujours ignorés ;

---

(1). Ce signe de doute est dans le texte cité.

4° Faits actuels certainement inconnus du sujet ;

5° Faits futurs ;

6° Faits d'interprétation douteuse.

Ce groupement montre la curieuse gradation qu'on observe dans les visions. D'abord une activité désordonnée et illogique comme celle du rêve, puis une activité plus coordonnée : connaissance de faits oubliés, connaissance de faits actuels ignorés du sujet, connaissance apparente d'événements futurs. Je n'ai eu l'occasion d'observer nettement que les faits classés sous les numéros 1, 2, 3, 5 et 6. Je vais en donner des exemples...

Suit un chapitre entier d'études sur la vision hyperphysique : mais j'arrête ici cette citation dont la netteté et la précision sont pour satisfaire les esprits les plus prévenus. (1)

---

(1). Puisqu'il s'agit ici surtout de la vision dans le cristal, je donnerai d'après Sédir les paradigmes des formules principales utilisées en tel cas, et qui peuvent être modifiées à l'infini — et par suite s'appliquer à tous les genres de miroirs — mais seulement par un opérateur au courant de ces études, car généralement chaque espèce de vision, chaque circonstance possède sa formule particulière dont la valeur est basée à la fois sur des études techniques et sur une longue expérience. Il va sans dire que le verbe énoncé d'une voix calme, distincte et assez forte doit être accompagné du geste approprié, très net et très précis, comme la volonté qui le dirige.

1°. APPEL. — Au nom de Dieu tout-puissant, en qui nous vivons, nous nous mouvons et avons notre être, je supplie humblement l'ange gardien de ce miroir d'apparaître.

2°. POUR AVOIR UNE VISION D'ORDRE PARTICULIER. — Au nom de Dieu, etc. (*comme ci-dessus*) je supplie humblement l'esprit de ce miroir de me favoriser d'une vision qui m'intéresse et qui m'instruise (*suit en termes précis, l'énonciation de la vision désirée*).

3°. POUR VOIR UNE PERSONNE. — Au nom de Dieu, etc. (*comme ci-dessus*), je te prie, N... (*nommer la personne,*)

D'autre part on trouvera dans un des premiers numéros de 1905 des *Annales des Sciences Psychiques*, un très curieux article du Dr Edmond Waller qui a répété par lui-même la légendaire expérience de Joseph Balsamo relative à la vision hyperphysique Aux termes de cet article, présenté sous la caution de sir William Crookes et des professeurs Ochorowicz, Maxwell et Charles Richet, l'auteur a vu se dérouler ce qu'il intitule : une aventure romanesque de vision dans le cristal. Il s'est servi en effet de ce miroir spécial composé d'un globe monté (au repos) sur socle, tel qu'il en a été donné une figure ci-dessus, et qu'en Angleterre on appelle *Crystal for crystal gazing*. Il s'agit d'un roman d'adultère dont l'héroïne lui était connue, et dont il a vu, dans son miroir, se

---

d'apparaître en ce miroir, SI CELA TE CONVIENT ET T'EST AGRÉABLE (*ne jamais oublier ces mots*).

4.· EXORCISME (*prononcé d'une voix très énergique et très sévère, et répété trois fois, le doigt sur le cristal*). Au nom du Dieu, etc. (*comme ci-dessus*), je congédie et renvoie l'Esprit actuellement visible dans ce miroir, s'il n'est pas N... (*nommer l'Esprit que l'on a appelé*) ou s'il n'est pas un bon et véridique Esprit.

5·. RENVOI (*A répéter trois fois avant de lever la séance, même si aucune apparition ne s'est produite, l'omission de cette formalité entraînant la ruine du miroir.*) Au nom de Dieu, etc. (*comme ci-dessus*), je congédie de ce miroir tous les Esprits qui y sont descendus ; et que la paix de DIEU soit toujours entre eux et moi !

En donnant ces formules, le but que je me propose est double : d'abord indiquer aux personnes désireuses d'expérimenter dans les formes, les types d'invocation usités en telle occurrence, et prouver en second lieu aux esprits superficiels ou imbus d'idées fausses que les opérations d'hyperphysique (sauf naturellement en ce qui concerne la goétie ou magie du mal) ne sont jamais basées sur un appel à je ne sais quelles forces mauvaises — démoniaques ou autres —

dérouler les phases principales, avec une telle précision que, par la suite, retrouvant dans une réunion nombreuse, sur un hippodrome, l'amant de Mme D... qu'il n'avait jamais vu que dans son cristal, il le reconnut sans aucune hésitation.

Si je parle de cet article, ce n'est nullement pour en narrer l'anecdote, mais pour détromper les lecteurs qui, voyant mentionner ici le procédé de vision dans un miroir très facile à se procurer, pourraient croire que ce procédé est d'une réalisation plus facile et plus simple que celui dont le mode a été donné plus haut.

A vrai dire il ne nécessite pas l'entraînement compliqué que j'ai donné ci-dessus, et son application semble à première vue des plus aisées. — Voici en effet ce que dit l'auteur à un reporter (*Éclair*, 18 mai 1905), qui était allé l'interviewer à la suite de ses expériences : « Je m'enfonce dans l'obscurité ; peu à peu mes yeux s'habituent

---

de l'au-delà. Mais je répète ici ce que j'ai dit plus haut : ces formules, tout en attirant la protection des Êtres de Bien sur l'opération, ont pour principal effet d'exacerber, d'hyperdynamiser la volonté de l'opérateur. Elles doivent donc être énoncées non de façon banale, mais en se rendant bien compte de ce qu'on dit, c'est-à-dire du sens des termes employés, et en le faisant nettement sentir dans la prononciation.

Par contre, il est recommandé de la façon la plus expresse au lecteur qui voudrait mettre tous ces enseignements en pratique, de ne les jamais utiliser, *en quelque cas que ce soit*, au point de vue des intérêts terrestres — pécuniaires, matériels ou autres de même nature ; — ce serait, de sa part, s'exposer bénévolement à des déboires peut-être lamentables dans l'avenir. L'homme qui s'adonne à la Haute Science cachée ne doit avoir en vue que sa propre amélioration morale et son progrès intellectuel, et non la poursuite du bien-être matériel, de la satisfaction présente, ou de la richesse sous quelque forme que ce soit.

aux ténèbres au milieu desquelles la boule (de cristal) se détache, et je vois ce qu'il m'est donné de voir à l'échelle du champ de l'objet : l'image mobile et colorée. C'est la précision même. L'homme que je voyais là pour la première fois, jusqu'au moindre poil de sa moustache, m'apparaissait matériellement, je le voyais en chair et en os; non en image. Quand je le vis dans la rue, je n'eus qu'à le reconnaître... » L'hallucination fut tellement forte qu'à un moment, comme il venait de voir le couple monter en voiture puis pénétrer dans un restaurant, l'opérateur eut « la sensation de parler à cette femme (Mme D... qu'il connaissait antérieurement) comme s'il eût été avec elle »; mais alors, instantanément la scène disparut, et il n'eut plus devant les yeux que la boule de verre.

Il est certain que ce procédé paraît au premier abord plus simple, plus rapide et plus fécond en résultats que les précédents; de plus il ne nécessite aucune de ces préparations multiples et méticuleuses que j'ai détaillées plus haut. Mais l'entraînement, pour ne pas être préalable n'en existe pas moins : pour arriver à ce résultat, le Docteur E. Waller fit trois semaines de séances de quarante-cinq minutes chacune, et toutes absolument nulles en résultat. Il était découragé quand il atteignit la réussite.

« Il faut en ces choses un entraînement, dit-il. La nécessité est absolue de se dégager de tout esclavage bassement matériel qui donne au corps trop d'emprise sur l'esprit. »

Par suite, il conseille le végétarisme à l'exemple du fakirisme oriental, dont les leçons sont suivies avec fruit en notre occident par quiconque veut acquérir des facultés hyperphysiques.

Ainsi donc, que ce soit dans un genre ou dans

un autre, l'entraînement est toujours nécessaire aussi bien pour accéder à la vision magique qu'à toute autre réalisation de l'Occultisme.

— Va pour la vision dans l'Au-delà... Mais que signifie, dans votre récit, le thé préparé par Freya à l'intention de M. de Ryès ?... Les philtres existeraient-ils réellement ?

— L'expérience est bien connue, qui consiste à prendre un sujet en état d'hypnose et à lui présenter un verre d'eau pure en lui disant : « Ceci est du vinaigre... buvez ! » Et le sujet éprouve des contractions dans la gorge comme s'il absorbait réellement un acide. « Non ce n'est pas du vinaigre, c'est un vomitif ! » Et l'effet suit de près, par suggestion, l'énonciation de la sentence. C'est là une expérience de laboratoire, dira-t-on. D'accord ; mais qu'est un phénomène de laboratoire, sinon l'image en petit de ce que peuvent produire en grand l'industrie ou, plus simplement, l'usage ordinaire de la vie ? Donc, parlons de ce qui se passe couramment.

Interrogez un médecin sur la valeur relative d'une potion quelconque : il vous dira que cette potion aura une efficacité beaucoup plus grande sur l'organisme d'un malade si elle lui est ordonnée par un médecin en qui il a toute confiance, que si elle lui est prescrite par un autre qu'il ne connaît pas... Suggestion encore ! Et la suggestion n'est-elle pas pour beaucoup dans l'activité de la plupart des philtres pris en connaissance de cause ?

Mais ceux qui doivent agir à l'insu du sujet ? ceux-là, ou sont des liqueurs quelconques simplement magnétisées dans le sens de l'effet poursuivi (ce qui est le cas, dans le récit qui nous occupe), ou renferment des substances préparées magiquement, dit Sédir (1), en vue de l'obtention occulte d'un résultat déterminé. Les trois règnes de la nature fournissent de nombreux matériaux pour ces préparations. Les pommades, électuaires, onguents, collyres et breuvages magiques ressortent presque tous du domaine de la magie noire. Leur nombre est très grand et peut être augmenté indéfiniment par un esprit ingénieux. C'est ainsi que les prêtres taoïstes chinois n'emploient, pour tous les usages de la médecine, de la psychologie et de la magie, que treize substances végétales, animales et minérales ; mais ils savent en extraire une grande quantité de combinaisons.

Ces préparations peuvent être employées sur soi-même ou sur les autres : elles agissent toutes sur le corps astral (aérosome ou corps fluidique) et particulièrement sur l'un de ses trois grands foyers, l'instinctif, le passionnel et le mental. Dans le premier cas, elles produisent la santé, la maladie et tous les phénomènes physiologiques possibles. Dans le second, l'amour, la haine et les autres passions. Dans le troisième, les phénomènes de somnambulisme, de clairvoyance, de clairaudience ou d'ordre même encore plus relevé.

Il existe de nombreuses recettes de philtres dont la composition varie suivant le résultat que l'on se propose d'atteindre. Les formules en sont données de façon détaillée dans nombre d'ouvrages spéciaux qu'il est inutile de nommer ici, car il convient d'avertir le lecteur curieux et trop pressé d'expérimenter la valeur de celles dont le hasard lui aura donné connaissance qu'il en est

---

(1) *Les Plantes Magiques*, 1 vol. In-12, Paris, 1902.

de ceci comme de toutes les autres matières de l'occultisme : — il est certaines règles rituelles et autres qu'il est indispensable d'observer, faute de quoi le résultat obtenu ressortit non pas à l'hyperphysique, mais simplement à la physique ordinaire. C'est ainsi qu'un philtre préparé suivant les seuls enseignements de la pharmacopée usuelle, bien que composé, exactement à la dose voulue, de chacun de ses ingrédients, ne sera plus qu'une potion quelconque dont l'ingestion ne donnera lieu qu'à des effets purement physiologiques : on n'arrive à préparer un philtre qu'après de longues études de l'Occultisme en général, et particulièrement des propriétés hyperphysiques des corps.

— Une dernière question pour élucider toutes les parties de votre récit magique : **Vous parlez quelque part des Fakirs Hindous qui restent des mois au tombeau et en sortent vivants, ou font en quelques heures germer une graine, développer et fructifier une plante ? Cela est-il croyable ? C'est un rêve, n'est-il pas vrai ?**

— Les prêtres Hindous actuels, héritiers des maîtres des prêtres Égyptiens si puissants en magie au dire de la Bible, possèdent de nombreuses et profondes connaissances en hyperphysique : **il suffit** pour être édifié à cet égard de lire n'importe quelle relation de voyage, ou mieux de converser avec quelqu'un ayant résidé quelque temps dans l'Inde. Fourberie, charlatanisme et jonglerie, diront les uns ! Peut-être. Cependant, quand on voit des faits de véritable thaumaturgie étudiés dans des rapports officiels, étayés par des signatures de témoins honorables, quand ces mêmes faits vous sont rapportés par quelqu'un personnellement connu et appuyés par un serment dont on n'a pas le droit de douter, quand, de plus, on a quelque peu approfondi une science qui vous donne la clef de ces phénomènes, on ne doute plus — on croit.

Le fait de l'ensevelissement de longue durée. dans l'Inde, sans être très commun est cependant assez fréquent pour avoir attiré l'attention des autorités. L'administration française l'a interdit car il y avait assez de yoghis qui risquaient la mort pour acquérir dans cette redoutable épreuve un indubitable renom de sainteté. J'ignore quelles sont à cet égard les prescriptions du gouvernement anglais, mais je sais que, quand le fait se produit, c'est généralement sur le territoire d'un rajah à demi indépendant.

L'homme qui veut se soumettre à cette expérience, parfois mortelle, n'est pas le premier venu : il lui faut un entraînement de longues années pour amener en lui le repos de la vie par la suspension de la respiration : en somme il s'exerce préalablement à une léthargie factice. Le moment arrivé, il est l'objet de plusieurs préparatifs dont les deux principaux consistent en onctions générales de graisse — peut-être dans un but d'alimentation,— et une rétroversion de la langue vers le fond de la gorge, opération que pratiquent en Europe beaucoup de sujets s'exerçant eux-mêmes à l'auto-hypnotisme. Quand on le retire du tombeau où il a séjourné plus ou moins longtemps, on le fait renaître à la vie au moyen d'insufflations et de lotions à l'eau chaude aromatisée.

Il existe plus d'un rapport *officiel* relatant des témoignages de la réalité du phénomène : j'en donnerai seulement deux : le premier écrit il y a quelques années par le résident anglais à la

13.

cour de Rundjet-Singh et le second émanant d'un médecin. Voici la première des deux pièces.

« A la cour de ce prince indien, la mission anglaise eut l'occasion de voir un personnage enterré et ressuscité dont les prouesses avaient fait du bruit dans les provinces du Punjab.

« Ce fakir est en grande vénération parmi les Sihks à cause de la faculté qu'il a de s'enterrer tout vivant pendant un temps donné. Nous avions entendu raconter de lui tant d'histoires, que notre curiosité était excitée. Voilà plusieurs années qu'il fait le métier de se faire enterrer. Le capitaine Wade me dit avoir été témoin d'une de ses résurrections, après un enterrement de quelques mois. La cérémonie préliminaire avait eu lieu en présence de Rundjet-Singh, du général Ventura, et des principaux sirdars.

« Les préparatifs avaient duré plusieurs jours : on avait arrangé un caveau tout exprès. Le fakir termina ses dispositions finales en présence du souverain ; il se boucha avec de la cire les oreilles, le nez, et tous les autres orifices par lesquels l'air aurait pu entrer dans son corps. Il n'excepta que la bouche. Cela fait, il fut déshabillé et mis dans un sac de toile, après qu'il se fut retourné la langue pour fermer le passage de la gorge, et qu'il se fut mis dans une espèce de léthargie; le sac fut fermé et cacheté du sceau de Rundjet-Singh, et déposé dans une boîte de sapin qui, fermée et scellée également, fut descendue dans le caveau. Par-dessus, on répandit et on foula la terre, *on sema de l'orge*, et l'on plaça des sentinelles.

« Il paraît que le Maha-rajah, très sceptique sur cette mort, envoya deux fois des gens pour fouiller la terre, ouvrir le caveau et visiter le cercueil. On trouva chaque fois le fakir dans la même position et avec tous les signes d'une suspension de vie.

« Au bout de dix mois, terme fixé, le capitaine Wade accompagna le Maha-rajah pour assister à l'exhumation : il examina attentivement par lui-même l'intérieur de la tombe ; il vit ouvrir les serrures, briser les sceaux, et porter la boîte ou cercueil au grand air. Quand on en tira le fakir, les doigts posés sur son artère et sur son cœur ne purent percevoir aucune pulsation. La première chose qui fut faite pour le rappeler à la vie, et cela ne se fit pas sans peine, fut de ramener la langue à sa place naturelle. Le capitaine Wade remarqua que l'occiput était brûlant, mais le reste du corps très frais et très sain. On l'arrosa d'eau chaude, et, au bout de deux heures, le ressuscité était aussi bien que dix mois auparavant.

« Il prétend faire dans son caveau les rêves les plus délicieux : aussi redoute-t-il d'être réveillé de sa léthargie. Ses ongles et ses cheveux cessent de croître; sa seule crainte est d'être entamé par des vers ou des insectes : c'est pour s'en préserver qu'il fait suspendre au centre du caveau la boîte où il repose... » (R. Osborne).

De nombreux témoins ayant vécu en Orient — et parmi eux on peut citer le physiologiste allemand Preyer, le docteur E. Sierke, de Vienne, le naturaliste Hœckel, sir Claudius Wade, résident anglais à Lahore, et le docteur autrichien Honigberger qui, plusieurs années durant, remplit les fonctions de médecin particulier près de Runjet-Sing, rajah de Lahore — ont apporté des récits authentiques de cas de mort apparente prolongée, et dans lesquels la vie fut rappelée cependant de façon parfaite (G. Vitoux, *les Coulisses de l'Au-delà*). (1)

Le second rapport que je citerai, émane du docteur Honigberger, et a trait à la résurrection d'un yogui qui, toutes fonctions vitales suspendues,

---

(1) 1 vol. in-12, Paris, 1901.

demeura enseveli durant près de deux mois dans un caveau recouvert de quatre pieds de terre.

« Au bout de six semaines, terme convenu pour l'exhumation, une affluence accourut sur le lieu de l'événement. Le rajah fit enlever la terre glaise qui murait la porte, et reconnut que son cachet, qui la fermait, était intact.

« On ouvrit la porte; la caisse fut sortie avec son contenu, et, quand il fut reconnu que le cachet dont elle avait été scellée était également intact, on l'ouvrit.

« Le docteur Honigberger fit la remarque que le linceul était couvert de moisissures, ce qui s'expliquait par l'humidité du caveau. Le corps du solitaire, hissé hors de la caisse par ses disciples et toujours entouré de son linceul, fut appuyé contre le couvercle; puis, sans le découvrir, on lui versa de l'eau chaude sur la tête. Enfin, on le dépouilla du suaire qui l'enveloppait, après en avoir vérifié et brisé les scellés.

« Alors, le docteur Honigberger l'examina avec soin. Il était dans la même attitude que le jour de l'ensevelissement, seulement la tête reposait sur une épaule. La peau était plissée, les membres étaient raides. Tout le corps était froid, à l'exception de la tête qui avait été arrosée d'eau chaude. Le pouls ne put être perçu aux radiales, pas plus qu'aux bras ni aux tempes. L'auscultation du cœur n'indiquait autre chose que le silence de la mort.

« La paupière soulevée ne montra qu'un œil vitreux et éteint, comme celui d'un cadavre.

« Les disciples et les serviteurs lavèrent le corps et frictionnèrent les membres. L'un d'eux appliqua sur le crâne du yogui une couche de pâte de froment chaude que l'on renouvela plusieurs fois, pendant qu'un autre disciple enlevait les tampons des oreilles et du nez, et ouvrait la bouche avec un couteau. Haridès (c'était le nom du yogui) semblable à une statue de cire, ne donnait aucun signe indiquant qu'il allait revenir à la vie.

« Après lui avoir ouvert la bouche, le disciple lui prit la langue et la ramena dans sa position normale, où il la maintint, car elle tendait sans cesse à retomber sur le larynx. On lui frictionna les paupières avec de la graisse, et une dernière application de pâte chaude fut faite sur la tête. A ce moment, le corps de l'ascète fut secoué par un tressaillement ; ses narines se dilatèrent ; une profonde inspiration s'ensuivit ; son pouls battit lentement et ses membres tiédirent.

« Un peu de beurre fondu fut mis sur la langue, et après cette scène pénible, dont l'issue paraissait douteuse, les yeux reprirent tout à coup leur éclat.

« La résurrection du yogui était accomplie : il avait fallu une demi-heure pour le ranimer. »

En résumé, il s'agit ici, comme je l'ai dit plus haut, d'un état léthargique amené par auto-suggestion. Le fait est d'autant plus compréhensible que, suivant l'école de la Salpêtrière, la léthargie est une des trois phases essentielles de l'hypnose. La durée seule de cette léthargie peut être sujette à caution ; mais il est à remarquer que les exemples précités portent sur une des plus longues que l'on connaisse : ordinairement l'expérience dure de huit à quinze jours, un mois au plus.

Je ne me dissimule pas que cette assertion semblera audacieuse à plusieurs ; d'aucuns même, parmi ceux qui n'ont jamais rien étudié, et qui par suite croient tout connaître, hausseront les épaules et passeront, dédaigneux : ce n'est pas à ceux-là que je veux fournir des explications — ils m'indiffèrent profondément ! — mais au lecteur qui, curieux de savoir, ne demande qu'à être mis en face de témoignages positifs.

Il a paru à Londres, voici quelques années, un

« Traité théorique et pratique de YOGA » qui est le moyen usité par les Hindous extatiques et mystiques, pour arriver à suspendre en eux les fonctions de nutrition et de respiration pendant un temps plus ou moins long.

Alors que la petite Science Européenne se tord de rire devant des faits qu'elle préfère nier parce qu'elle ne les comprend pas, la Science Orientale, héritière directe de la Science Antique colossale et presque divine, a étudié depuis des siècles tous ces mystères de l'Etre et en a dès longtemps posé les principes !

L'auteur de ce traité, le D$^r$ Nobin Chauder Paul, ancien chirurgien militaire aux Indes, y étudie, d'après ses observations personnelles, les moyens qu'emploient les yogis hindous, et que peut utiliser le premier venu, pour se placer dans les conditions nécessaires à la production de cet étrange phénomène.

«Il faut, dit-il en résumé, s'abstenir d'abord de sel, se soumettre au régime lacté, fuir la lumière du jour et acquérir des manières paresseuses : vivre, en un mot, d'une vie végétative et nocturne. Après cette préparation préliminaire, on doit se soumettre aux phases d'entraînement suivantes :

1° *Padmâsana* et *Sidhâsana*, qui désignent deux positions du corps restreignant la respiration dans les limites du possible;

2° *Prânâyama*, période de transe volontaire accompagnée de sudations et de tremblements;

3° *Patyahara*, auto-magnétisation qui annihile les fonctions sensorielles;

4° *Dhârana*, qui est caractérisé par l'abolition de la sensibilité et du mouvement (ce qui semble correspondre à l'état cataleptique de l'hypnotisme occidental);

5° *Dhyâna*, auto-magnétisation au cours de laquelle on participe à l'*Anonta-jyoti* — ce que les occultistes de l'Occident appellent la *lumière astrale*. Cet état paraît avoir de grandes analogies avec celui que les hypnologistes dénomment « état de rapport », ou mieux encore avec ce que l'on appelle l'extase, la soi-contemplation des spécialistes allemands, ou encore la clairvoyance des occultistes.

6° *Samâdhi*, période presque absolue d'anéantissement, durant laquelle le sujet n'use ni de nourriture, ni de boisson, ni même d'air atmosphérique. Cette période présenterait deux phases :

Dans la première, qui est habituelle en cas d'ensevelissement volontaire, le sujet, après avoir avalé sa langue pour demeurer dans cet état de transe léthargique, a besoin d'un secours étranger pour en sortir : il faut lui retirer la langue du pharynx — c'est ce qu'on appelle le *Samprajna Samâdhi*.

Dans la seconde, — *Asamprajna samâdhi* — le sujet peut revivre de lui-même, et sans aucun secours extérieur. »

L'auteur cite un officier anglais, le colonel Townsend, qui à la suite d'un entraînement approprié suivi à la façon hindoue, était arrivé à arrêter en lui, à sa volonté, le mouvement du cœur et des artères, à mourir et revivre à son gré, en un mot, à pratiquer le *Samâdhi* des Yoghis. Il cite de plus plusieurs cas de *Samâdhi* à Calcutta, dont il a été témoin oculaire, à Jerselmere, et dans le Punjab.

Cela m'entraînerait trop loin d'étudier cette partie, mystérieuse pour les Occidentaux, de la Science Orientale ; je me bornerai à renvoyer le lecteur, désireux de savoir, à la publication d'occultisme où ce traité est traduit en français *le Lotus* (n°s 13 et suivants), et au colonel de Rochas, qui n'est pas le premier venu en fait de recherches pratiques dans la science du mystère, et qui l'a étudié au point de vue de l'hypnotisme, en son ouvrage *Les Etats profonds de l'hypnose* (1), car à son point de vue, qui semble d'ailleurs très plausible, il ne s'agirait là que de la mise en œuvre de procédés, encore bien peu connus en Europe, de l'auto-hypnotisme, ce qui suffit pour dépouiller ce phénomène, quelque merveilleux qu'il paraisse à première vue, de son auréole surnaturelle, et par suite pour le faire rentrer dans la compréhension ordinaire.

J'aborde maintenant la question de la végétation activée.

N'ayant jamais eu l'occasion d'assister à ce phénomène, je me contenterai de laisser la parole à quelqu'un qui a *vu*, Louis Jacolliot, ancien président du tribunal de Pondichéry, et témoin d'autant plus précieux qu'il expose impartialement les faits(2).

« Le missionnaire Huc, dans le récit de ses voyages au Thibet, rend compte d'un phénomène semblable à celui que je vais raconter, et que je ne puis considérer que comme un très habile tour de main. (3)

« Je ne l'eusse peut-être pas relevé ici, s'il ne faisait partie intégrante, pour ainsi dire, du bagage des manifestations extérieures des sectateurs des Pitris (culte et évocation des ancêtres défunts), et si je ne tenais, en historien fidèle, à ne rien retrancher de ces singulières pratiques.

---

(1). 1 vol. in-8, Paris 1896.
(2). *Le Spiritisme dans le monde*, 1 vol. in-8, Paris 1879.
(3) Telle est l'opinion de L. Jacolliot, mais je ferai observer qu'en Europe, ces années dernières, on est arrivé à activer dans de grandes proportions la germination et la croissance des végétaux par l'emploi de l'électricité. Or l'électricité n'est qu'une des modalités de la force vitale, qui, ainsi qu'il sera expliqué plus loin, est seule mise en jeu pour produire le phénomène dont il s'agit.

« Au nombre des prétentions les plus extraordinaires des fakirs, est celle d'influer d'une manière directe sur la végétation des plantes, et de pouvoir accélérer de telle sorte leur croissance, qu'elles puissent en quelques heures atteindre un résultat qui demande de longs mois, plusieurs années même de culture.

« J'avais vu nombre de fois déjà les charmeurs de passage répéter ce phénomène, mais, comme je ne voyais là qu'une supercherie très réussie, j'avais négligé de noter exactement les circonstances dans lesquelles le fait s'était produit.

« Quelque fantastique que fût la chose, je résolus, puisque j'étais en train, de faire reproduire par Covindasamy, dont la force était réellement merveilleuse, tous les phénomènes que j'avais vu accomplir par divers, d'expérimenter avec lui ce fait absurde mais curieux, et d'exercer une telle surveillance sur chacun de ses actes, qu'il ne pût en soustraire aucun à mon attention.

« Il devait me donner encore deux heures d'expériences en pleine lumière — de trois à cinq — avant la grande séance de nuit : je me décidai à les consacrer à cet examen.

« Le fakir ne se doutait de rien, et je crus fortement le surprendre, lorsqu'à son arrivée, je lui fis part de mes intentions.

— Je suis à tes ordres, me dit-il avec sa simplicité ordinaire.

« Je fus un peu déconcerté par cette assurance; cependant je repris aussitôt :

— Me laisseras-tu choisir la terre, le vase et la graine que tu vas faire pousser devant moi ?

— Le vase et la graine, oui !... Mais la terre doit être prise dans un nid de carias.

« Ces petites fourmis blanches, qui construisent pour s'y abriter des monticules qui atteignent souvent une hauteur de huit à dix mètres, sont fort communes dans l'Inde, et rien n'était plus facile que de se procurer un peu de cette terre qu'elles gâchent fort proprement pour édifier leurs asiles.

« J'ordonnai à mon cansama d'aller en chercher un plein vase à fleurs d'une grandeur ordinaire, et de m'apporter en même temps quelques graines de différentes espèces.

« Le fakir le pria d'écraser entre deux pierres, la terre qu'il ne pourrait arracher que par morceaux presque aussi durs que des débris de démolition.

« La recommandation était bonne; nous n'aurions pu en effet nous livrer à cette opération au milieu des appartements.

« Moins d'un quart d'heure après, mon domestique était de retour, apportant les objets demandés; je les, lui pris des mains et le renvoyai, ne voulant pas le laisser communiquer avec Covindasamy.

« Je remis à ce dernier le vase plein d'une terre blanchâtre, qui devait être entièrement saturée de cette liqueur laiteuse que les carias sécrètent sur chaque parcelle infime de terre dont ils se servent pour élever leurs monuments. Il la délaya lentement avec un peu d'eau, en marmottant des *mentrams* (1) dont paroles n'arrivaient pas jusqu'à moi.

« Lorsque le fakir jugea qu'elle était convenablement préparée, il me pria de lui donner la graine que j'avais choisie, ainsi que quelques coudées d'une étoffe blanche quelconque. Je pris au hasard une graine de papayer, parmi celles que mon cansama m'avait apportées, et, avant de la lui remettre, je lui demandai s'il m'autorisait à la marquer. Sur sa réponse affirmative, j'entaillai légèrement la pellicule de la graine, assez semblable à un pépin de courge, moins la couleur qui était d'un brun très foncé, et la lui donnai avec quelques mètres de mousseline à moustiquaire.

---

(1) Formules mystiques d'incantation en langue Devanagari, qui paraissent provenir originairement de l'un des Védas, le terme sanskrit *mantra* ayant parfois la signification de *Véda* (note de l'auteur).

— Je vais bientôt dormir du sommeil des esprits, me dit Covindasamy ; jure-moi de ne toucher ni à ma personne ni au vase.

« Je le lui promis.

« Il planta alors la graine dans la terre qu'il avait amenée à l'état de boue liquide, puis, enfonçant son bâton à sept nœuds — signe d'initiation qui ne le quittait jamais — dans un des coins du vase, il s'en servit comme d'un support, sur lequel il étendit la pièce de mousseline que je venais de lui donner. Après avoir ainsi caché l'objet sur lequel il allait opérer, il s'accroupit, étendit ses deux mains horizontalement au-dessus de l'appareil, et tomba peu à peu dans un état complet de catalepsie.

« J'avais promis de ne point le toucher, et j'ignorais tout d'abord si cette situation était réelle ou simulée; mais lorsqu'au bout d'une demi-heure je vis qu'il n'avait pas fait un mouvement, je fus forcé de me rendre à l'évidence, aucun homme éveillé, quelle que soit sa force, n'étant capable de tenir pendant dix minutes seulement les deux bras étendus horizontalement devant lui.

« Une heure s'écoula ainsi, sans que le plus petit jeu de muscles vînt déceler la vie... Presque entièrement nu, le corps luisant et bruni par la chaleur, l'œil ouvert et fixe, le fakir ressemblait à une statue de bronze dans une pose d'évocation mystique.

« Je m'étais d'abord placé en face de lui, pour ne rien perdre de la scène, mais bientôt, je ne pus supporter ses regards qui, quoique à demi éteints, me paraissaient chargés d'effluves magnétiques... A un moment donné, il me sembla que tout commençait à tourner autour de moi, le fakir lui-même me paraissait entrer en danse... Pour échapper à cette hallucination des sens, produite sans aucun doute par la tension trop grande de mes regards sur un même objet, je me levai, et, sans perdre de vue Covindasamy, toujours aussi immobile qu'un cadavre, je fus m'asseoir à l'extrémité de la terrasse, portant alternativement mon attention sur le cours du Gange et sur le fakir, pour échapper ainsi à une influence trop directe et trop prolongée.

« Il y avait deux heures que j'attendais; le soleil commençait à baisser rapidement à l'horizon, lorsqu'un léger soupir me fit tressaillir: le fakir était revenu à lui.

« Il me fit signe d'approcher, et enlevant la mousseline qui voilait le vase, me montra, fraîche et verte, une jeune tige de papayer, ayant à peu près vingt centimètres de hauteur...

« Devinant ma pensée, Covindasamy enfonça ses doigts dans la terre, qui, pendant l'opération, avait perdu presque toute son humidité, et, retirant délicatement la jeune plante, il me montra sur une des deux pellicules qui adhéraient encore aux racines, l'entaille que j'avais faite deux heures auparavant.

« Etait-ce la même graine et la même entaille? Je n'ai qu'une chose à répondre: je ne me suis aperçu d'aucune substitution; le fakir n'était point sorti de la terrasse; je ne l'avais pas perdu des yeux. Il ignorait, en venant, ce que j'allais lui demander. Il ne pouvait cacher une plante sous ses vêtements, puisqu'il était presque entièrement nu et dans tous les cas, comment aurait-il pu prévoir d'avance que je choisirais une graine de papayer au milieu de trente espèces différentes que le cansama m'avait apportées?

« Je ne puis, on le conçoit, rien affirmer de plus sur un pareil fait. Il est des cas où la raison ne se rend pas, même en présence de phénomènes que les sens n'ont pu prendre en flagrant délit de tromperie.

« Après avoir joui quelques instants de mon étonnement, le fakir me dit avec un mouvement d'orgueil qu'il dissimulait peu:

— Si je continuais les évocations, dans huit jours, le papayer aurait des fleurs, et dans quinze des fruits.

« Me souvenant des récits du missionnaire Huc et d'autres phénomènes dont j'avais moi-même été témoin dans le Carnatic, je lui répondis qu'il était des charmeurs qui obtenaient le même résultat en deux heures.

— Tu te trompes, fit alors l'Hindou. Les manifestations dont tu parles sont des phénomènes *d'apports d'arbres à fruits* par les Esprits. Ce que je viens de te montrer est bien de la *végétation spontanée*, mais jamais le fluide pur dirigé par les Pitris n'a pu produire en un seul jour les trois phases de la naissance, de la floraison et du fruit...

« L'heure des ablutions, c'est-à-dire le coucher du soleil approchait; le fakir se hâta de me quitter en me donnant pour la dernière fois rendez-vous à dix heures du soir; la nuit entière, à partir de ce moment, devait être consacrée à des phénomènes d'apparition.

« Il est un fait que je dois rapporter et qui pourrait peut-être mettre sur la voie des explications, fait que connaissent tous ceux qui ont habité l'Inde.

« Une foule de graines potagères, j'en ai fait vingt fois l'essai, plantées à l'aurore dans un terrain humide et bien exposé, sous l'influence de ce soleil qui fait des merveilles, sortent de terre entre midi et une heure, et, à six heures, quand le jour va cesser, ont déjà près d'un centimètre de hauteur (1).

« D'un autre côté, il faut dire aussi, pour être juste, que quinze jours au moins sont nécessaires pour faire germer une graine de papayer... »

En ce qui me concerne je connais une personne

---

(1). Il paraît y avoir là un phénomène particulier aux régions tropicales et équatoriales, chaudes et humides. Un ami qui a séjourné dans les Antilles, me racontait à ce propos qu'un matin, à la Martinique, invité à déjeuner dans l'intérieur des terres, il avait traversé pour se rendre chez son hôte des espaces arides et dénués de végétation ; pendant le déjeuner une pluie légère était survenue et quand, après l'ardeur du soleil il était rentré à Fort-de-France, il avait été tout surpris de voir couverts de verdure les mêmes endroits que la matinée lui avait montrés tout à fait dénudés.

qui a longtemps résidé dans l'Inde et qui m'a dit avoir été plusieurs fois témoin de cette expérience, sans que les plus grandes précautions prises aient jamais pu lui faire découvrir la moindre supercherie.

Comment expliquer ce phénomène ? S'il est incompréhensible pour qui s'en tient aux données ordinaires de la science courante, il n'en est pas moins très simplement plausible pour quiconque a tant soit peu approfondi les principes de la science occulte. Il ne s'agit là que de ce que l'on peut appeler, pour être compris du public, une sorte de magnétisation intensive de la plante. La force vitale est partout la même en son essence, qu'elle agisse chez l'animal, le végétal ou le minéral. Les prêtres hindous possèdent des connaissances hyperphysiques qui leur permettent de puiser cette force en son réservoir commun, de la manier suivant des principes précis, et de la diriger vers le but qu'ils se proposent.

C'est ainsi qu'il leur est relativement facile de faire germer et fructifier une plante parce que cette plante renferme en elle-même, à l'état latent les énergies nécessaires qu'il leur suffit miser au moyen de leur force vitale extériorée. Mais il leur est impossible de produire cet autre phénomène pourtant plus simple à première vue : prendre une plante en bourgeons et lui faire développer les fleurs d'a c eu

Parce qu'ils ne trouvent dans la nature, et par suite ne peuvent actionner aucune force tendant à ce but.

La Magie, en Occident n'est pas encore arrivée, du moins à ma connaissance, à reproduire ce phénomène, mais elle en manifeste d'autres d'essence bien supérieure et dont la réalisation ne laisse aucun doute quant à la possibilité de celui-ci.

— Mais alors, si la Magie n'est pas une hallucination de cerveau en délire, notre vie à tous est enserrée dans un épouvantable inconnu.

— Rassurez-vous, ami lecteur ! D'une part, L'*Inconnu* n'existe que pour ceux qui ne l'ont pas étudié ; et, d'un autre côté les magistes, c'est-à-dire les hommes qui ont consacré leur vie à l'étude des mystères et à la solution des grands problèmes, dans notre Occident du moins, sont très peu nombreux, bien qu'il en existe à Paris même, j'en suis absolument assuré. Ils marchent dans leur voie comme vous dans la vôtre, — précurseurs de la science à venir. Ne vous en inquiétez pas plus qu'ils ne s'inquiètent probablement de vous et suivez le conseil de Rabelais : Mangez chaud, buvez frais et digérez bien — auquel je me permettrai d'ajouter : Faites le bien selon vos moyens, et croyez en Dieu tant que son inexistence ne vous aura pas été démontrée ; — avec cette règle de vie, vous aurez chance de ne jamais donner prise à une attaque de goétien. Quant aux autres, ceux qui pratiquent la magie divine, croyez-m'en, ils ne vous veulent aucun mal, qui que vous soyez.

Maintenant, permettez-moi de conclure cet épilogue en le rattachant plus étroitement au récit qui précède, de façon à vous montrer que cette histoire, qui vous semblait incroyable, est parfaitement vraie en chacun de ses éléments — M. et Mme de Ryès — de leur vrai nom M. et Mme de K*** (on comprendra que je ne donne que leur initiale) sont actuellement retirés depuis ces événements dans une de leurs propriétés du Finisère, sur les confins de la Basse-Bretagne et du pays de Cornouaille, et M. de Ryès n'est pas encore guéri d'une névropathie chronique contractée par suite des événements que je viens d'avoir l'honneur de vous raconter : — ce n'est pas impunément, pour un être humain, que ses forces vitales ont été bues par un vampire !

# POSTFACE

« La science est la révélation des choses par l'évidence et la démonstration. »

Lacordaire.

« La science doit avoir de grands ménagements pour l'ignorance qui est sa sœur aînée. »

Fontenelle.

# POSTFACE

L'auteur ne se fait aucune illusion sur la façon dont ces pages — explicatives de faits dont chacun existe dans la réalité hyperphysique — seront accueillis par les tenanciers de la science officielle qui les liront : un dédaigneux haussement d'épaules, et ils passeront. — Il est plus simple, pour qui se croit en possession de la science infuse et pour qui l'enseigne, de nier et de ridiculiser les faits, fussent-ils irrécusables — tels que les matérialisations d'êtres fluidiques, les manifestations diverses de l'énergie astrale, les possibilités dynamiques de l'esprit ou les potentialités physiques de la volonté humaine, journellement réalisées en certains centres d'étude, — plutôt que de les étudier ainsi que l'ordonnerait la logique ou même la simple loyauté.

A. de Humbold a écrit avec raison : « Un scepticisme exagéré qui rejette les faits sans vouloir les approfondir est presque plus pernicieux encore qu'une crédulité sans contrôle ! » Et ces jours-ci le D$^r$ Charles Richet : « Malheur aux savants qui croient que le livre de la nature est fermé, et qu'il n'y a plus rien de nouveau à faire connaître aux faibles hommes ! »

Mais pour ces autres savants, infatués d'eux-mêmes, y pensez-vous ? Admettre la simple possibilité de faits si en dehors des théories actuellement en faveur, ce serait descendre de sa chaire, car ce serait admettre que l'on ignore les théories du Vrai, et que, par suite, on n'enseigne que l'erreur. Donc, ceux-là ont été de tous temps, sont et seront toujours irréductibles. Et toujours ils s'enfuiront à gauche quand ils sauront qu'à droite on étudie et l'on expérimente des phénomènes dont ils ne veulent à aucun prix entendre parler.

« Il ne faut pas trop s'étonner dit quelque part le colonel de Rochas (1), que des gens qui ont passé toute leur jeunesse à étudier des théories établies par leurs prédécesseurs, et qui, arrivés à l'âge mûr, sont payés pour les enseigner à leur tour, n'acceptent qu'avec répugnance des nouveautés les forçant à refaire péniblement leur éducation. Il en a été de même à toutes les époques... » (2)

Mais à côté de ces pontifes pontifiant se trouve la foule des « jeunes » de qui l'esprit n'est pas encore cristallisé par l'emprise des théories académiques, de qui la conscience n'est pas encore obnubilée par la négation voulue de tout ce qui est en dehors du *plerumque fit*... Ceux-là, d'abord, se réfugieront dans la foi tenace du *Magister dixit*... Mais ensuite ils prendront de l'âge et, parmi eux, il en est qui réfléchiront... Et quand ces derniers apprendront que, par exemple, l'His-

---

(1). *Les Frontières de la Science*, 1er fasc. in-8, Paris 1902.

(2) Combien plus correcte au point de vue scientifique, combien plus consciencieuse au point de vue humain, et combien plus digne au point de vue personnel, fut la conduite spontanée d'un des maîtres de la science contemporaine qui, au cours d'une expérience ayant fait quelque bruit ces dernières années, mis en présence d'un fantôme matérialisé, s'écria en saisissant avec angoisse le bras de son voisin — un des directeurs du mouvement spiritualiste français, de qui e tiens le fait : — « *Mais... nous ne savons rien !* »

toire telle qu'on la leur a enseignée n'est qu'une basse prostituée donnant ses sourires uniquement au succès et piétinant ignominieusement les plus belles causes lorsque la Fatalité fit d'elles des vaincues, quand ils constateront que, dans tout ce que prône la science contemporaine, il n'y a pas les deux tiers de vrai — ils comprendront que derrière la chaire du Maître et au-delà de sa parole, il y a quelque chose qui ne leur a jamais été enseigné : c'est cet ensemble de possibilités et d'idées prime-sautières qui, en dehors de tout sentier battu, et par suite au-dessus des doctrines courantes, constitue ce je ne sais quoi de nébuleux et de vague qu'aujourd'hui repoussent les théories soi-disant définitivement établies de la science officielle, mais qui demain se précisera et constituera la source merveilleuse dont l'avenir fera jaillir l'éternel et continu PROGRES.

Hooke en Angleterre et Paucton en France, il y a plus d'un siècle, sont morts ignorés sinon ridiculisés : aujourd'hui l'hélice est la reine des mers. Le marquis de Jouffroy fut raillé sous le nom de Jouffroy-la-Pompe : les corps savants par la bouche de l'académicien Périer, le blâmèrent d'avoir voulu « accorder le feu et l'eau », et la vapeur est à l'heure actuelle le principal agent propulseur de la navigation. Est-ce que Galvani, qui venait de découvrir la force de l'avenir n'a pas été traité de « maître à danser des grenouilles ?... » Où que l'on se retourne, il en est ainsi : la science officielle se charge d'écrire en ses annales, avec sa plume d'oie, le martyrologe d'aujourd'hui d'où naît le progrès de demain.

Or, parmi ces « jeunes » qui étudient en cet instant, il en est que le hasard, cette « Volonté des Dieux » mettra un jour ou l'autre en présence de ces faits indéniables que la science officielle du jour refuse d'admettre — parce qu'elle ne sait comment les expliquer ; à leur tour, ils réfléchiront ; ils étudieront à nouveau ; ils seront suivis par d'autres. Peu à peu la Vérité, que nul ne peut étouffer que temporairement, se fera jour, et dans cinquante ans, quatre-vingts ans, malgré les efforts des académiciens, quand on parlera par exemple de la télépathie devenue un mode de correspondance courante, ou bien de la psychométrie utilisée comme moyen d'investigation dans l'histoire ou dans la science, il se trouvera un petit garçon pour poser tout naïvement, tant cela lui semblera simple, la même question que me posait il y a des années, à propos des chemins de fer, un autre petit garçon devenu maintenant un homme : « Est-ce que cela n'a pas toujours existé ? »

Or, c'est à ceux-là, à ces « jeunes » que je m'adresse en ces lignes, ainsi qu'aux lecteurs de bonne foi.

De tout ce qui précède, s'ils ne sont pas prévenus, j'entends s'ils n'ont jamais ouvert un livre d'occultisme, ils doivent se sentir quelque peu déroutés et désorientés en songeant aux principes scientifiques qui leur ont été inculqués au cours de leurs études — secondaires ou supérieures — et que, par suite d'une discipline spéciale, ils se plaisent à regarder comme intangibles.

Qu'il me soit donc permis, en ces dernières pages, de parler uniquement SCIENCE dans la plus haute acception du terme — je veux dire d'en parler avec le libéralisme d'un esprit qui n'est ni aveuglé par l'autoritarisme de la chaire, ni hypnotisé par les premières études poursuivies sous des maîtres qu'il respecte, bien que ne pouvant admettre aujourd'hui l'absolutisme de leurs théories — mais qui croit de son devoir d'affirmer cette vérité, simpliste bien qu'inédite pour tant de gens, que la science fut, est, et sera toujours soumise au principe général de l'évolution, qu'elle n'est pas stable comme il convient à certains esprits de l'affirmer et qu'au contraire il est dans sa destinée, comme dans la destinée de tout ce qui existe, dans quelque monde que ce soit, d'être perfectible et de progresser sans cesse vers le mieux.

Je ne puis donc, en notre temps, considérer la science que comme étant, pour ainsi dire, en un stade d'où des progrès à venir doivent l'amener vers un stade conséquent et supérieur.

De cette considération générale, il me sera permis de tirer les deux aphorismes suivants contre lesquels ne se pourra s'inscrire en faux aucun esprit véritablement scientifique :

I. — « Quiconque, à l'heure actuelle, prétend poser, en matière d'énergétique, une limite *même approximative* entre le possible et l'impossible, commet un acte de folie ».

II. — « Quiconque, à l'heure actuelle, prétend que la science connait, *fût-ce seulement en principe*, TOUTES les lois régissant la matière dans ses diverses modalités, se délivre à soi-même un brevet d'ignorance absolue ».

En ce temps, en effet, le savoir humain est, comme le monde en général et à quelque point de vue qu'on l'envisage, à un tournant de sa marche vers l'avenir et de son cheminement vers l'inconnu.

Chaque jour surgissent des lois nouvelles — et je vais en établir une au cours des lignes suivantes

— qui battent en brèche les principes généraux jusqu'alors regardés comme la base de toute science. Les affirmations du passé sont controuvées. Les lois scientifiques sur lesquelles on a vécu jusqu'à ce jour sont, pour nombre d'entre elles, en faillite virtuelle, et l'on peut, aux deux axiomes qui précèdent, ajouter le corrollaire suivant énoncé plus haut :

« En admettant que, sur tout ce qu'enseigne actuellement le dogmatisme scientifique, il y a les deux tiers de vrai, c'est faire à l'enseignement officiel la part belle — très belle. »

Parmi les lecteurs de ces pages, à qui je m'adresse ici, il en est certainement qui, un jour ou l'autre, seront appelés à assister à un phénomène d'hyperphysique. Ils devront donc, avant tout, s'ils sont doués d'esprit critique, se remémorer les deux aphorismes qui ont été posés plus haut. Il leur faudra se bien pénétrer tout d'abord de cette idée fondamentale : « Ce que nous sommes appelés à voir et par suite à constater, quelque extraordinaire, quelque contraire à toute loi connue que cela paraisse, peut être vrai : aucune théorie ne nous autorise à le croire faux *à priori*. » Et j'ajouterai : « Un tel sentiment, s'il est général chez eux, leur permettra d'assister à des expériences que ne connaîtront jamais les autres, ceux qui, avec une suffisance grotesque déclarent imperturbablement : « Tout ça ? des plaisanteries ! des *blagues* ! des ANERIES ! » Ceux-là des nullités qui se croient quelque chose, sont appelés à n'avoir jamais rien à constater nulle part, car tout occultiste les fuit comme la peste, et, considérant leur contrôle comme burlesque, et par suite nuisible, évitera constamment de les introduire dans un milieu où l'on s'occupe de cette partie phénoménique spéciale de la science.

Mais il ne faut pas tomber dans l'excès contraire, et le témoin qui, procédant d'après les deux axiomes posés plus haut, admettrait par suite la réalité hyperphysique de tous les faits qu'on l'appellerait à constater, celui-là prouverait également, quoique dans un sens contraire, qu'il est absolument dénué d'esprit critique.

En effet, les écueils à éviter, lorsque l'on s'avance sur l'Océan de l'inconnu et du mystère, sont non seulement nombreux mais, de plus, bien dangereux, et l'expérimentateur le mieux armé peut facilement y échouer et s'y briser.

Parmi ces écueils qui, à divers degrés, constituent l'erreur, je signalerai les trois principaux, qui sont :

A. — L'hallucination.
B. — La suggestion mentale.
C. — La fraude.

Puisque je m'adresse ici aux lecteurs qui peuvent être appelés un jour ou l'autre à constater la réalité d'un phénomène hyperphysique, qu'il me soit permis de leur donnner quelques conseils relativement à ces trois causes d'échec, toujours à redouter.

A. — HALLUCINATION. — L'homme qui peut affirmer : « Jamais mes sens ne m'ont trompé » est un fat. L'homme qui ose dire : « Jamais mes sens ne me tromperont » est un sot. Rien n'est plus faillible, quoi qu'en pense l'ignorant, que les organes sensoriels de l'homme.

*Testis unus, testis nullus* ! dit le vieil axiôme de droit romain : c'est toujours au cours de telles recherches qu'il convient de l'appliquer. Donc, si quelque phénomène hyperphysique se produit *devant vous seul*, croyez *à priori* à l'hallucination, croyez à tout plutôt qu'à l'objectivité du fait si sa réalité matérielle ne vous est pas absolument démontrée. En d'autres termes, ayez toujours à vos côtés un ou plusieurs expérimentateurs qui vous serviront de contrôle.

Et encore, ce contrôle ne peut-il être regardé comme absolu. L'hallucination personnelle est un fait, mais l'hallucination collective est aussi un fait. Bien plus rare, infiniment plus rare évidemment que la première, mais elle présente aussi une cause d'échec contre laquelle il convient de se prémunir.

Un homme me dit : « J'ai vu un fantôme ! ». Je réponds : « Hallucination dont la probabilité confine à la certitude ! ». Dix hommes me disent : « Nous avons vu ensemble un même fantôme ! ». Je réponds : « Hallucination possible et que je regarderai comme telle tant qu'il ne me sera pas présenté une preuve certaine du fait. »

Ici nous appelons à notre aide le contrôle des instruments : c'est le seul qui ne trompe pas, car, seuls, les instruments de science expérimentale sont soustraits à l'hallucination. Si dans le cas précédent on me montre une photographie du fantôme, si d'autre part je sais que l'affirmation émane d'auteurs d'une probité scientifique au-delà de tout soupçon, incapables de frauder aussi bien que de se laisser duper, je suis forcé de m'incliner : l'appareil photographique n'a pu être halluciné !

Les magnétiseurs me disent : « Nous émettons un fluide. » Les hypnotiseurs répliquent : « Nous n'émettons aucun fluide. » Lesquels croire ? Je place dans certaines conditions ma main sur une plaque photographique et, après développement, j'y trouve enregistrée la reproduction graphique de ce fluide que nient les uns et qu'affirment les autres : je suis amené à conclure *expérimentalement* que ce sont les magnétiseurs qui sont dans le vrai.

Des hommes de haute honorabilité et de science certaine, reconnue, m'affirment : « Un guéridon de trois kilogrammes sur lequel nous avons imposé les mains s'est élevé au-dessus du sol et est demeuré suspendu dans cet état pendant dix secondes. » Je suis fondé à répondre : « Ou vous avez mal vu, ou il y a eu là une hallucination collective. » Mais si ces mêmes témoins ajoutent « Un peson muni d'un appareil enregistreur a constaté, par le graphique de cet appareil, que la table, pesant jusque là trois kilogrammes, n'a plus pesé durant dix secondes que zéro gramme, puis a repris son poids normal de trois kilogrammes. » Je suis forcé de m'incliner : le peson enregistreur n'a pu être halluciné.

Donc, pour éviter cette cause possible d'erreur, il convient de faire constater les faits par des témoins quand on ne le peut autrement, et surtout par des instruments scientifiques — balances, appareils photographiques, enregistreurs et autres — si cela se peut.

B. — SUGGESTION MENTALE. — En toute étude de psychologie expérimentale, a dit quelque part Ochorowicz, il faut toujours se garer de la suggestion mentale qui peut, à l'insu des plus savants expérimentateurs, avoir une part aussi prépondérante qu'insoupçonnée dans l'expérience la mieux combinée et la mieux conduite.

C'est ici un écueil d'autant plus difficile à éviter que nous ignorons absolument les lois qui régissent la suggestion mentale.

Les gens pour lesquels la nature n'a pas de secrets — je veux dire les naïfs, les ignorants et surtout les demi-savants — caractérisent on ne ne peut plus facilement le phénomène : « Quoi de plus simple, en effet? Deux êtres habitués à mener la vie commune, deux époux par exemple, se trouvent avoir au même moment la même pensée au point que la réflexion énoncée par l'un constitue une réponse à la question qu'allait poser l'autre... Telle est la suggestion mentale. »

Il est bien évident que c'en est là un des exemples les plus convaincants ; mais le phénomène revêt rarement une forme aussi simpliste, et il y a bien des cas où la difficulté est extrême de découvrir une manifestation — pourtant réelle — de la suggestion mentale, laquelle est, d'essence, souverainement et absolument protéiforme.

Il est donc impossible de poser à cet égard une règle même vaguement approximative, et, dans les cinq cents pages de son maître livre — un ouvrage que doit étudier quiconque veut se livrer aux expériences de psychologie — le docteur Ochorowicz n'essaie même pas de formuler le théorème fondamental que l'on voudrait dégager de cet ensemble de faits. Il établit des quantités d'espèces particulières, il analyse de nombreux exemples de toutes les variétés ; mais, arrivé au dernier chapître consacré à la théorie des faits, il l'intitule très prudemment : « *Eléments* d'une explication scientifique. »

Au reste quelques exemples feront mieux comprendre que de longues explications l'apparence hétérogène et multiforme que revêt toujours le phénomène.

Si, dans une séance de xénoglossie, le sujet répond sucessivement en grec, en anglais et en sanskrit à trois questions qui lui sont posées dans ces langues différentes, il n'est aucun de ces observateurs superficiels, acharnés à voir se produire, devant eux, des phénomènes qu'ils ne sauraient expliquer — mais se gardant bien d'étudier aucun de ceux qu'offre la vie journalière à quiconque sait observer — qui ne s'écrie : « Ah ! si j'avais assisté à une telle séance, je serais convaincu ! »

Mais l'observateur critique sait faire entrer en ligne de compte la suggestion mentale qui est répandue dans la pratique de la psychologie comme le sodium dans l'univers, (1) et celui-là songe : — « Quand le sujet a répondu en grec, il a commis une faute de contraction qui est familière à l'interrogateur. Quand il a répondu en anglais, il a été compris de prime abord par l'interrogateur qui, bien que connaissant suffisamment la langue ne comprend que difficilement la prononciation d'un véritable anglais : il a donc pris la défectueuse prononciation de son interlocuteur. Quand enfin il a répondu en sanskrit, sa réponse s'est uniquement composée de mots connus du questionneur... »

Conclusion : — Là où le curieux banal voit une expérience convaincante et hors de tout conteste, l'expérimentateur critique secoue la tête et se détourne en murmurant : « Suggestion mentale ! C'est dans le cerveau de son partenaire que le sujet a puisé ses réponses ! »

---

(1) Il n'est, je crois, aucune analyse spectrale d'étoile qui ne révèle la ligne jaune caractéristique du sodium.

Qu'à ce propos il me soit permis de citer deux faits personnels.

1° Ayant mis en état d'hypnose un sujet qui, m'avait-on dit, pouvait voir les êtres de l'Au-delà, je lui demandai quels étaient ceux qu'il apercevait autour de moi.

Un surtout retint son attention. Il me le dépeignait de telle façon, me le disant lié par des liens de sang très proches en cette vie, et par une particulière affinité de sentiments, que je n'hésitai pas sur le moment et d'après le portrait qui m'en était donné, à reconnaître mon père, mort depuis environ quinze ans. Mais, à peine avais-je eu cette pensée que je cherchai à l'éloigner ; — le sujet, en effet, me donnait une telle quantité de détails, tous réels, que je ne pus m'empêcher de songer :
— « Sur les prémisses de cet entretien, je me suis créé un monoïdéisme, et le sujet me décrit simplement le monoïdéisme que je me suis créé — en d'autres termes, il lit dans mon cerveau et me dépeint ce qu'il y voit. Donc, suggestion mentale ! »

Mais voici que le sujet me cite une particularité du regard que je n'avais jamais remarquée. En rentrant, j'interroge ma femme : — « As-tu jamais remarqué telle particularité du regard de mon père ? — Oh ! bien souvent ! » Dès lors mon opinion était bien arrêtée : tout le reste pouvait n'être que suggestion mentale ; mais, ce détail, le sujet n'avait pu le puiser dans ma subconscience : donc il avait *vu* — indéniablement.

2° Dans une récente séance de psychisme (7 février 1907) un être se révèle, désire s'entretenir avec moi, et me dit : — « Je suis le diable ! »

Ayant publié des ouvrages sur l'irréalité objective de cette individualité, ouvrages qui étaient connus, au moins de titre, par les médiums, je songeai tout de suite qu'il n'y avait là qu'un phénomène de suggestion mentale.

Mais voici qu'au cours de l'entretien, comme je demandais à cette entité ce qu'elle était réellement, elle me fit cette réponse textuelle : « Je suis le résultat d'un Egrégore. » J'étais seul, parmi les assistants au nombre d'une douzaine, à connaître ce vocable ; le secrétaire de la séance avait même écrit : *Eguguédor*. Sur le moment, je fus un peu surpris, ne voyant dans ce terme, par erreur momentanée, que la qualification donnée par les gnostiques à certaine catégorie d'Eons ; et je fus d'autant plus persuadé d'avoir en ma présence une entité objective du Mystère, que, rentré chez moi, je trouvai, par une recherche de bibliothèque, le sens du mot : « Ange déchu, d'après le livre d'Enoch. » Il me parut donc alors indéniable que je venais d'avoir, comme interlocuteur dans l'Au-delà, une personnalité objective et je restai quelque temps convaincu de la réalité du fait.

Mais voici que, en méditant, je m'avisai de ceci : Au cours de mon *Histoire mythique de Shatan*, j'avais été amené à donner une traduction de quelques chapitres du livre d'Enoch, où j'avais rendu le terme grec *Egrègoros* par le mot français *Vigilant*. Cette signification, donc, ne m'était pas inconnue ; je l'avais sue, puis oubliée, et elle était demeurée enfouie dans un lointain repli de ma subconscience, où l'esprit d'un des médiums avait pu la prendre. Donc, suggestion mentale ! Or, dans une séance de peu postérieure (21 février 1907) le même Etre s'est révélé, et m'a, au cours d'un long entretien, donné sur ma bibliothèque un détail tellement technique, que j'ignorais et que ne pouvaient connaître les médiums, qu'à l'heure actuelle je demeure absolument perplexe, m'interrogeant en vain : Réalité ou suggestion mentale ?

Un observateur superficiel n'eut pas hésité, en présence de ces deux longues conversations avec le Mystère, à décider de l'affirmative. Pour moi qui me suis pénétré du livre d'Ochorowicz, je ne sais que dire — et j'attends la suite pour me former une définitive opinion entre trois hypothèses — ou la présence effective du démon, ce qui est infiniment peu probable, l'être en question ayant, au surplus déclaré que le diable du Christianisme n'existe pas ; ou bien une entité méchante et railleuse de l'Au-delà, puisqu'elle s'est présentée sous le couvert d'une telle étiquette, ce qui est dans le domaine des possibilités ; ou bien enfin y aurait-il eu suggestion mentale de l'opérateur aux médiums, lesquels auraient pris dans la subsconcience de celui-ci les éléments de ces conversations en lui servant des faits tombés dans l'oubli mais dont le souvenir serait demeuré chez lui à l'état latent ?

Encore une fois, là où une observation superficielle n'hésiterait pas à se prononcer, je préfère réserver mon jugement.

Cet exemple, pris sur le vif, suffit pour montrer à tous, combien est scabreuse, avec quelle précaution doit être envisagée l'immixtion de la suggestion mentale dans les questions de psychologie expérimentale.

C. — FRAUDE. — J'aborde ici la troisième cause d'échec de ce genre d'expérimentation.

Dans la grande majorité des expériences qui

nous occupent ici, l'on est contraint d'avoir recours à une catégorie spéciale d'individualités dont l'organisme présente les particularités nécessaires à l'expérimentation poursuivie. qu'on les appelle médiums en psychisme, somnambules en magnétisme, ou, plus généralement et plus simplement, comme dans l'hypnotisme : sujets. Ce sont des êtres sensitifs chez qui ce que l'on a appelé le sixième sens de l'homme, le sens psychique, qui se trouve en germe chez tout individu, est particulièrement développé dans une quelconque de ses modalités, et supplée ainsi à ce qui manque à l'expérimentateur ordinaire orienté vers les choses du Mystère.

Or, ce sujet, un être humain, c'est-à-dire soumis à toutes les erreurs de l'humanité, est au même titre que l'expérimentateur lui-même exposé aux deux causes d'erreur exposées plus haut : l'hallucination et la suggestion mentale. Il en présente de plus une troisième qui lui est propre et sur laquelle l'expérimentateur peut parfois échouer s'il n'a pas les sens constamment en éveil pour contrôler les actes de son sujet : je veux parler de la fraude.

Lorsque le sujet utilisé est un fraudeur d'habitude, ce que l'on obtient avec lui et par son moyen n'est plus un phénomène d'hyperphysique, mais un tour de prestidigitation ou de fantasmagorie. Je ne m'arrêterai donc pas à ce cas que suffit généralement à dévoiler une certaine sagacité d'investigation. (1)

---

(1) A y regarder de près, cependant, la fraude en elle-même ne fait que corroborer la réalité des phénomènes simulés. — Vassallo Gandolin, dans sa polémique récente avec l'illustre physicien d'Italie prof. Blaserna et Léo Pavoni, a émis à ce sujet un aphorisme profondément typique ; « Je pense, a-t-il

Mais à côté des professionnels de la fraude, il y a les fraudeurs d'occasion, et il n'est guère de sujets, si honnêtes, si loyaux soient-ils, qui ne soient amenés un jour ou l'autre, par le hasard des circonstances, à user de fraude. Ils ont obtenu hier tel effet ; aujourd'hui, soit par suite de fatigue de leur part, soit pour tout autre motif, l'effet attendu se laisse trop désirer ; leur énervement finit par suppléer à la force qui leur fait défaut, et ils produisent artificiellement le phénomène demandé : quelques-uns en toute conscience, mais d'autres, aussi, inconsciemment. Une scrupuleuse critique scientifique aidée, si possible par le contrôle mécanique d'instruments enregistreurs doit donc présider à tout essai d'expérimentation

Les sujets payés sont généralement les plus enclins à la fraude, et cela se comprend puisque pour eux, il y a un intérêt matériel et immédiat. Mais bien d'autres motifs — la vanité entre beaucoup — peuvent amener à frauder le sujet le plus consciencieux? Aussi convient-il, avant d'user de l'un d'entre eux, de s'informer soigneusement de son caractère, de sa moralité générale, de ses antécédents, etc. Et, malgré toutes les garanties possibles, il convient d'avoir sans cesse l'esprit en éveil à son endroit. (1)

---

dit, que si l'on fabrique des monnaies fausses, c'est parce que, *probablement*, il y en a de bonnes, car on ne pourrait pas imiter ni contrefaire ce qui n'existe pas. »

(1) La fraude est, malheureusement, un des coefficients avec lesquels il convient de compter le plus en pareille matière. Ochorowicz a dit, dans son maître-livre de la *Suggestion mentale:* « Il ne faut pas oublier que la fraude est inséparable du médianisme, comme la simulation est inséparable de l'hypnotisme. » En effet, tous les sujets d'expérimentation ne sont « sujets » que parce qu'ils sont atteints de neuropathie

Mais il faut éviter de tomber d'un excès dans un autre, et de regarder comme fraude ce qui est un effet naturel quoique inconnu. Aussi importe-t-il de n'admettre au contrôle des expériences que des personnes sûres, douées d'un certain degré de culture scientifique et connaissant bien les diver-

---

protéiforme. Or, qui dit neuropathie dit hystérie ; j'entends l'*hysteria minor*, synonyme de nervosisme général, et non l'*hysteria major*, névrose passionnelle, convulsive et épileptiforme. On sait, d'autre part, le rôle que joue le mensonge dans la vie journalière des hystériques — mensonge d'autant plus difficile à étudier et à qualifier, qu'il n'est tel que pour les témoins : pour le sujet lui-même, il est simplement erreur subjective. La fraude est donc, en pareille matière, d'autant plus difficile à percer à jour que, la plupart du temps, elle n'existe pas pour le sujet, lequel reste de bonne foi en fraudant à son insu.

Je ne saurais mieux faire à cet égard, pour montrer la difficulté d'étudier le mensonge hystérique chez les sensitifs d'ordre spécial, que de reproduire les conclusions du Dr Alb. Richard (*Le Mensonge chez la femme hystérique*, 1 br. in-8, Bordeaux 1902).

1° La femme hystérique a une tendance très marquée à parler contre la vérité.

2° Cependant, on ne peut inférer de cela qu'elle mente, car il y a souvent dans son cas simple erreur, par conséquent pseudo-mensonge.

3° Les pseudo-mensonges des hystériques sont le résultat des hallucinations de l'attaque ou des rêves nocturnes, *des suggestions extrinsèques, des troubles de la conscience, de la mémoire et de la personnalité*.

4° Il n'en est pas moins vrai que l'hystérique peut réellement mentir, mais le plus souvent ses mensonges relèvent de sa maladie ; ils sont dus à *la faiblesse psychique*, à la puérilité de caractère, à *une véritable ataxie mentale*.

5°.........

6° La femme hystérique ne peut être tenue pour responsable, du moins entièrement, de ses mensonges.

ses théories des phénomènes observés, sans quoi l'on s'expose à des mécomptes. (1)

On voit donc, par ce qui précède combien sont délicates, à tous points de vue, les conditions de la moindre expérience tentée sur le Mystère.

Tout à l'heure j'ai dit à ceux de mes lecteurs qui pourraient être appelés à assister à un phénomène d'hyperphysique : « Allez à cette expérience avec la conviction que, *à priori*, tout doit être réputé possible ! » A quoi j'ajouterai le correctif nécessaire :

---

7° ..............

On voit donc avec quelle prudence il convient d'agir en ce qui concerne un sensitif d'une neuricité souvent aussi délicate qu'exagérée, mais toujours plus ou moins maladive, en se rappelant que le mensonge ne se commet pas seulement en paroles — ce qui constitue sa forme habituelle — mais aussi, et surtout dans certains cas, en action.

Ceci montre qu'il est une infinité de circonstances où la fraude peut exister, patente, avérée, irrécusable, sans que, pour cela, le sujet lui-même puisse être incriminé. De là, la recommandation de souveraine prudence qu'il convient d'apporter aux études expérimentales d'hyperphysique, dès que l'on est obligé d'avoir recours à l'aide d'un sujet.

(1) On se rappelle la mésaventure des frères Davenport à Paris, en 1865. Un des griefs élevés contre eux fut que, dans l'obscurité, on *les* voyait, on *les* sentait. Donc ils avaient un *truc* pour sortir de leur armoire. Depuis lors, la théorie du périsprit ou corps astral a fait des progrès, s'est affirmée, est entrée dans le domaine de l'expérimentation pratique. Or, aujourd'hui, de nombreux chercheurs admettent parfaitement que ce qu'on a pris pour les médiums dans la salle n'était que leur *double* fluidique, leur aérosome. Pour ma part, je suis d'autant plus porté à admettre cette explication que je connais un des *témoins* que l'on enfermait avec eux dans la fameuse armoire, et qui m'a, à maintes reprises, affirmé formellement n'avoir surpris aucun mouvement de leur part, et les avoir constamment tenus l'un et l'autre pendant toute la durée de l'expérience.

« Mais avant d'admettre même l'évidence, entourez-vous de toutes les garanties, prenez des précautions à l'excès, surveillez les appareils enregistreurs... en un mot, défiez-vous de tout, de tous, et *surtout de vous-mêmes*. Mais par contre, le jour où, pour vous et malgré tout, s'affirme la réalité d'un de ces phénomènes raillés par les foules à la remorque des académies officielles, il vous appartient de le proclamer, dédaigneux du rire des sots, du haussement d'épaules des scientistes intéressés à nier, et de la raillerie de la multitude habituée à ne penser que par le cerveau d'autrui et à n'avoir d'autres idées que celles qui sont inculquées par des pédagogues imbus de suffisance et de pédantisme.

En ce qui me concerne personnellement, je sais par expérience propre la possibilité, l'existence d'un certain nombre de faits de psychisme, d'occultisme, d'hyperphysique, c'est-à-dire de ceux qui sont en désaccord sinon même en opposition avec les théories actuelles de la science ; il m'a toujours semblé prudent de les diviser en deux catégories : les faits indéniablement établis par témoins ou par preuve quelconque ; ce sont les seuls dont je considère qu'il puisse être fait état ; et les faits dont j'ai été seul acteur ou témoin — ceux-là, je les conserve comme point de départ d'une expérimentation nouvelle destinée à les confirmer ou à les infirmer, mais je ne les considère en eux-mêmes que comme admissibles et nullement comme réels, strictement parlant, par suite de toutes les causes d'erreur auxquelles — en pareille matière surtout — est fatalement soumise la faiblesse de l'être humain.

Mais, pourra-t-on objecter, quelle ligne de conduite convient-il de tenir relativement aux faits purement personnels?

Il en est — tels que le phénomène de la vision dans le miroir — qui peuvent être contrôlés par des témoins ayant subi le même genre d'entraînement que l'expérimentateur. Il en est d'autres qui, purement mentaux, comme la prémonition, ne peuvent être contrôlés que par la survenance d'un évènement subséquent. Pour tous, il faut agir avec la plus absolue prudence et ne considérer leur réalité comme acquise et prouvée que lorsque, tout bien réfléchi et pesé, leur existence paraît présenter des bases assez plausibles d'objectivité. Encore est-il prudent de n'en faire que rarement état, et d'éliminer de toute discussion ceux qui ne comportent pas de preuves suffisantes.

Telle est, à mon avis, la ligne de conduite à tenir par les esprits qui, réellement sérieux, véritablement imbus de critique scientifique, sont amenés soit à assister à la production d'un phénomène hyperphysique, soit à tenter par eux-mêmes quelque expérience dans le domaine de l'Inconnu et du Mystère.

Et à ceux-là — mais à ceux-là seuls — je livrerai une formule, la formule de ce Progrès dont je viens de parler et sur laquelle sont basées et la poussée des faits que l'on essaie en vain de nier et la marche vers l'avenir qui entraîne les humanités, et la soif de savoir qui fouette les intelligences, et, par suite, comme conséquence, les pages explicatives qui précèdent.

« **Toute énergie, toute force, tout mouvement, dans quelque ordre — moral ou intellectuel, psychique, et matériel — et dans quelque monde — physique, astral ou hyperphysique, et divin —**

qu'il se produise, a pour but définitif l'ÉQUILIBRE (1).

Tout acte humain, tout phénomène naturel, toute gravitation sidérale, n'est donc *qu'une course à l'équilibre*. Tout progrès n'est qu'un stade sur cette voie (2).

Et cette *course à l'équilibre* a toujours lieu, et ces stades successifs sont toujours échelonnés, suivant les lois physiques des ondes vibratoires, lois qui sont régies par la théorie des nombres, formulée par Pythagore (3).

---

(1). La Vie est une force dont la Mort n'est qu'un stade dans cette marche vers l'équilibre, stade qui doit être suivi d'autres manifestations de la force vitale.

(2). Toutes les forces ou manifestations d'énergies constatées dans la nature ne sont que la conséquence nécessaire de ruptures d'équilibre soit naturelles soit provoquées par l'homme pour ses besoins, la vie aussi bien que l'électricité. La seule différence entre les forces naturelles et les forces artificielles est que, pour ces dernières (l'électricité, par exemple), c'est l'homme qui a provoqué la rupture d'un équilibre antérieur, afin de s'interposer dans la nouvelle course à l'équilibre nouveau ainsi créée, et pour accaparer au passage les forces qui en résultent.

(3). D'autre part, et à un point de vue différent, le Progrès ne se produit pas, comme on le croit ordinairement, de façon directe. S'il était possible de figurer géométriquement sa marche, on pourrait dire qu'elle ne décrit pas une ligne droite mais une courbe continue d'apparence hélicoïde ramenant constamment les humanités à un plan supérieur de leur point de départ précédent, de façon que chaque révolution hélicoïdale parcoure le cycle complet des perfectionnements dans tous les ordres d'idées.

C'est ainsi que la loi de 1791 supprima les jurandes et maîtrises des corps de métiers, progrès qui, en rendant toute liberté à la main d'œuvre, amena à notre époque la constitution de syndicats, lesquels ne sont qu'une forme perfectionnée des anciennes maîtrises et jurandes.

Il en est ainsi du reste — et c'est ce qui explique la lenteur

Voilà pour ceux qui savent penser.

Quant aux autres, quant à ceux qui ne veulent ni étudier, ni réfléchir, ni observer, ni raisonner, qui demeurent embourbés dans l'ornière du passé, esclaves aveugles des théories qui meurent, admirateurs quand même du conventionnel Mensonge sur lequel se base leur conception commode des choses, je ne livrerai qu'un texte à leurs superficielles méditations : la dédicace suprêmement ironique et dédaigneuse, qu'Eugène Nus a placée en tête de son livre *Choses de l'autre Monde* (1), où il montre que la science psycho-physiologique est à l'aube de découvertes destinées à renverser toutes les théories jusqu'alors acceptées comme indestructibles:

« **Aux mânes des savants brevetés, patentés, palmés, décorés et enterrés, qui ont repoussé**
« **La rotation de la terre**
« Les météorites,
« Le Galvanisme,
« La circulation du sang,
« La Vaccine,
« L'onduiation de la lumière,
« Le Paratonnerre,
« Le Daguerréotype,
« La Vapeur,
« L'Hélice,
« **Les Paquebots,**
« Les chemins de fer,
« L'Éclairage au gaz,
« L'Homœopathie,

---

du progrès : il faut que tout soit en harmonie avec tout pour que l'humanité passe à un stade supérieur.

(1). Un vol. in-12, Paris, S. D.

**« Le Magnétisme,
« et le reste. »**
**« A ceux, vivants et à naître, qui font de même dans
le présent, et feront de même dans l'avenir. »**

---

NOTE. — Au cours des pages qui précèdent, il n'a pu être examiné, et de façon sommaire, que quelques-uns parmi les principaux, des faits physiques ou psycho-physiologiques ressortissant au Métapsychisme ou à l'Occultisme. Les enseignements moraux, éminemment élevés et purs, qui découlent naturellement de ces faits n'ont pu trouver place ici, comme étant hors du cadre que s'est fixé l'auteur. Ils sont étudiés en un autre ouvrage en ce moment sous presse. *La Faillite de Shatan,* troisième et dernier volume d'une trilogie consacrée à la négation historique, physiologique et philosophique du démon, tel que le comprennent les religions occidentales.

# APPENDICE

### UNE SÉANCE D'EXPÉRIMENTATION HYPERPHYSIQUE

Il m'a semblé qu'il y aurait quelque intérêt, à la fois pour prouver moralement aux profanes la réalité de certains faits, et pour guider les expérimentateurs à leurs premiers pas dans le Mystère, à décrire par le détail une série d'expériences ni trop ordinaires, telles que la conversation avec le guéridon, ni trop transcendantes telles que les évocations d'êtres matérialisés. C'est ce que je vais faire en étudiant les faits au double point de vue pratique et critique.

Je ne suis ni un rêveur dénué de tout esprit d'examen, ni un exalté disposé à tout accepter : en toutes ces matières si délicates, j'étudie, je réfléchis, je compare et je contrôle. Pour ce qui suit, je vais dire franchement, loyalement, ce que j'ai constaté, et franchement, loyalement, ce que j'ai pensé, le tout passé rigoureusement au crible de la raison et de la critique scientifique.

. . . . . . . . . . . . . . . .

Le 16 Mai dernier (1907) une personne amie, au courant des études que je poursuis et auxquelles elle-même s'intéresse, me dit : « Puisque vous vous occupez pratiquement des phénomènes de l'Au-delà, voulez-vous que je vous présente dans une réunion très restreinte, mais où vous trouverez à étudier des faits étranges ? » Inutile de dire que j'acceptai aussitôt : on n'est pas curieux du Mystère pour laisser passer de telles propositions. Peut-être ne verrais-je pas grand'chose, peut-être assisterais-je à des phénomènes remarquables... Je ne savais.

J'interrogeai mon introducteur éventuel sur le milieu, la nature des faits se produisant ordinairement dans ce milieu, en un mot sur tout ce qui convient de connaître en pareil cas. Je sus que la personne chez qui l'on opérait ne voulait pas être nommée, pas plus que les sujets qui opéraient gracieusement ; ceci me mettait à l'aise pour écarter à *priori* tout soupçon de fraude, mais me forçait, par suite, à restreindre mes investigations dans les limites de la délicatesse la plus absolue, telle que la doit observer un étranger chez les hôtes qui l'accueillent.

Le surlendemain, à neuf heures du soir, mon introducteur me présentait dans la réunion indiquée. Tout de suite j'étudiai les êtres, puis le local, ce qui me fut d'ailleurs facilité par une demi-heure de conversation préalable, en prenant du thé et des gâteaux, et en attendant des visiteurs annoncés.

Des deux sujets, l'un me parut de tempérament plutôt nerveux, je dirai même très nerveux, l'autre d'une neuricité relative, modérée, et dans l'organisme duquel me sembla plutôt prédominer le tempérament lymphatique. J'ai à peine besoin de dire que ces appréciations résultent d'un examen purement superficiel, et que les conditions où j'étais amené en ce milieu m'interdisaient toute investigation approfondie. En tous cas, je ne remarquai aucune exaltation de pensées ni chez l'un ni chez l'autre, plutôt un peu d'effacement : tous deux parlant avec calme et détachement des phénomènes qu'ils produisaient — nouveau motif pour moi d'écarter toute suspicion de fraude de leur part.

Les autres assistants se composaient de deux dames, rencontrées antérieurement chez Mme de \*\*\*, et qu'en tous cas rien ne m'autorisait à soupçonner de compérage. Quatre autres personnes, qui m'étaient inconnues et que par suite j'observai attentivement, mais sans résultat, le hasard où le désir de la maîtresse de maison les ayant placées à une extrémité de la pièce où ne se produisit aucun phénomène notable.

L'endroit était une salle à manger plus longue que large, garnie de meubles dans lesquels personne ne pouvait se dissimuler. A une extrémité, un buffet complètement garni. A l'autre, la fenêtre, dont les rideaux étaient hermétiquement clos; devant la fenêtre était poussée la table à manger, carrée, pressant les rideaux contre la fenêtre, de façon que nul ne pût se cacher dans l'intervalle : sous la table, personne; sous un petit bureau voisin, personne davantage.

Aux murs, objets divers : gravures, bibelots, un tambour de basque, une mandoline, etc.

Décemment, je ne pouvais examiner plus à fond un endroit où j'étais reçu en invité, mais je suis assuré que, humainement parlant, rien ne m'a échappé de ce qu'il m'importait de savoir.

Deux portes : l'une près de la fenêtre, fermée et en quelque sorte condamnée par la position de la table; l'autre, la porte d'entrée, faisait un léger bruit quand on l'ouvrait où la fermait, par suite du jeu de la serrure : j'avais tout lieu de penser que personne ne pourrait s'introduire de ce côté, sans qu'on n'en fut averti. Du reste, vu la largeur restreinte de la pièce dont les assistants occupaient les deux côtés et les extrémités, je puis affirmer qu'il eut été impossible à un intrus de manœuvrer au milieu de nous, surtout quand on eut apporté la table qui remplit l'espace central laissé libre. Cette table très simple — en bois blanc ordinaire, sapin et hêtre — offrait une particularité qui me la fit tout de suite apprécier : son peu de largeur. Il était en effet impossible à qui que ce fût de se glisser en dessous. et, les genoux de chacun touchant en quelque sorte les genoux de son vis-à-vis, il était loisible, à l'aide des pieds de sonder le vide et d'exercer un certain contrôle sous cette table. Je n'y faillis pas d'ailleurs, pas plus je crois que mes voisins, car au cours de l'expérience je sentis un pied qui tâtait le mien : j'en fis la remarque pour le cas où c'eut été le résultat d'un phénomène et une voix me répondit dans l'obscurité : « Ne faites pas attention, Monsieur, c'est moi qui avançais mon pied. »

Nous étions disposés comme suit : — je me trouvais vers le milieu d'un côté de la table, ayant à ma droite une dame qui m'était inconnue et à ma gauche mon introducteur; après lui, à l'extrémité de la table vers la fenêtre le principal sujet; puis, de l'autre côté, c'est-à-dire à la suite, la première dame que j'avais vue ailleurs, le second sujet, l'autre dame connue de moi, laquelle me faisait face, puis successivement les autres personnes inconnues de moi achevant d'entourer la table.

En résumé, toute la partie de la table vers ma gauche, c'est-à-dire du côté de la fenêtre, était occupée par les sujets et par des personnes connues de moi : c'est de ce côté qu'allaient se passer es phénomènes.

Chacun prit dans ses mains, à droite et à gauche, *sur la table*, la main gauche ou droite de ses voisins de chaque côté, de façon à former ce que l'on appelle la *chaîne*. Cette chaîne, en somme, n'est autre qu'un cercle magique, avec cette différence qu'au lieu d'être tracé sur le sol par la volonté d'un seul opérateur à l'aide d'une épée, elle est formée d'êtres humains par la volonté de tous. Elle offre cet avantage sur le cercle que l'ensemble des volontés qui la forment lui donne une puissance bien plus forte que celle du cercle; mais elle présente par contre cet inconvénient, je dirai même ce danger, qu'elle est à la merci d'une défaillance individuelle et que sa rupture au cours d'un phénomène peut amener des accidents parfois très graves.

Donc, toutes les mains étaient enserrées dans les mains voisines, à part une exception que je vais expliquer: mon introducteur en ce milieu tenait dans sa main droite à la fois mes doigts auriculaire et annulaire gauches et la main droite du principal sujet; sa main gauche et son bras gauche étaient donc libres, mais cette liberté avait sa raison d'être; en effet la neuricité du principal sujet se trouvait parfois déséquilibrée, et ce sujet avait alors besoin pour retrouver son état normal, de passes magnétiques que, sur l'injonction de la table qui frappait quatre coups pour l'avertir, mon voisin lui faisait alors le long de la colonne vertébrale. Ceci était nécessaire à dire, mais je considère qu'au point de vue de la fraude possible mon introducteur est au dessus de tout soupçon.

Toutes ces considérations préalables bien expliquées et bien comprises, j'ai tout lieu de supposer que les possibilités de fraude étaient réduites à leur strict minimum ; j'y reviendrai d'ailleurs plus loin.

Après que l'on eut fermé la porte d'entrée, l'obscurité se fit — complète — et la séance commença, chacun ayant les mains sur la table et y enserrant celles de ses voisins, généralement par l'enlacement des doigts auriculaires.

J'aborde la série des expériences et leur examen critique.

I. — D'abord, la table se pencha à plusieurs reprises vers moi et de façon de plus en plus prononcée, au point que je dus repousser ma chaise en arrière.

— « Elle vous salue », me dit la voix d'un assistant.

J'avoue que ce phénomène, pour très marqué et très prononcé qu'il fut à diverses reprises, me laissa froid : j'avais vu mieux ailleurs et en pleine lumière : dans l'obscurité, il est trop facile à simuler. Aussi n'y apportai-je qu'un intérêt purement relatif. Je ne veux pas dire par cela que je devinais ou constatais une fraude, non ! j'étais simplement dans l'impossibilité de vérifier si le phénomène était réel ou frauduleux ; dans ces conditions je n'accusais personne ; je me tenais sur l'expectative — et j'attendais ce qui se produirait à la suite.

II. — Conversation très courte pour savoir si l'Etre attendu est bien là et si c'est lui qui produit le phénomène. Questions auxquelles la table répond par coups frappés avec le pied.

Ce phénomène, étant analogue au précédent puisque c'est le soulèvement de la table qui le produit, me laisse encore très froid : il suffit, en effet, qu'un effort soit fait physiquement quoique inconsciemment d'un côté de la table pour le produire. Donc j'attends.

III. — Subitement, des coups isolés se font entendre, puis des *raps* et des grattements comme produits par le frottement d'un ongle sur une surface rugueuse, le tout résonnant dans le corps même de la table dont je sens le bois vibrer sous mes doigts.

Phénomène plus curieux que les précédents, parce que plus difficile à imiter : une flexion du genou dans certaines conditions, lorsque la surface supérieure de la cuisse est appuyée sous le cadre inférieur de la table peut produire, quoique difficilement, l'illusion de coups isolés résonnant dans le meuble; un appareil résonnateur quelconque peut aussi faire entendre une série de coups, et, appuyé contre la table, lui transmettre ses vibrations. Enfin chacun des assistants n'étant généralement tenu par son voisin qu'à l'aide du doigt auriculaire, les ongles des autres doigts peuvent gratter la surface de la table. J'essaie, pour ma part, d'imiter le phénomène, mais mes ongles glissent sur la surface lisse du meuble sans produire aucun effet ; cette surface est-elle aussi lisse par tout autre endroit? La question se pose chez moi, mais, naturellement, demeure sans solution.

Tout cet ordre de faits est évidemment plus difficile à frauder que les précédents, mais enfin il n'y a pas impossibilité absolue. Par suite, je me réserve et j'attends.

IV. — Un assistant demande si l'Etre est disposé à accompagner un air qu'il va siffler. Acquiescement. Une chanson proposée par moi est repoussée, j'ignore pour quel motif. Enfin, on se met d'accord. L'assistant siffle tout doucement la chanson choisie qui est, très légèrement, accompagnée par des coups frappés et des grattements opérés dans le corps même de la table.

Puis la *retraite*, sifflée dans les mêmes conditions est accompagnée d'une façon charmante par de menus coups et grattements, qui donnent impeccablement le rythme des tambours.

Si tout ceci est fraudé, il faut avouer que le *truc* est véritablement digne d'un Robert Houdin. Mais enfin la fraude, pour difficile qu'elle paraisse n'est pas impossible, et, résolu à tout contrôler de façon scientifique et très strictement, je continue à attendre.

V. — Un nouvel air est commencé, au cours duquel les *raps* prennent fin pour être remplacés par le son du tambour de basque que j'avais remarqué du côté de la fenêtre.

On cesse de siffler et le tambour de basque fonctionne seul, tantôt sur la table à laquelle il communique ses vibrations, car il vient d'y être apporté par la force mystérieuse et intelligente que nous avons en face de nous, et tantôt en l'air; puis il revient vers la fenêtre, pour passer ensuite du côté de la porte; tour à tour, il s'agite en face de moi, puis derrière moi : plusieurs assistants se sentent frôlés par lui... il va, il vient, s'élève, s'abaisse, passe de droite à gauche, parfois très rapidement — et tout cela sans cesser de s'agiter de façon que l'oreille puisse suivre ses pérégrinations.

Ici, je suis forcé de m'incliner — loyalement. Pour admettre la fraude, il faudrait soutenir que tous les assistants, sans exception, se sont donné le mot pour me mystifier. Cela ne se peut, puisque je tiens solidement mon voisin de gauche et ma voisine de droite — trop solidement, m'a dit celle-ci qui s'en est plainte à moi après la séance. D'autre part, je ne perçois aucun bruit de pas ou de chaises remuées : le profond silence n'est troublé absolument que par le vagabondage sonore du tambourin. Et quand celui-ci passe derrière moi, je me demande quel être humain peut le manier, puisque, comme je l'ai expliqué, je tiens fermement mes deux voisins et que, de plus, entre notre rang de chaises et la muraille, derrière nous, il n'y a pas dix centimètres d'intervalle. Que des compères se soient entendus pour se lancer et recevoir à tour de rôle l'objet, cela est absolument impossible dans l'obscurité où nous nous trouvions. D'ailleurs, à un moment, ledit tambourin est demeuré durant un temps que j'évalue à cinq ou six secondes sans monter ni descendre, près de mon oreille droite.

Je conclus que, pour moi, ce phénomène est absolument indéniable, à moins de folie ou d'hallucination de ma part — deux tares auxquelles je ne me rappelle jamais avoir été sujet. Si encore ce fait eut été unique je pourrais maintenant hésiter, me demander si mes sens ne m'ont pas abusé. Mais il fut suivi d'autres phénomènes non moins probants et que je vais rapporter à leur ordre de perception.

VI. — Entre temps, plusieurs des personnes tenant dans les leurs les mains des sujets, accusaient des sensations d'attouchements, les uns doux, les autres plus violents, produites par des mains d'homme — fortes ou menues — de femmes, et, ce qui est plus étrange, d'enfant : or, il n'y avait aucun enfant parmi nous. Ces attouchements qui allaient du simple frôlement à la pression et parfois saisissaient, pinçaient même la chair, se produisaient sur la figure, les bras, les mains, le buste... une dame se sentit à un moment prendre la taille. Ce phénomène alternait avec tous les autres, aussi bien ceux qui précèdent que ceux qui vont suivre.

Depuis, j'eus l'occasion de converser avec une des personnes qui en avaient fait l'épreuve par elle-même et cette personne me dit : « Ayant été touchée et pincée plusieurs fois sur la même main, je rapprochai doucement mes deux mains l'une de l'autre en entraînant naturellement dans ce mouvement celles de mes deux voisins que je tenais. De la sorte, je réussis à saisir une des mains mystérieuses sans rompre le cercle. Je m'attendais à sentir cette main, que j'avais saisie et que je tenais bien, se retirer violemment pour échapper à mon étreinte : à ma grande surprise, je la sentis *fondre* entre mes doigts — elle se *dématérialisait.* »

En ce qui me concerne, n'ayant d'aucune façon été l'objet de ce phénomène, je ne puis porter sur lui aucun jugement. Il rentrerait dans la série des matérialisations, chose d'autant plus probable qu'une personne de mes relations avait, à une séance précédente, éprouvé la sensation d'être frôlée par un buste de femme. (1)

Je n'ai aucun motif pour soupçonner la véracité

---

(1) Ce buste, m'a dit la personne en question, était couvert d'une étoffe flottante, alors que toutes les dames présentes étaient vêtues de corsages ajustés. De plus, les cheveux

des personnes qui accusaient ces attouchements de mains, mais, ne les ayant pas éprouvés par moi-même, je les cite simplement sans en faire aucune critique.

VII. — Subitement, je sens un objet menu se poser sur mes genoux, je remue les jambes, un peu intrigué de ce que cela peut être. Je sens glisser sur mes genoux comme des petits paquets légers que j'entends tomber successivement sur le parquet. Je fais part de ce qui se passe.

— «Sans doute le jeu de cartes», réponds un assistant. Et en effet, après la séance, je trouvai un jeu de cartes éparpillé sous moi.

Trois hypothèses seules peuvent expliquer le fait au point de vue *physique* : ou ces cartes m'ont été déposées sur les genoux par mes voisins de gauche, de droite ou d'en face ; ou quelqu'un les a lancées d'une extrémité de la table, en les faisant glisser et le hasard les a fait tomber sur moi ; ou enfin quelqu'un se faufilant sous la table les a placées à l'endroit où je les ai senties.

Pour cette expérience comme pour les suivantes, j'élimine *à priori* cette troisième hypothèse : il était impossible à qui que ce fût de se glisser sous cette table étroite où les genoux de chacun étaient en contact presque permanent avec ceux des personnes assises en face. Restent les deux autres hypothèses.

J'écarte la première, puisque je tenais solidement les mains de mes voisins de droite et de gauche, et ma voisine de face, agissant de même

---

étaient épars] sur les épaules et jusqu'à la taille, alors que toutes les coiffures féminines de la réunion étaient roulées en chignons de diverses formes.

avait par suite les mains occupées. Je l'ai d'ailleurs revue depuis et, causant avec elle, j'ai pu me convaincre qu'elle était au-dessus de tout soupçon de compérage.

Reste l'hypothese de la projection d'une extrémité de la table. — Mais alors ce paquet de cartes eut dû me frapper la poitrine puis tomber pêlemêle sur mes genoux au lieu d'y être doucement déposé, non épars, mais en bloc. Alors ?

Je suis obligé d'attribuer le fait à une force inconnue — et intelligente.

VIII. Entre temps, j'observai des lueurs de ci de là, brillantes et fugitives. Quelle en était la nature ? Au premier abord, je crus à une hallucination visuelle de mes rétines fatiguées par l'obscurité. Mais quelqu'un me les fit remarquer et je les observai dès lors avec plus d'attention. Je connaissais déjà, pour l'avoir vu ailleurs, ce phénomène des flammes hyperphysiques, mais uniquement sous la modalité de feux follets voltigeant dans les ténèbres. L'apparence de ces lueurs m'était encore inconnue. Leur nature participait à la fois de la trace que laisse dans l'obscurité l'allumette au phosphore chloraté que l'on frotte légèrement sur une plaque rugueuse, et de l'étincelle électrique qui jaillit entre la borne et le trembleur du commutateur d'un appareil d'induction en marche. Leur durée étaient en moyenne d'une à deux secondes, et elles se promenaient sur la table ou à hauteur de la table. Leur constitution paraissait se composer de : 1°. Un noyau incandescent de 2 ou 3 millimètres de large sur 7 ou 8 millimètres de long ; 2°. Une raie lumineuse bordant ce noyau de tous côtés sur une largeur d'environ un demi centimètre. Elles apparaissaient successivement à trois ou quatre places diverses, puis après quelque temps étaient suivies d'une autre série, mais à des endroits généralement différents des précédents. Il y eut ainsi quatre ou cinq séries d'étincellements lumineux qui se produisirent vers le milieu de la séance.

Je détaille le phénomène mais sans en faire aucune critique, sans porter sur lui aucun jugement : vu sa rapidité de production et son éloignement de ma vue (environ un mètre en moyenne) je n'ai pu l'étudier suffisamment pour m'en former une opinion.

IX. — J'arrive maintenant à un phénomène que j'éprouvai ce soir-là pour la première fois, et que je pus analyser, étudier et contrôler longuement et à mon aise.

On a vu plus haut que le tambour de basque avait joué vers le commencement de la séance. A ce moment, j'avais la main gauche étendue à plat sur la table, l'auriculaire et l'annulaire pris, comme je l'ai dit plus haut par la main de droite de mon voisin de gauche.

Après ses premiers exercices, le tambour de basque vint se poser doucement sur la table, à plat, la peau en dessus et le bord inférieur reposant sur la deuxième phalange de mon pouce gauche. J'insiste : il n'y eut pas chute, mais déposition assez lente.

D'abord je ne m'en inquiétai pas et portai mon attention sur les autres phénomènes, notamment sur celui de la mandoline que je vais étudier plus loin. Mais à un moment, un engourdissement légèrement douloureux du pouce attira mon attention de ce côté. J'essayai de soulever le tambour de basque en remuant le pouce : il m'offrit une résistance absolument semblable à celle que j'eusse éprouvée s'il avait été une armature de fer doux reposant à son autre extrémité sur un puissant aimant auquel eut voulu se réunir le côté que je séparais de la table Il y avait là une pression que j'évalue à six où huit kilogrammes, le poids normal de l'objet étant environ de 250 grammes. Je fus sur le point de m'écrier : « Prenez garde, vous me faites mal ! » Instantanément le tambourin recouvra son poids normal tandis qu'un phénomène d'autre ordre se manifestait ailleurs.

Plusieurs fois le même fait se produisit, et toujours, au moment où j'allais demander qu'*on* cessât la pression, elle disparaissait et un autre phénomène se produisait.

Intrigué à la fin par la répétition du fait, j'amenai tout près de moi et la main de mon voisin de gauche qui tenait la mienne, et le tambour de basque. Plus à l'aise, alors, pour contrôler le phénomène sans rompre le cercle, j'entrepris de me rendre compte si quelque assistant ne pesait pas, à certains moments sur cet objet pour augmenter artificiellement son poids.

Un instant qu'il me semblait très lourd, comme pour me défier, je passai mon index gauche sur le bord supérieur de l'objet, c'est-à-dire à l'endroit verticalement supérieur à celui qu'occupait mon pouce en dessous, et où eut dû normalement se trouver l'agent produisant la pression. Mon index parcourut le bord de l'objet sur une longueur d'environ dix à quinze centimètres, sans que je pusse déterminer la cause du poids qui m'écrasait le pouce et qui, à ce moment augmentait sans cesse.

Je penchai alors mon buste vers la gauche, j'inclinai ma tête, seul appareil de sondage dans l'obscurité dont je pusse disposer, et, de ma joue droite, je frôlai en divers sens et à plusieurs reprises la surface du tambourin sans rien rencontrer d'anormal : et cependant la pression ne cessait pas. A peine eu-je relevé la tête et le buste que le tambour de basque reprit sa légèreté, et qu'un phénomène d'ordre différent se produisit.

Trois fois je renouvelai l'épreuve, et trois fois le résultat fut le même.

Là encore le soupçon de fraude me paraît absolument inadmissible : j'étais bien en présence d'une énergie du Mystère.

J'ajouterai cette constatation particulière que deux fois au cours de la soirée le tambourin quitta mon pouce et s'agita à travers la salle, et que les deux fois il revint poser son bord inférieur à la même place, mathématiquement parlant, de la deuxième phalange de mon pouce gauche qu'il avait occupée : si un assistant l'eut manié, je mets en fait que, vu l'obscurité absolue, un tel résultat eut été impossible à obtenir.

X. — Lorsque le tambourin s'était mis à jouer, au début de l'expérience, il avait été suivi de près par la mandoline dont, avant la séance, j'avais remarqué la présence. Cette mandoline, après avoir rythmé — mais non joué — certains airs au milieu de la salle, vers le plafond, s'était tue, était allée se placer je ne sais où, et avait été remplacée par d'autres phénomènes, lorsque, soudain, elle se remit à jouer — ou plus exactement, on en entendit, les cordes pincées à vide, sans former aucune note doigtée — tout près de moi, dans l'espace. Toujours jouant, elle vint se placer, la partie bombée appuyée contre mon front, où elle demeura, fortement pressée contre lui, environ 25 à 30 secondes — assez longtemps pour que j'eusse le temps de filer tout le raisonnement qui suit : « C'est une main très ferme qui tient cet instrument pressé sur mon front. Si donc c'est une main humaine qui le tient ainsi, une telle pression dénote dans le cerveau qui guide cette main la pensée que, par un mouvement instinctif, je vais dérober ma tête par un mouvement de recul : en un mot, il escompte la frayeur que je peux éprouver pour suivre mon mouvement. Si, au lieu de celà, pour le dérouter, je fonce en avant — le coup de corne du taureau — je me heurterai certainement à la résistance élastique d'un poignet qui prépare un mouvement et qui est forcé de faire le mouvement inverse.

Donc, après m'être légèrement reculé pour *prendre du champ*, toujours la mandoline sur le front, je donnai un brusque et violent coup de tête en avant. A ma grande surprise, il n'y eut aucune résistance, mais l'instrument, *tout en continuant à jouer*, s'éleva au dessus de mon front, sans cesser le contact, me frôla toute la tête par un mouvement circulaire inverse à mon mouvement, et vint s'appuyer sur mon occiput, *sans cesser de jouer* — et cela sans choc, sans heurt, sans secousse, comme si le trajet en eut été réglé mécaniquement.

Aucun cerveau humain n'eût pu de la sorte lier sa pensée avec la mienne ; aucune main humaine n'eût pu ainsi accorder son mouvement avec celui que j'ai fait.

XI. — A un certain moment, la table demanda que l'on posât le sucrier sur elle.

Mon introducteur, qui était à ma gauche, me dit alors : « Faites attention ! en pareil cas, les *Etres* cassent le sucre en petits morceaux qu'ils déposent sur les lèvres des assistants. » J'entr'ouvris la bouche prêt à happer solidement les doigts qui m'apporterait du sucre, afin de bien définir s'ils étaient d'un être vivant ou d'une Entité mystérieuse.

Je m'en excuse auprès des personnes qui ont bien voulu m'admettre à cette série de curieuses expériences — elles peuvent d'ailleurs constater que par suite d'une analyse, d'une critique et d'un contrôle très rigoureux des faits, je suis convaincu que les phénomènes étaient absolument réels — mais je l'avoue : je me préparai à mordre vigoureusement les doigts qui mettraient le sucre dans ma bouche, et à les y maintenir jusqu'à solution dans un sens ou dans l'autre : s'ils étaient d'un Etre immatériel, ils se dématérialiseraient sans peine ; s'ils étaient d'un fraudeur... Ma foi ! tant pis pour lui.

J'attendais donc la production du phénomène avec une certaine curiosité, mais il n'eut pas lieu et fut remplacé par un autre. Voici comment :

On entendit remuer le contenu du sucrier, lorsqu'une personne qui venait d'être pincée assez vivement par une main mystérieuse eût peur et s'écria: « Non ! pas avec la pince à sucre ! » Le sucrier cessa d'être agité, plusieurs phénomènes divers se produisirent et, environ cinq minutes après (mon voisin de gauche ne tenait alors que l'auriculaire de ma main gauche dont le pouce et l'index enserraient le tambourin toujours placé sur mon pouce), je sentis qu'on insinuait doucement entre mon annulaire et mon médius gauche à plat sur la table, un objet bizarre, dont l'extrémité me paraissait sphérique et les côtés cylindriques, sans que je pusse me rendre compte de ce que c'était.

L'objet avait été inséré, avec une grande précision dans l'intervalle des deux doigts. Quand, après la séance, la lumière fut faite, je m'aperçus que c'était la pince à sucre. Or, cette pince n'avait pu être ainsi placée que par quelqu'un organisé de façon à *voir* dans l'obscurité complète. Et lorsque la lampe fut rallumée — une lampe à pétrole assez puissante —, après avoir attendu un temps suffisant pour permettre à tous les regards de s'habituer à son assez vive clarté, j'examinai attentivement la façon dont les assistants se comportaient en pleine lumière : dans les yeux d'aucun d'eux, je ne découvris le cillement caractéristique qui dénote, sous l'effet d'une lumière même modérée, la cataracte centrale, la nyctalopie ou la simple photophobie.

D'autre part, je suis assuré que les mains de mes voisins se sont constamment et mutuellement tenues.

XII — A un moment où mon attention était attirée sur la production de deux faits d'ordre différent et presque simultanés (une personne venait de se sentir touchée par une main, et la mandoline se promenait dans l'espace, au-dessus de nos têtes, en faisant entendre ses notes, tantôt près de moi, tantôt à un bout où à l'autre de la pièce), je sentis un corps sphérique, dur, assez volumineux et pouvant peser environ 700 à 800 grammes se placer légèrement sur mon genou gauche; je le fis savoir, comme d'ailleurs je notais à haute voix chacun des phénomènes dont j'étais l'objet J'achevais à peine d'avertir, que je remuais la jambe pour me rendre compte, et que l'objet, placé en équilibre sur la partie horizontale de la cuisse gauche confinant au genou, roulait sur lui-même et tombait sur le parquet avec un certain bruit Je le dépeignis tel qu'il me semblait être, et la voix d'un assistant répliqua : « Ce doit être le sucrier. » Je pensai d'abord qu'il devait y avoir erreur d'appréciation, ne songeant alors qu'à un objet de porcelaine ou de cristal qui eut dû se briser sur le parquet. Après la séance, en ramassant l'objet, je vis en effet un sucrier, mais en métal anglais et de forme sphéroïdale.

En somme, c'était le phénomène de l'apport du jeu de cartes qui se renouvelait, mais dans des conditions autrement inexplicables au point de vue physique.

La fraude de la part d'un voisin était comme ci-dessus inadmissible. Ainsi que je l'ai dit plus haut, le jeu de cartes ne pouvait avoir été projeté par un glissement sur la table : il eut dû alors heurter ma poitrine avant de tomber sur mes genoux, mais encore pouvait-il, quelque fut d'ailleurs son mode d'apport — que ce fut d'un être humain ou d'un être de Mystère — avoir passé dans l'étroit espace existant entre ma poitrine et la table. Ici, rien de tel. J'évalue à cinq centimètres *au plus* l'espace existant entre moi et le bord de la table, me basant sur ce fait qu'il me suffisait de me pencher très légèrement en avant pour sentir que j'effleurais le bord de la table : or, le sucrier avait un diamètre d'environ quinze à dix-huit centimètres. Mais il y a plus : si le jeu de cartes pouvait — encore à la rigueur — avoir glissé le long de mes cuisses (et je l'aurais senti), il était de toute impossibilité que le sucrier, d'un tel volume, eut pu passer par l'espace existant entre mes cuisses et la partie inférieure du chassis de la table, que je touchais des cuisses en levant mes pieds sur leur pointe.

L'objet m'avait-il été jeté de l'autre côté de la table et en dessous ? S'il y avait eu projection, il y aurait eu choc et je l'aurais senti ; or, je le répète, le sucrier avait été placé en équilibre sur l'extrémité inférieure de ma cuisse gauche avec une grande légèreté, et n'était tombé qu'à la suite de mon mouvement.

Enfin, mes voisins étant insoupçonnables et les deux sujets étant tenus, je ne puis donner à ce phénomène aucune explication physique — si peu satisfaisante qu'elle puisse être.

XIII. — Comme pour éloigner de ma pensée l'idée d'une projection, pendant que je réfléchissait à ce qui venait de se produire, un nouveau phénomène se manifesta.

Sur les pans de ma redingote couvrant mes cuisses, je sentis la chute continue d'objets légers que je ne pus définir tout d'abord : il m'eut semblé que c'était des noix si c'en eut été la saison et si ces objets avaient roulé plus facilement. Ils tombaient verticalement, comme du dessous de la table, sur les pans de ma redingote, et chaque fois que je remuais les jambes, je les entendais choir sur le parquet. J'étais intrigué.

— « Ne serait-ce pas le sucre ? », me dit quelqu'un.

En effet, c'étaient bien des morceaux de sucre ; et leur chute continue — parfois deux ou trois par seconde et parfois un toutes les deux ou trois secondes, avec quelque interruption de plusieurs secondes pour reprendre ensuite plus vivement — dura environ une minute.

J'eus la pensée qu'une main était glissée sous la table au dessus de mes genoux où elle faisait tomber lentement les morceaux de sucre. Je tenais très serrées les mains de mes voisins : cela ne pouvait venir que d'en face. Alors, je haussai ma jambe droite de façon à porter mon genou de ce côté vers la surface inférieure de la table, contre laquelle je décrivis une sorte de demi-cercle sans rencontrer aucun obstacle. J'agis de même avec le genou gauche, sans plus de résultat. Et pendant tout ce temps, la pluie de sucre continuait toujours au même endroit, à environ dix centimètres des genoux, c'est-à-dire à un endroit où, physiquement j'aurais dû sentir la main — si main il y avait — entre mes genoux et le dessous de la table Enfin il n'y avait pas, il ne pouvait pas y avoir projection de loin, puisque d'une part, je sentais le sucre tomber verticalement, et non paraboliquement, et que d'autre part, s'il y avait eu projection le seul fait de hausser mes genoux jusqu'à la surface inférieure de la table eut dû empêcher les morceaux de sucre de tomber sur les pans de ma rédingote mais les faire heurter contre mes tibias.

Ce phénomène fut le dernier qui se produisit dans l'obscurité ; peu après on refit de la lumière ; mais depuis sa fin, j'avais soigneusement évité de changer mes mains de place sur la table : je voulais constater, sans erreur possible, si devant moi la table portait trace de résidus de sucre : cela ne m'eut pas expliqué comment la chute du sucre aurait pu se faire suivant une ligne étrange qui, partant du bord supérieur du meuble et suivant la verticale se serait, en dessous prolongée dans un sens à peu près horizontal pour reprendre enfin la verticale près de mes genoux ; mais au moins cela m'eut indiqué d'où était projeté le sucre ; la lumière faite, la table ne portait aucune trace de sucre ; par contre, la partie inférieure de mes pans de redingote en était littéralement saupoudrée, au point d'en être blanche par endroits : au-dessous de moi, le parquet était jonché de sucre et de cartes au milieu desquelles le sucrier reposait sur le flanc.

C'est là une des plus remarquables expériences qu'il m'ait été donné d'étudier, car, par sa durée (environ une minute) et sa continuité, elle me laissa toute latitude d'en contrôler les conditions, d'en vérifier posément l'absolue réalité, et de bien établir qu'à moins d'être trompé par tous mes sens en jeu, à moins de ne plus savoir me servir de mon organisme et de ma pensée, je n'avais pu relever dans l'accomplissement de ce phénomène la plus petite trace de fraude.

XIV. — Quand la lampe fut rallumée — il y avait environ cinq quarts d'heure que nous étions dans l'obscurité — il fut procédé à quelques expériences d'écriture automatique.

J'apprécie moins ce genre de faits, en ayant très souvent été témoin et ayant remarqué que, dans la grande généralité des cas, le thème des communications ainsi obtenues est puisé dans la subconscience de la personne à laquelle s'adresse la communication.

Certes, à ce point de vue, le phénomène en lui-même présente un grand intérêt, mais au seul point de vue purement psychologique de la transmission de pensées — souvent latentes ou obnubilées dans le cerveau de l'interrogateur.

Or c'est là, par suite, un ordre de faits que l'on ne peut étudier que par expérimentation personnelle. J'ignore donc comment, à ce point de vue, il fut répondu aux questions des autres assistants : je me bornerai à dire ce qui me regarde personnellement.

Mon introducteur ayant demandé à l'Etre qui écrivait médiatement s'il avait quelque chose à me dire — car je n'avais moi-même posé aucune question — après un instant d'attente puis un essai de jambages informes, quelques lignes furent tracées d'une écriture extra-rapide où les lettres hautes et larges, très fiévreuses, étaient à peine formées, ou certains mots ne comportaient même pas toutes leurs lettres.

Ce texte renfermait surtout des généralités dont la réalité était très difficile, sinon impossible à contrôler : par exemple des phrases telles que : « Sa présence est très favorable aux phénomènes » ou « Ses fluides sont très doux et très bons ». Mais, parmi toutes ces généralités, une phrase me frappa : « Il — parlant de moi — aura des facultés tout à fait réelles pour la voyance ».

Or, trois circonstances sont indéniablement certaines : 1° je poursuis depuis un certain temps l'étude de la vision hyperphysique, et, par suite une série d'expériences que j'ai le plus vif désir de mener à bien ; 2° Cette particularité était absolument ignorée de chacun des assistants, même de la personne qui m'avait introduit dans ce milieu ; 3° Enfin, à ce moment, je pensais aux phénomènes dont je venais d'être témoin et l'idée de la voyance était bien loin de ma conscience subjective.

C'est donc dans ma subconscience, dans une de mes consciences subliminaires, que l'Etre qui écrivait a pris les éléments de cette phrase.

Phénomène — ou plutôt noumène — très délicat de psychologie appliquée, soit ! mais de valeur très relative au point de vue de la phénoménologie hyperphysique.

XV. — Cependant, dans cet ordre d'idées, un fait se produisit, qui touchait à l'hyperphysique, en ce sens qu'il était basé sur la prévision de l'avenir.

La personne qui m'avait introduit plaça une lettre sur la table et posa la question : « Peut-on donner une explication de cette lettre ? »

Cette personne, certainement, connaissait le contenu de la lettre — ce qu'ignorait chacun des assistants — mais elle ne pouvait, évidemment comme on le verra plus loin, avoir le moindre soupçon de la réponse qu'il convenait de lui donner.

Cette réponse fut celle-ci, sinon dans sa forme textuelle, au moins dans son fond : « Que le commandant ne s'inquiète pas : la réponse arrivera ; elle a été retardée pour cause de maladie, mais elle sera affirmative. »

Alors l'interrogateur nous expliqua : — A l'une des séances précédentes assistait un ancien officier de marine qui avait été, peu de temps avant, témoin d'une distribution de récompenses à des sauveteurs. L'*Etre* qui s'était présenté ayant, au cours de sa dernière existence, été matelot de l'Etat, l'officier lui avait demandé s'il avait assisté à cette réunion, ce à quoi l'*Etre* avait répondu affirmativement, ajoutant que ce qui l'avait le plus intéressé, ç'avait été de voir près de cet officier un des sauveteurs récompensés qui était « médium ». Des explications qui avaient suivi, l'officier de marine avait vu de qui il s'agissait, et avait demandé à l'Etre des détails qui avaient été donnés comme suit : — Au cours de son dernier sauvetage en mer pour lequel il venait d'être récompensé, le marin dont il s'agissait s'était, à un moment, cru perdu, lorsqu'il avait entendu des voix l'encourageant et lui affirmant qu'il sortirait du danger présent. Réconforté alors, il avait redoublé d'efforts et était parvenu à mener à bien le sauvetage pour lequel on devait le récompenser. La communication avait été assez remarquable pour que l'officier écrivit aussitôt à l'auteur du sauvetage en question pour lui demander des renseignements précis sur les *voix* qui avaient pu l'encourager. Après quelques jours d'attente, n'ayant reçu aucune réponse, il avait écrit à mon introducteur pour lui exposer la situation et le prier de faire évoquer la même Entité du Mystère pour lui demander des explications. De là la demande de réponse à cette lettre qui était placée sur la table et l'explication qui s'en suivit.

Depuis, aucune suite n'est survenue, au moins à ma connaissance, le correspondant à qui l'on avait écrit étant vraisemblablement toujours malade, comme l'a indiqué l'Entité de l'Au-delà. (1)

---

(1). Le promoteur de cette expérience a été, depuis lors, appelé loin de Paris par un deuil ; il m'a donc été impossible d'en connaître jusqu'à présent le résultat définitif; mais — sans que, naturellement, je puisse rien certifier — il ne m'apparaît aucun motif pour mettre en doute, à *priori*, la véracité

Tels sont les phénomènes qui se sont produits au cours de cette soirée. J'ai pu étudier les uns : j'en rends loyalement compte en notant par le détail toutes les circonstances des faits et la façon minutieuse dont je les ai observés, en écrivant tout ce que j'en pense en ma conscience intime, et sans avoir rien à retrancher de mes appréciations que, au point de vue purement scientifique, je qualifierai plutôt de *prudentes*. Les autres n'ont pas été directement perçus par moi : je les ai notés pour mémoire, sans porter sur eux aucun jugement.

Maintenant deux questions principales restent à élucider : 1° Ai-je été victime de l'infidélité de mes sens ou de fraudes étrangères ? 2° Quelle conclusion peut-on tirer de tels phénomènes ?

Pour la première question, je serai très net.

En ce qui me touche, j'affirme de la façon la plus absolue avoir été constamment et complètement maître de moi. Ayant assisté maintes fois à des expériences de cette nature, il en était que je connaissais déjà de longue date et qui n'avaient rien pour m'émouvoir. Quand à celles que je n'avais pas encore rencontrées, elles me causaient simplement de l'étonnement, mais un étonnement très calme et qui ne suscitait pas même en moi cette fébrilité particulière à laquelle sont sujettes, trop souvent, les personnes dénuées de l'accoutumance nécessaire en pareil cas. Je puis donc affirmer en toute certitude que, humainement parlant, je n'ai aucunement été victime d'une

---

de cette communication du Mystère, car ailleurs et à maintes reprises, j'ai assisté à ce genre de communications qui, par la suite, se sont généralement trouvées scrupuleusement vérifiées.

erreur de mes sens, pas plus que d'une nervosité momentanée, ou d'une aberration mentale.

Reste la question — très délicate — de la fraude.

Je crois être assuré — moralement et matériellement — qu'aucun de ces phénomènes n'a été entaché de fraude.

Les premiers, il est vrai (mouvements et bruits de la table), sont assez facilement imitables, surtout en pleine obscurité ; mais les suivants, très difficiles sinon impossibles à opérer par des moyens purement physiques, me garantissent les premiers dont, d'ailleurs, je fais bon marché, m'en tenant surtout à ceux pour la production desquels je ne trouve aucune explication matériellement suffisante.

D'autre part j'ai des raisons purement morales il est vrai, mais très puissantes pour tout homme de bons sens, d'être assuré de la sincérité des dits phénomènes.

Trois motifs surtout peuvent inciter les sujets à frauder :

A) L'intérêt, car lorsque l'on perçoit un paiement quelconque, on est fatalement conduit à *en donner* aux assistants pour leur argent. Ce genre de fraude est en quelque sorte forcé, car dès lors que le sujet a produit la veille tel phénomène, s'il se trouve le lendemain en présence de « spectateurs » désireux d'assister à la production du même phénomène, il est amené fatalement à le produire de façon artificielle.

Or, ici, rien de tel. Aucune rémunération n'est perçue à l'entrée J'ai été présenté dans ce milieu comme je l'eusse été, pour n'importe quelle autre cause, dans n'importe quelle famille.

B) La vanité, car trop de sujets spéciaux se font

un titre de gloire de la faculté paticulière qui réside en eux (extériorisation de la force neurique) et qui leur permet d'être un objet d'étonnement pour leur entourage et pour les étrangers qui sont admis près d'eux.

Au contraire j'ai rencontré en ces sujets des personnes très simples et parlant à peine et de façon toute naturelle des phénomènes hyperphysiques qu'elles aident à produire. Et quand, quelques jours plus tard, je suis allé demander l'autorisation de publier, de façon critique, le récit des faits dont j'avais été témoin et acteur, cette autorisation me fut aussitôt accordée, mais suivant une formule particulière : « Si vous voulez et comme vous voudrez — mais sous la condition expresse qu'aucun nom ne sera prononcé, qu'aucune adresse ne sera donnée... » Je ne crois pas que l'on puisse trouver là l'indice de caractères vaniteux et avides de renommée.

C) La quasi-assurance que peut avoir le fraudeur de ne pas être démasqué, par suite des précautions qu'il prend de se faire constamment entourer au cours de ses expériences par les mêmes personnes et de n'admettre à ces réunions que des spectateurs dont il n'ait rien à redouter au point de vue de la perspicacité.

Là, on laissait les assistants prendre place à leur convenance, tout en réservant plutôt le contact des sujets aux personnes n'ayant pas encore assisté à ce genre de phénomènes, parce que, comme il arrive toujours, c'est dans le voisinage des sujets que les dits phénomènes se produisent avec le plus d'intensité.

Et, pour achever de répondre à cette troisième objection, je vais citer un détail personnel dont l'énonciation ne sera pas, je le crains, sans m'attirer quelques soucis sous forme de sollicitations indiscrètes, mais que, moralement, correctement, j'ai le devoir de noter ici.

Lorsque je suis allé solliciter l'autorisation de publier la présente critique des phénomènes que j'avais été mis à même d'observer, je demandai la permission d'amener ultérieurement et avec la plus extrême discrétion quelques personnages de mon entourage, médecins ou savants, de qui ces faits suscitent la curiosité et qui ont le désir de les étudier ; la réponse fut prompte, nette et franche :

« Nous ne tenons pas à être connus dans le pu-
« blic ; mais si vous avez des relations personnel-
« les avec des hommes de science désireux d'étu-
« dier les phénomèmes qui se produisent chez
« nous, vous pouvez les amener ; ils seront reçus
« comme vous l'avez été, à charge de discrétion,
« et nous essaierons de leur montrer ce que vous
« avez vu vous-même ».

C'est peut-être là le langage de personnes qui ne veulent pas se mettre à la merci de toutes les curiosités banales, gênantes et indiscrètes ; je ne crois pas, en tous cas, que ce soit celui de la fraude ennemie de tout contrôle et hostile à toute investigation scientifique.

En résumé, je n'ai aucun motif de suspecter la loyauté des sujets que j'ai étudiés dans ce milieu, et, par suite, j'ai tout lieu de tenir pour réels et avérés, malgré l'impossibilité de les expliquer physiquement, les faits supra-normaux dont j'ai été témoin au cours de cette série d'expériences.

Reste la question des conclusions à en tirer, qui se résume en cette autre : Quel est l'agent hyperphysique qui, devant moi, a produit les différents phénomènes analysés plus haut ?

A. — Au point de vue déductif et à ne considérer que le côté purement expérimental des faits, quatre propositions s'imposent à quiconque n'a pas l'esprit cristallisé dans l'ignorance ou obnubilé par l'entêtement du parti-pris :

I. — Il existe autour de nous et à notre portée sous certaines conditions, des forces en dehors de l'énergétique couramment étudiée par la science.

II. — Ces forces sont intelligentes où plutôt dirigées par des intelligences extra-humaines qui connaissent les modalités, les possibilités et les diverses énergies de la matière comme nous sommes loin de les connaître encore nous-mêmes.

III. — Elles *paraissent* appartenir à un plan du monde différent du plan physique, et exiger comme condition première de manifestation sur le plan physique leur combinaison préalable avec des forces matérielles quintescenciées (neuricité rayonnante) émanées par des organismes matériels.

IV. — Les intelligences qui dirigent ces formes semblent avoir la plus grande analogie avec l'intelligence humaine, tant au point de vue de leur étendue (leurs manifestations intellectuelles sont d'ordinaire adéquates à celles du milieu où elles se produisent), qu'au point de vue de leur direction (de même que dans l'humanité terrestre, les unes se produisent en vue du bien et les autres en vue du mal).

B. — Au point de vue inductif et purement doctrinal, je serai très réservé dans le jugement qu'il me reste à porter.

Est-ce en quelque sorte un prolongement de l'aérosôme (corps astral ou périsprit) des sujets qui, dirigé par la subconscience ou par une des consciences subliminales des sujets eux-mêmes, et s'extériorisant du sarcosôme, donnait lieu à ces divers phénomènes, ainsi qu'il a été constaté par M. de Rochas pour Eusapia Paladino ouvrant et fermant à plusieurs reprises, la porte d'un buffet placé à quelques mètres d'elle ? Cette explication ne donne la solution que de certains faits ; elle est insuffisante quant à la matérialisation des mains qui prenaient et pinçaient plusieurs assistants.

Est-ce la théorie spirite qu'il faut invoquer ici, c'est-à-dire la matérialisation partielle et momentanée, à l'aide du fluide neurique des assistants, d'entités du Mystère qui furent jadis des êtres humains et qui, dans l'au-delà, continuent à vivre autour de nous sans que la faiblesse de nos organes et de nos sens nous permette d'entrer en relation avec eux, autrement qu'en des cas accidentels comme celui-ci ?

Est-ce la théorie de l'occultisme pur, qui ne voit dans la grande majorité de ces faits que la manifestation, sur le plan physique, d'élémentals ou créatures inférieures du plan astral ?

Est-ce enfin, comme le prétendent les religions occidentales, un simple jeu du démon ?, j'ai, en d'autres ouvrages, exposé ce qu'il convient de penser de la réalité de cette entité factice et fictive du néant, créée uniquement par la lâcheté et la terreur de l'homme ; je ne m'arrêterai donc pas davantage à cette hypothèse qui, en somme, n'offre aucune base sérieuse. (1)

---

(1). Je ne cite ici que les quatre théories qui réunissent aujourd'hui le plus d'adhérents parce que ce sont elles qui rendent le plus logiquement compte de *tous* les phénomènes hyperphysiques. Mais il en existe quantité d'autres auxquelles se rallient certains théoriciens et expérimentateurs, au nombre desquelles je citerai : Théorie des mouvements inconscients ; T. de l'hallucination ; T. du surnaturel (existence de lutins, fées, dracks, etc.) très en faveur dans certains pays ; T. Théosophique (existence d'une race d'hommes doués d'une science supérieure et de pouvoir supra-normaux) ; T. de l'éther mesmérien, qui groupe autour d'elle la plupart des positivistes ; T. de l'Etre collectif (en vertu de laquelle la volonté unanime d'un certain nombre de personnes créerait inconsciemment un être extérieur, propre, doué d'une vie collective mais agissant personnellement) ; T. de l'âme matérielle ; T. du somnambulisme à l'état de veille ; T. de l'âme du monde, — et d'autres parmi lesquelles je ne compte même pas les spéculations insoutenables comme la théorie des Drs Schiff et Jobert de Lamballe, qui ne rendent compte, et de façon suprêmement illogique, que d'une infime partie des phénomènes *supra-normaux* (je ne dis pas surnaturels : le surnaturel n'existant pas, ne pouvant pas exister) dûment et souvent constatés — spéculations bizarres, que leur risible étrangeté a vite fait de rejeter dans le ridicule et dans l'oubli.

En ce qui me concerne personnellement, j'ai dès longtemps inauguré ces études sur le phénomène hyperphysique en faisant abstraction de toute idée préconçue ; j'ai été par la suite amener à éliminer successivement, et pour des motifs d'ordre divers, toutes ces théories secondaires — après les avoir naturellement étudiées et éprouvées par l'expérimentation ou pour parler de façon plus précise (le terme *expérimentation* impliquant la production du phénomène à volonté, sa répétition scientifique en un mot) par l'observation — pour m'en tenir à deux qui me paraissent bien rendre compte de l'universalité des phénomènes : la théorie métapsychique (spiritisme) et la théorie occultiste, auxquelles je joins la théorie théosophique, mais *uniquement* en ce qui concerne la constitution occulte de l'homme et *seulement* en tant qu'elle m'apporte de sérieuses preuves de ses affirmations.

Restent en présence les affirmations du spiritisme et de l'occultisme.

Il est certain que les doctrines spirites me souriraient davantage, mais en pareille investigation, toute question de sentiment doit être soigneusement écartée, sans quoi on en arriverait à nier la douleur sous le vain prétexte que la douleur terrifie.

Un fait est certain, indéniablement certain : on se trouve, en pareille circonstance, en présence d'énergies intelligentes ou actionnées par des êtres intelligents qui manipulent la matière comme nous ne savons pas la manier, qui, à l'aide de fluides semi-matériels empruntés aux assistants, et particulièrement aux sujets, produisent et animent des formes auxquelles ils communiquent leur force vitale

Mais quels sont ces Etres ? A dire vrai, nous ignorons leur essence ; mais comme nous constatons qu'ils vivent hors de la nature sensible, nous ne pouvons avoir de notions sur eux que par les enseignements soit du spiritisme soit de l'occultisme qui, en somme, ne sont que deux chapitres différents de la Science incommensurable du Mystère.

Je sais qu'un jour, dans ce même cercle, dans cette même pièce où j'ai été témoin et acteur des faits analysés plus haut, on amena un de ces sensitifs d'ordre particulier qui s'appliquent à développer en eux leurs facultés de psychométrie. Or, à ce sensitif, on posa avant la séance la question suivante : « Regardez bien autour de vous et dites ce que vous voyez ! ».

Et ce que vit le psychomètre fut ceci : « Devant

les rideaux de la fenêtre, un vieillard à longue barbe, vêtu d'une ample robe blanche, semblait attendre, les bras croisés sur sa poitrine, que la séance commençât. Ce vieillard ressemblait à un druide. Autour de lui, plusieurs êtres étranges à formes diverses mais paraissant appartenir à une animalité supérieure, se groupaient dans une attitude montrant qu'ils étaient sous l'obéissance du vieillard... »

Durant le cours de la séance, la voyance du psychomètre s'obnubila ; cependant, sur une demande qui lui fut faite, il déclara voir un animal ayant de l'analogie avec un chien et couché sur la table.

D'autre part, au cours d'une autre séance un gâteau de mastic fut apporté, et l'Entité, priée d'y marquer sa main, y creusa les trous de trois doigts et d'un pouce opposable, qui semblaient faits par autant de griffes.

Ainsi donc le problème reste entier, et l'expérience de psychométrie elle-même ne le résout pas. Si en effet c'est le *vieillard* qui agit, le spiritisme a raison. Si ce sont les *formes animales* — et qui dit animal ne dit pas inintelligent — qui se manifestent, c'est l'Occultisme qui l'emporte.

Un fait en tous cas est certain : c'est que la chaîne des êtres ne s'arrête pas à l'homme, mais se poursuit dans l'Au-delà et sur d'autres plans en une série d'entités diverses dont la continuité relie la matière la plus grossière et l'instinct le plus rudimentaire à l'Essence divine et à l'Intelligence suprême. Ces entités paraissent les unes avoir été des êtres humains maintenant en évolution, les autres, devoir être dans l'avenir des créatures matérielles puis plus tard des hommes : ces dernières sont en état d'involution  Tout se relie, tout se tient dans l'immensité du Cosmos, et l'homme minuscule qui ose jeter un regard hors de la nature naturée et plonger dans l'incommensurable Mystère du plan astral, en revient effrayé de son impuissance à caractériser les êtres au milieu desquels il vit journellement sans les voir et qui lui montrent ou ce qu'il fut jadis, ou ce qu'il sera demain.

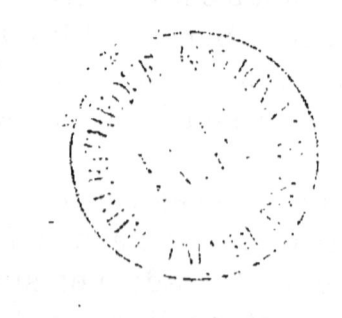

# TABLE

|  | Pages |
|---|---|
| Préface | |
| Au-Delà | 11 |
| Les Problèmes | 109 |
| Hypnotisme | 111, 171 |
| Vampirisme | 112 |
| Évocations | 112 |
|    *Fantômes des morts* | 112 |
|    *Fantômes des vivants* | 113 |
| Apparitions | 114 |
|    *Manifestation inconsciente* | 118 |
|    *Manifestation consciente* | 121 |
|    *Wraiths* | 125, 129 |
| Corps astral | 132 |
|    *Photographies* | Note |
| Lecture de pensées | 133 |
|    *Psychométrie* | 136, 138 |
|    *Vision mentale* | 141 |
|    *Télépathie* | 137, 144 |
|    *Vision prophétique* | 146 |
| Liens fluidiques | 152 |
| Cercles magiques | 152 |
| Envoûtement | 153, 179 |
| Magie | 154 |
|    *Démon* | Note 159 |
|    *Chavajoth* | 160 |
|    *Iod-Hé-Vau-Hé* | 161 |
|    *Goétie* | 163 |
|    *AUM* | 166 |
|    Luciférisme | 168 |
|    Force astrale | 168 |
|    Maléfice du sang | 178 |

Pages

Divination . . . . . . . . . . . . . . . . 180
Astrologie . . . . . . . . . . . . . . . . 182
Alchimie . . . . . . . . . . . . . . . . . 185
Miroirs magiques . . . . . . . . . . . . . 189
   *Description.* . . . . . . . . . . . . . 190
   *Objets de la vision* . . . . . . . . . . 198
   *Mode de procéder* . . . . . . . . . . . 199
   *Théorie* . . . . . . . . . . . . . . . 208
   *Pratique.* . . . . . . . . . . . . . . 209
   *Formules* . . . . . . . . . . . *Note* 218
Philtres . . . . . . . . . . . . . . . . . 222
Fakirisme . . . . . . . . . . . . . . . . 224
   *Suspension de la vie* . . . . . . . . . 225
   *Yoga* . . . . . . . . . . . . . . . . 229
   *Végétation activée* . . . . . . . . . . 232
Postface . . . . . . . . . . . . . . . . . 241
Principes d'expérimentation . . . . . . 247 261
Causes d'erreur . . . . . . . . . . . . . 249
   *Hallucination* . . . . . . . . . . . . 249
   *Suggestion mentale.* . . . . . . . . . . 251
   *Fraude* . . . . . . . . . . . . . 256 293
Appendice . . . . . . . . . . . . . . . . 267
Expérimentation. . . . . . . . . . . . . 267
Théories . . . . . . . . . . . . . . . . 296

www.ingramcontent.com/pod-product-compliance
Lightning Source LLC
Chambersburg PA
CBHW071531160426
**43196CB00010B/1739**